Elogios para *Nuestra gran esperanza final*

«Una de las mayores discrepancias de nuestra época está entre los recursos sin límite dados por Dios a la disposición de la Iglesia y el impacto limitado que están causando en el mundo. Ronnie Floyd muestra que no tiene que seguir siendo de ese modo. No tenemos que ser una generación de potencial desperdiciado. Podemos poner el mundo al revés con el evangelio. *Nuestra gran esperanza final* nos muestra la manera de hacerlo».

Steven Furtick, pastor principal de la iglesia *Elevation*;
autor de *Sol, detente*

«En *Nuestra gran esperanza final*, Ronnie nos llama a ser sinceros con nosotros mismos acerca de cómo estamos trabajando para ayudar a quienes tienen necesidad desesperada de un Salvador. Nos desafía a involucrar a la siguiente generación para hacer la obra que Jesús mismo nos llamó a hacer. Algo que hay que leer».

Greg Surrat, pastor principal de la iglesia *Seacoast*,
autor de *IR-REV-REND*

«El libro de Ronnie Floyd podría revolucionar nuestro modo de pensar en el cuerpo de Cristo y su propósito. Léelo y sé inspirado, cambiado y equipado para nuestra misión más importante mientras estamos en esta tierra».

Dr. Bruce Wilkinson, autor del éxito de librería *La oración de Jabes*

«El libro de Ronnie nos hace regresar al centro, cristaliza el puro mensaje de Jesucristo y equipa a la Iglesia con el modo de comenzar a hacer estas cosas en la actualidad. Nunca antes la Iglesia ha necesitado con tanta urgencia la sabiduría y la dirección ofrecidas en estas páginas. ¡Sacaré este libro de mi estante una y otra vez!»

Pete Wilson, autor de *Plan B* y *Promesas vacías*

«Ronnie Floyd enfoca una vida centrada en las misiones con corazón, pasión y estrategia inspirada. Este libro es un dinámico llamado a las iglesias actuales, equipándonos e inspirándonos para buscar a millones de personas no alcanzadas en todo el mundo con el amor salvador de Cristo».

Dr. Ed Stetzer, director de *LifeWay Research*

«Mi amigo y colaborador para el evangelio, Ronnie Floyd, llama a los verdaderos creyentes y a la Iglesia para que regrese a la clara proclamación de Aquel que es nuestra gran esperanza final: Jesucristo. Su llamado es apasionado: hazlo ahora. Su mensaje tiene propósito: ve y haz discípulos. Su libro es práctico: léelo y aprende. Te lo recomiendo».

Dr. James MacDonald, pastor principal de *Harvest Bible Chapel*

«Ronnie Floyd nos llama a una urgente personalización de la Gran Comisión. *Nuestra gran esperanza final* bosqueja una estrategia y proporciona puntos de acción prácticos sobre cómo penetrar en la perdición de las naciones. Este libro avivará las llamas de despertar en tu alma».

Dr. Ted Traylor, pastor de *Olive Baptist Church*, Pensacola, Florida

«El avivamiento presume vida preexistente. Sin embargo, muchas iglesias están pobladas por fingidores, suponiendo que tienen vida cuando están espiritualmente muertos en realidad. Por eso es que por muchos años ya, haya estado instando a los verdaderos creyentes de las iglesias de Estados Unidos a orar por otro gran despertar espiritual. Debido a tales avivamientos es que el curso de muchas naciones ha cambiado de manera radical, las iglesias han experimentado una rendición renovada al señorío de Cristo y los miembros de las iglesias se han lanzado hacia todo el planeta en respuesta al llamado misionero. En este libro, mi amigo Ronnie Floyd aborda el concepto de avivamiento con su típica intensidad y pasión, no dejando cuestión alguna en cuanto a su necesidad. Creo que Dios usará este libro para avivar el cuerpo de Cristo ahora, a fin de orar por lo que Floyd denomina "la gran esperanza final"».

Dr. Tom Elliff, presidente de la Junta de Misiones Internacionales

«¡Ronnie Floyd lo ha hecho de nuevo! *Nuestra gran esperanza final* es uno de los mejores, si no el mejor, recurso de capacitación para ayudarnos a avanzar en el cumplimiento de la Gran Comisión en nuestra vida. Descubrirás que las perspectivas prácticas y los poderosos principios son transformadores y salvan vidas. ¡Consigue tu ejemplar hoy!»

Dr. Ben Lerner, fundador de *Maximized Living*; autor de éxitos de librerías según el *New York Times*

«Entregar nuestras vidas por la causa de Él es su llamado en la Gran Comisión. El Dr. Floyd nos desafía e inspira con pasión a que aceptemos el corazón de Él por nuestro prójimo y por las naciones. Lee y asimila esta verdad y sal a iluminar tu mundo».

Dr. Johnny M. Hunt, pastor de *FBC Woodstock*; ex presidente de la Convención Bautista del Sur

«No hay modo de negar que la vida de Ronnie Floyd haya cambiado debido a una pasión renovada y a un compromiso de todo o nada con la Gran Comisión. Agarra este libro y no podrás evitar que te arrastre por su emoción. Ronnie nos reta a que nos preguntemos: ¿en verdad amamos a Cristo con pasión, y si lo hacemos, estamos dispuestos a hacer todo lo necesario para seguir el desafío de Él de la Gran Comisión? Ronnie nos reta a ver que si aceptamos en serio esa tarea, significará un cambio extraordinario en nuestras vidas personales, nuestras familias, nuestras iglesias y nuestras finanzas. Este libro pide mucho: nada menos que una entrega total de la vida y el corazón. Sin embargo, eso es solo lo que necesitan los cristianos y la Iglesia si es que vamos a testificarle al mundo acerca de *Nuestra gran esperanza final*».

Dr. Kevin Ezell, presidente de la Junta de Misiones Norteamericanas

«En sus palabras finales en la tierra, Jesús desafió a cada cristiano a que alcanzara al mundo con su mensaje. Nosotros lo llamamos la Gran Comisión. Sí, con demasiada frecuencia permitimos que la monotonía de la vida nos distraiga y nos disuada para no experimentar el poder que se encuentra en esas palabras. »En *Nuestra gran esperanza final*, el Dr. Ronnie Floyd nos mueve más allá de la previsibilidad y nos señala un profundo e íntimo conocimiento de por qué estamos aquí. Nos muestra lo que se necesita para llevar a cabo la Gran Comisión en el mundo de hoy. Además, nos capacita de manera tangible a fin de descubrir la promesa, el propósito y la pasión de las palabras de Jesús».

Ed Young Jr., pastor de *Fellowship Church* y autor de *Enfrente sus temores*

«Ronnie Floyd me inspira a confiar en que nuestro Señor resucitado hará cosas extraordinarias por medio de mi vida más ordinaria y mis momentos más mediocres. La transparencia que se encuentra en las palabras del pastor Floyd es condenatoria y convincente. El momento para cambiar es ahora. *Nuestra gran esperanza final* debería ser tu primera lectura requerida».

Dr. Leonard Sweet, autor del éxito de librería *Jesus Manifesto* y de *I Am A Follower: The Way, Truth and Life of Following Jesus*

«Nunca el momento ha sido más urgente para que las personas respondan a las buenas nuevas de Jesucristo. No conozco a ningún pastor con una mayor carga por la perdición de nuestro mundo que Ronnie Floyd. Su libro es un gran reto y una inspiración para todos nosotros».

Dr. Bryant Wright, pastor principal, *Johnson Ferry Baptist Church*, Marietta, Georgia; presidente de la Convención Bautista del Sur

«A menudo, un largo pastorado se queda estancado. No sucede así con el Dr. Ronnie Floyd, quien ha dirigido su iglesia a hacer justo lo que escribe aquí: es decir, emprender la tarea de llevar el evangelio a todo el mundo de cada manera concebible. Este no es un libro de teoría. Este es un libro acerca de lo que ha sucedido en el noroeste de Arkansas. ¡Su mensaje alentará a cada pastor!»

Dr. Paige Patterson, Seminario Teológico Bautista Southwestern, Fort Worth, Texas

«Hemos escuchado, hemos predicado, hemos hablado y hemos enseñado sobre la Gran Comisión... Sin embargo, ¿a cuántos de nosotros nos consume y cuántos conocemos en verdad la magnitud de lo que implica? No conozco a nadie con una pasión por Cristo, su Palabra y su Iglesia como Ronnie Floyd. Él ha golpeado cada uno de los principios de este libro sobre el yunque de su propia experiencia personal. Léelo y también tú te convencerás de que es... ¡*Nuestra gran esperanza final*!»

Dr. O.S. Hawkins, presidente y director general de *GuideStone Financial Resources*, de la Convención Bautista del Sur

«¡Ronnie Floyd es uno de los mayores líderes de nuestro tiempo! Ha entregado su vida y su ministerio a la Gran Comisión de nuestro Señor. Su última obra es un urgente llamado a los cristianos, las iglesias y las denominaciones a hacer un nuevo compromiso con una vieja comisión. Advertencia: este libro cambiará vidas, comunidades, ¡y al mundo!»

Dr. Grant Ethridge, pastor principal de *Liberty Baptist Church*; presidente de *Pastors' Conference 2012* de la Convención Bautista del Sur

«Ronnie Floyd le está dando a la Iglesia un libro sobre la Gran Comisión que pastores y miembros de las iglesias pueden leer y personalizar. También muestra cosas prácticas que una iglesia, una familia y un individuo pueden hacer de manera diaria y semanal que les permitan ser parte de la Gran Comisión».

Bob Roberts, pastor principal de *NorthWood Church*; autor de *Real-Time Connections* y *Global Engager*

«*Nuestra gran esperanza final* es un trabajo inspirador, atractivo, visionario e informativo desde el corazón pastoral y misionero de Ronnie Floyd. Mi oración es para que Dios use este libro a fin de fortalecer a los seguidores de Cristo y a los líderes de iglesias para el alto y exigente llamamiento que se les ha dado a las iglesias en este contexto global y desafiante del siglo XXI».

Dr. David S. Dockery, presidente de *Union University*

«Tenemos una *emergencia* debido a una falta de *urgencia*. Con almas en la balanza y millones que aún tienen que escuchar el evangelio, *Nuestra gran esperanza final* llama a todo creyente a la primera línea del cumplimiento de la Gran Comisión. El Dr. Ronnie Floyd llama con pasión a cada cristiano a que pase a las primeras líneas de testificarle el mensaje de Jesús a un mundo perdido y moribundo».

Dudley Rutherford, pastor de *Shepherd of the Hills Church*, Porter Ranch, California

«En *Nuestra gran esperanza final*, el pastor Ronnie Floyd reta a quienes siguen al Rey Jesús a que se hagan dueños en persona de la Gran Comisión, a llegar a un lugar en el que nos resulte inconcebible dejarles el trabajo a otros. Cada iglesia debería ser una iglesia de la Gran Comisión. Cada cristiano debería ser un cristiano de la Gran Comisión. Este libro ayudará a sus lectores a ver la manera de hacerlo».

Dr. Daniel L. Akin, presidente del Seminario Teológico Bautista Southwestern

«El monte Everest del cristiano es el cumplimiento de la Gran Comisión. Ninguna generación anterior ha situado jamás a la cruz de Cristo sobre el tejado del mundo. El destacado libro del Dr. Ronnie Floyd, *Nuestra gran esperanza final*, nos hace ser realistas con respecto al enorme tamaño de esta montaña global, ¡y crea una esperanza centrada en Cristo de escalarla en nuestra vida! Cuando hayas leído este profundo recurso, verás los momentos y los años que te quedan como moneda gastada en basura sin final o invertida en tesoro eterno. ¡Léelo ahora y cosecha para siempre!»

Dr. James O. Davis, cofundador de *Billion Soul Network*, Orlando, Florida

«Ronnie Floyd no da vueltas a teorías ni crea conjeturas; desafía, convence y llama a la Iglesia a un compromiso más profundo a fin de alcanzar al mundo para Jesucristo. Lo que escribe Ronnie Floyd, no solo lo cree... lo practica».

Dr. Mac Brunson, pastor principal de la Primera Iglesia Bautista de Jacksonville, Florida

«Ronnie Floyd va al grano con la capacidad tanto para animar como desafiar. Eso es lo que encontrarás en estas páginas: el estímulo de que el Señor está obrando por medio de nosotros y el desafío que necesitamos para decirle que sí a todo lo que Él nos llame a hacer. ¡Lee este libro para pulir tu corazón y avanzar de modo que te transformes en el creyente de la Gran Comisión que desea Cristo!»

Gregg Matte, pastor de la Primera Iglesia Bautista de Houston; autor de *Finding God's Will*

«*Nuestra gran esperanza final* es un recordatorio de que la Gran Comisión no se ha revocado. Ronnie Floyd le da al cuerpo de Cristo un tratado sobre por qué debemos poner de nuevo el "ir" en el evangelio. Mientras leía este libro, una vez más fui profundamente consciente de que la evangelización no es un plan opcional para la iglesia local; es una prioridad esencial».

Dr. Stan Toler, superintendente general de la Iglesia del Nazareno, Oklahoma City, Oklahoma; autor de éxitos de librería

«Los pastores en todas partes están buscando más tiempo y energía para cumplir la voluntad de Dios para sus vidas. *Nuestra gran esperanza final*, escrito por Ronnie Floyd, nos ayuda a dejar a un lado las cosas no esenciales en nuestras vidas y a multiplicar nuestros esfuerzos para terminar la meta de Cristo para la Tierra. ¡Este destacado recurso es el billete para un viaje lleno de fe de una vida centrada en Cristo para el cumplimiento de la Gran Comisión!»

Dr. Timothy Hill, primer asistente, Iglesia de Dios, Cleveland, Tennessee

«Por fin existe un poderoso libro que da vida para equipar a los cristianos de todo tipo. *Nuestra gran esperanza final*, escrito por Ronnie Floyd, está destinado a convertirse en uno de los mejores libros para pastores en particular y para cristianos en todo lugar. Si has perdido sentimiento de destino divino o quieres en verdad invertir el resto de tu vida, este potente recurso te impactará ahora, mañana y siempre».

Dr. Ademola Ishola, secretario general de la Convención Bautista Nigeriana, Lagos, Nigeria

«El cielo es real, y con ese pensamiento Ronnie Floyd llama a cada cristiano a alcanzar los perdidos en *Nuestra gran esperanza final*. La Gran Comisión no fue solo una sugerencia, sino un mandato para que todo cristiano testifique de las buenas nuevas de Jesucristo».

Dr. Fred Luter, pastor principal de *Franklin Avenue Baptist Church*, Nueva Orleans, Louisiana; vicepresidente de la Convención Bautista del Sur

«Le he dedicado toda mi vida al trabajo en equipo en el cuerpo de Cristo para el cumplimiento de la Gran Comisión. Ronnie Floyd, en *Nuestra gran esperanza final*, nos ayuda a seguir el mismo ritmo, con pasos claros para llegar a ser parte de algo mayor que nosotros mismos; es decir, el cumplimiento de la Gran Comisión. Este es un libro de respuesta, en el que se equipan lo suficiente a personas comunes y corrientes para que le den un giro a sus vidas antes de que sea demasiado tarde. ¡Tu vida se enriquecerá para siempre!»

Dr. John Ed Mathison, presidente de *John Ed Mathison Leadership Institute*; pastor emérito de *Frazer Memorial United Methodist*, Montgomery, Alabama

«¡Esta es una lectura maravillosa! Mi buen amigo Ronnie Floyd ha tocado a Dios, y mediante sus palabras él nos toca de modo que, a medida que lo leamos, a su vez podamos tocar a otros».

Dr. Elmer Towns, cofundador de *Liberty University*, Lynchburg, Virginia

«Me emociona recomendarles *Nuestra gran esperanza final* a pastores y sus iglesias locales, junto con líderes cristianos en todo el mundo. Este único y poderoso recurso te enseñará a hacerles entender la eternidad a tu familia y a tu iglesia. Descubrirás que tu corazón se renueva y se aviva para las cosas que más importan, y que estarás menos interesado en las cosas no esenciales de la vida centrada en Cristo. ¡Léelo hoy!»

Rvdo. Casey Treat, *Christian Faith Center*, Seattle, Washington

«Hace años me propuse que iba a hacer mi mejor esfuerzo para capacitar a todo el que me fuera posible en los principios de la Gran Comisión para la multiplicación de la iglesia mundial. En *Nuestra gran esperanza final*, Ronnie Floyd nos desafía a que pasemos de competir los unos con los otros hacia la Gran Comisión tan pronto como sea posible. ¡Podría convertirse en uno de los libros por excelencia de esta generación!»

Dr. David Sobrepena, pastor fundador de *Word of Hope*, Manila, Filipinas

Nuestra gran esperanza final es más que un libro; es la guía personal para ayudar a cumplir la Gran Comisión y estar preparado para rendir cuentas de nuestra vida delante del Señor en la eternidad. Cuando hayas leído las palabras de Ronnie Floyd, descubrirás que tienes más tiempo para hacer lo que importa de verdad en esta vida y menos tiempo que desperdiciar en las cosas temporales que son pasajeras. Este ejemplar nos recuerda que la Gran Comisión no es una opción a elegir ni a que el creyente la pase por alto, sino que es un mandamiento divino que afecta la eternidad. ¡Léelo y coséchalo!».

Dr. Douglas LeRoy, director general de *Church of God World Missions*, Cleveland, Tennessee

«Todo cristiano necesita una brújula centrada en Cristo, y toda la Iglesia necesita equiparse para alcanzar su máximo potencial. *Nuestra gran esperanza final*, por Ronnie Floyd, te impulsará hacia niveles más elevados de desarrollo espiritual personal, al mismo tiempo que traza un camino basado en la Biblia, a fin de ayudar en verdad a que todo el mundo conozca el evangelio antes de que sea eternamente demasiado tarde».

Rvdo. Paul Louis Cole, presidente de *Christian Men's Network Worldwide*,
Fort Worth, Texas

«Creo que cristianos jóvenes y experimentados por igual deberían hacer de *Nuestra gran esperanza final* una lectura anual, solo para seguir los planes enfocados en el reino de hacer todo lo que podamos para cumplir la Gran Comisión con toda la rapidez posible. Ronnie Floyd escribe desde sus experiencias personales y demuestra los cambios necesarios para permanecer en el camino. ¡Asegúrate de obtener un ejemplar para ti mismo y para tus amigos!»

Dr. Prince Guneratnam, superintendente general emérito,
Asambleas de Dios de Malasia;
pastor principal de *Calvary Church*, Kuala Lumpur, Malasia

«Dios está levantando pastores y plantadores en todo el mundo. *Nuestra gran esperanza final* es un recurso invaluable que pastores y sus respectivas iglesias deben tener en toda la tierra. Estoy emocionado de que haya un recurso de vanguardia que comunique a todas las edades de la sociedad a través de medios bíblicos y prácticos para obtener victoria física y espiritual. A Ronnie Floyd se le debe elogiar por aportar este libro con mentalidad del reino al cuerpo de Cristo en todo el mundo».

Rvdo. Suliasi Kurulo, pastor fundador de *World Harvest Centre*, Suva, Fiji

«Ronnie Floyd extenderá tu visión personal y profesional en *Nuestra gran esperanza final*. Defiende un mandato mundial de trabajar juntos para terminar la Gran Comisión en nuestra vida. Si deseas mover lo insignificante hacia lo magnífico, ¡lee *Nuestra gran esperanza final* hoy!»

Rvdo. Eddy Leo, fundador de *Abba Love Ministries*, Yakarta, Indonesia

«Ronnie Floyd le ha proporcionado a la Iglesia mundial *Nuestra gran esperanza final* en un momento en que necesitamos que nos recuerden que nuestro papel es cumplir la meta de Cristo. Esta meta eterna se sintetiza en la Gran Comisión. El pastor Floyd revela con sumo cuidado su viaje personal y nos muestra cómo podemos ayudar de verdad a hacer que sea más difícil para una persona vivir en este planeta y no escuchar el glorioso evangelio de Cristo. Este valioso recurso está destinado a elevar el nivel de liderazgo en la Iglesia en todo el mundo».

Dr. David Mohan, superintendente general de Asambleas de Dios,
Madrás, India

«Ronnie Floyd expandirá tu modo de pensar como nunca antes en *Nuestra gran esperanza final*. No puedo enfatizar lo suficiente la importancia de que leas y apliques las piadosas enseñanzas que se encuentran en sus páginas. Te motivarán, por el resto de tu vida, a fin de mantener en primer lugar lo principal hasta que todos hayan escuchado el evangelio eterno de Cristo».

Rvdo. Leon Fontaine, pastor fundador de *Spring Church*, Winnipeg, Canadá

«*Nuestra gran esperanza final* te dejará insatisfecho con vivir el resto de tu vida sin llevar el evangelio a pueblos no alcanzados en todo el mundo. Nuestra meta es plantar más de doscientas mil iglesias más en África oriental en nuestra vida, ¡y creo que *Nuestra gran esperanza final* inspirará y enseñará a nuestros líderes a hacerlo!»

Dr. Alex Mitala, *New Birth Fellowship*, Kampala, Uganda

«Muy pocos líderes tienen la visionaria capacidad para comunicar en tales términos que extienda nuestras fronteras de desarrollo del liderazgo personal. Ronnie Floyd, en *Nuestra gran esperanza final*, nos mueve desde las regiones alcanzadas a las no alcanzadas del mundo. Establece el estándar visionario para cada iglesia local y muestra el camino que ayuda de verdad a cumplir la Gran Comisión en cada región del mundo».

Dr. Gustavo Crocker, director para Eurasia de la Iglesia del Nazareno, Suiza

«Ronnie Floyd lo entiende. Ha captado la necesidad y la oportunidad que tenemos delante de nosotros. Llevar el evangelio al mundo no es opcional. No es un producto en una fila de un bufé que puedes dejar pasar. Es parte del reino de Dios para sus seguidores. A medida que alimentes tu alma en estas páginas, descubrirás una mezcla equilibrada de la Escritura, las historias personales y los relatos históricos. Este libro me hizo tener hambre de más para alcanzar a mi comunidad y al mundo».

Dr. Michael Catt, pastor principal de *Sherwood Baptist Church*, Albany, Georgia; productor ejecutivo de *Sherwood Pictures*

«En las dos últimas décadas, he llegado a conocer a Ronnie Floyd como uno de los pastores con mayor impulso misionero que sirve a la Iglesia en la actualidad. Es un increíble líder con corazón para las misiones y la evangelización, y posee una rara capacidad de movilizar a los cristianos para emprender la acción en obediencia a Cristo. Ha sido un gozo trabajar a su lado, y recomiendo este libro con entusiasmo».

R. Albert Mohler Jr., presidente del Seminario Teológico Bautista del Sur

«Ronnie Floyd tiene la voz de un profeta, el corazón de un pastor y el espíritu de quien hace discípulos. Este libro despierta a una Iglesia somnolienta de la apatía, la anarquía y la apostasía, a fin de cumplir una tarea dada por nuestro Señor a un pueblo que tiene Esperanza para un mundo que la necesita con desesperación. Advertencia: cuando te despiertes, no pulses el botón de repetición».

Ken Whitten, pastor principal de *Idlewild Baptist Church*, Lutz, Florida

Nuestra gran esperanza final

EL DESPERTAR DE LA GRAN COMISIÓN

RONNIE FLOYD

Unilit   Sepa

Publicado por
Unilit
Miami, FL 33172

© 2012 Unilit (Spanish translation)
Primera edición 2012

© 2011 por Ronnie Floyd
Originalmente publicado en inglés con el título:
Our Last Great Hope: Awakening the Great Commission por Ronnie Floyd.
Publicado por Thomas Nelson, un sello de Thomas Nelson, Inc.
Nashville, Tennessee.
Todos los derechos reservados.
Rights managed by Silvia Bastos, S.L., agencia literaria.

Traducción: *Belmonte Traductores*
Edición: *Nancy Pineda*

Producto: 495808
ISBN: 0-7899-1866-8
ISBN: 978-0-7899-1866-6

Impreso en Colombia
Printed in Colombia

Categoría: Iglesia y ministerio / Vida de la iglesia / Evangelización y extensión
Category: Church & Ministry / Church Life / Evangelism & Outreach

Dedico este libro a mi muy especial amiga
Johnelle Hunt, y a su difunto esposo, J.B. Hunt.
Yo quería mucho a J.B.:
como un maestro de lecciones de la vida
y de liderazgo, como alguien que encontró gozo
en ver a otros acudir a Cristo
y como el modelo de un siervo dedicado
al avance mundial del evangelio.
Jeana y yo queremos y valoramos a Johnelle:
una mujer misericordiosa y amorosa, y una
maravillosa y generosa amiga.
Por separado, son lo mejor de Dios;
juntos, construyeron una de las mejores
compañías de Norteamérica;
pero más que eso, pusieron a los pies de Dios
los recursos que les confió Él,
para la reconciliación de su mundo
mediante el cumplimiento de la Gran Comisión.
Que el favor de Dios brille con fuerza
sobre el legado de
J.B y Johnelle Hunt.

Contenido

Rebosante de gratitud

Me alegré mucho cuando *Thomas Nelson Publishers* me habló de escribir un libro sobre la Gran Comisión de Jesucristo. Le hice una oración de gratitud a Dios, pues reconocí su mano una vez más. El desarrollo de estrategias para la Gran Comisión le da vida a mi espíritu como ninguna otra cosa. Anhelo agotar todos los enfoques, y todos los recursos, a fin de hablarle a cada persona en el mundo acerca de Jesucristo y hacer discípulos en todas las naciones. Esta ha sido mi pasión por muchos años. Ahora, en cambio, después de un período transformador de un mayor enfoque en la tarea, el momento estaba maduro por completo. Mi pasión por un proyecto así estaba en apogeo.

Sin embargo, ¿qué tipo de libro? *Nelson* no quería un libro sobre teoría, sino sobre *acción*. Esas eran justas las palabras que anhelaba oír, porque este es el momento esencial para la acción. Que *Nelson* me escogiera para este tema me produjo un sentimiento de humildad; pero lo que me ganó fue su visión por un libro *urgente* y *práctico*.

Reconocí que se trataba de personas que habían estado escuchando a Dios. Entendían la obra que su Espíritu ponía en ebullición durante nuestra época. Aceptaron la empresa tan vasta, humanamente imposible, pero divinamente inevitable, de terminar la obra que Jesús nos mandó hace veinte largos siglos.

Por lo tanto, debo comenzar expresando mi sincera gratitud a mi Señor y al siervo empresarial que Él tiene en *Thomas Nelson*. Como Dios hizo con Pablo, aún lo sigue haciendo: es decir, extender el evangelio de persona a persona, mediante una cadena de relaciones amorosas. Jack Countryman, de *Thomas Nelson*, y yo hemos sido amigos por años. Creo que esa amistad ha culminado en nuestra colaboración en este libro.

Bajo el liderazgo de Dios, Jack le comentó a Matt Baugher lo que sentía que Dios quería hacer. En un breve período, *Thomas Nelson* me presentó de manera formal esta oportunidad.

Con una pasión por ver publicado este libro, Matt llamó a su dotado equipo para que se uniera a nosotros asegurando que se ejecutara este proyecto. Por consiguiente, le estoy muy agradecido a Dios por Matt Baugher, Jack Countryman, Jennifer McNeil, Emily Sweeney, Stephanie Newton y por todo el equipo de *Thomas Nelson*.

Mi relación con ellos me condujo a recibir ayuda en este proyecto de parte de Rob Suggs, un dotado escritor y un genio de las palabras. También soy bendecido y me siento abrumado de gratitud por tener a Rob a mi lado para este momento.

No hay manera en que pudiera evitar mencionar la experiencia que me cambió para siempre. Johnny Hunt, entonces presidente de nuestra convención, me nombró para que sirviera como presidente del Grupo de Trabajo del Resurgimiento de la Gran Comisión de la Convención Bautista del Sur. Dirigí un equipo de veintidós líderes diversos para desarrollar un informe y las recomendaciones para nuestra convención de más de cuarenta mil iglesias y congregaciones, sobre la pregunta de cómo podríamos trabajar mejor juntos para cumplir la Gran Comisión.

Además de pastorear *Cross Church*, dirigí a ese dotado equipo durante un año en largas, agotadoras y divertidas horas. Por lo tanto, estoy rebosante de gratitud por esos amigos que se me unieron en ese viaje de un año de duración: Danny Akin, Tom Biles, John Cope, David S. Dockery, John Drummond, Donna Gaines, Al Gilbert, Larry Grays, J.D. Greear, Rubén Hernández, Harry Lewis, Kathy Litton, Albert Mohler Jr., Mike Orr, Frank Page, Jim Richards, Roger Spradlin, Ted Traylor, Simon Tsoi, Robert «Bob» White, Ken Whitten y, desde luego, Johnny Hunt. Gracias por invertir en mi vida y en este viaje de la Gran Comisión.

En este viaje de la Gran Comisión, estuvo entre bambalinas un dotado grupo de personas que se comprometió en ayudarnos a lograr nuestro trabajo. Mi corazón está rebosante por el servicio y el trabajo de Kim Whedbee, Anita Stewart, Kathy McClure, Andy Wilson, Jim Law, Mike Daniels y Nick Floyd.

También estoy agradecido por la Junta de Misiones Internacional y la Junta de Misiones Norteamericanas por su contribución a la gran mayoría de las estadísticas que presentamos a lo largo de este libro. Sus departamentos de investigación, que trabajan con nuestros investigadores a nivel mundial, están muy calificados para ayudar a las iglesias.

En último lugar, pero no menos importante, estoy agradecido también por mi esposa, Jeana, que ha sido mi compañera en la vida durante treinta y cinco años. Estos dos últimos años ella ha sacrificado nuestro tiempo del uno con el otro, a fin de llevarnos al punto de publicar este libro. En el primer año, tuvo un esposo con dos trabajos a tiempo completo. En el segundo año, me ha alentado a adoptar este proyecto y escribirlo con convicción y con pasión.

Por consiguiente, por Jesucristo, por todas estas personas, y por ti, estoy rebosante de gratitud.

Mil gracias,
Ronnie W. Floyd

Encuentro en la cumbre de un monte

No muy lejos de la cumbre, Mateo se detuvo para recuperar el aliento. El sol de la mañana era incesante y el ascenso era agotador.

—No falta mucho —dijo Juan con una sonrisa, viendo el cansancio de su amigo. Juan era un hombre más joven y de constitución más pequeña. Ascendía a paso ligero sin sudar ni una sola gota.

—Solo espero que tengamos razón en esto —dijo Mateo—. ¿Cómo lo sabemos en realidad?

—Él estará aquí —le dijo Juan con firmeza—. Lo creo. Y pienso que algunos de ellos lo creen también.

Era extraño. Al igual que en los viejos tiempos, las multitudes se reunían en el camino... muchísimas personas. Sin embargo, estaban calladas, en su mayoría, inmersas en sus pensamientos con la esperanza de tener un encuentro en la cumbre del monte. Tal vez, al igual que Juan, creyeran que Él se movía en algún lugar en su interior.

Mateo no estaba seguro de lo que sentía, aparte de incertidumbre acerca del futuro. En otro tiempo fue recaudador de impuestos. Tenía una buena vida, aunque era impopular. Ahora, había terminado; no podría regresar a trabajar para los romanos, al menos después de esos tres años. Ya no era Mateo. Los pescadores, Pedro y los otros, podrían regresar con facilidad a sus viejas vidas como si fuera volver a ponerse una vieja túnica. La vida de Mateo era un signo de interrogación. Miró a aquel pequeño grupo, ahora de once tras la deserción de Judas. Juntos salieron de la ciudad y fueron a Galilea unos días antes. Había seguridad allí, pero lo que es más importante, la promesa del Maestro de que Él estaría presente. En ese momento, casi no sabían nada. Él había hablado muchas veces de cruces y sepulcros, ¿pero quién podía creerlo? Sin duda, se trataba de algún tipo de parábola, alguna hipérbole dramática.

Sin embargo, Jerusalén no fue ninguna parábola. Los acontecimientos eran una confusa maraña en la mente de Mateo en ese momento, un sueño febril que no lograba interpretar. Recordó el usual caos de la Pascua, las calles repletas debido a las masas: impacientes centuriones, dando empujones y maldiciendo; vendedores pregonando sus productos; borrachos y mendigos lamentándose; líderes religiosos acechando dondequiera que iba el Maestro. Recordaba una tranquila cena de Pascua el jueves por la noche. Fue una cena santa: el Maestro casi susurrando, cierto aire de triste finalidad en su compostura, la pesada atmósfera de la habitación como en un funeral. Recordó el huerto, quedarse dormido y entonces...

El amanecer. Pedro y Jacobo gritando, todos en caos. *¡Se lo llevaron!* ¡Le están reteniendo! En las calles, algunos decían que lo tenían los sumos sacerdotes; no, decían otros, los romanos fueron los que se lo llevaron. Al Maestro lo acusaron de sedición: conspiración para destruir el templo.

Él se marchó. Ahora, los once eran huérfanos, sin dirección ni plan, perdidos en un interminable día de temor. «¡Vendrán para cazar al resto de nosotros!» Todos intentaban pasar inadvertidos, las mujeres lloraban y hacían pan, los hombres discutían. Entonces, llegó su madre y Juan, pálidos, abatidos, diciendo lo peor, lo impensable. Él no podía estar muerto.

Aun así, lo estaba. Clavado como si fuera un criminal. Envuelto en lienzos con rapidez, retirado sin tener un entierro formal. El fin. La nueva vida, el Camino, la esperanza: todo había terminado. Los romanos seguían estando en el poder; el pueblo de Dios seguía estando en humillación. Nada había cambiado. La ira de Mateo luchaba en contra de su tristeza. Ahora lo recordaba para su vergüenza. *¡Todos son unos necios!*, pensó. Tres años para esto. Y entonces...

La mañana del domingo.

Las mujeres, no los once, ¡las mujeres fueron quienes le vieron! Mateo recordaba que se había burlado de ellas, por su insistencia en que Él no estaba muerto. Histeria de mujeres. Con todo y eso... *Ah, ¡si pudiera ser cierto!* Él lo prometió, ¿no es así? Sin embargo, ¿de qué manera?

Pedro y Juan se dirigieron en seguida hacia el sepulcro mientras los demás se quedaban sentados solo atolondrados, y ahora volaban los rumores:

Él resucitó. ¡Él resucitó!

Incluso los romanos se implicaron, diciendo que se robaron el cuerpo (como si esto fuera posible). Los dos hombres de Emaús estaban seguros por completo de que en el camino anduvieron en su compañía. Diez de ellos, todos menos Tomás, hablando, discutiendo al respecto el domingo siguiente, y entonces...

El Maestro mismo, parado entre ellos, como si solo fuera otro día, como si la pesadilla nunca se hubiera producido. De pie allí, como en un sueño, pero cambiado en cierto modo. Las profundas heridas en sus muñecas y en sus pies. ¡Y su risa! Una risa que podría dispersar demonios.

Todos lloraban, se arrodillaban. Adoraban.

Todos esos recuerdos se juntaban en la mente de Mateo mientras se esforzaba por escalar el monte. Él había estado allí. No había suficiente imaginación en un recaudador de impuestos para evocar una visión así. El Rabino estuvo muerto, pero no estaba muerto. Era una maravilla por encima de toda comprensión: Estaba vivo otra vez, pero no de la misma manera; no estaba entre ellos como compañero de viajes. Sin duda, fue a Galilea, decían algunos. Siete de ellos le vieron en la playa y hasta desayunaron con el Maestro. El primer encuentro fuera de Jerusalén. Todos entendían que había amanecido un nuevo día, ¿pero qué tipo de día?

Mateo levantó su mirada mientras llegaban a la cumbre. La gente se arremolinaba, estaba sentada y descansando, mirando a todas partes. Cerró sus ojos por un instante, declarando una oración desde lo más profundo, y cuando los abrió, contempló el rostro de Jesús.

Era el Maestro, en cierto modo lejos, debajo de las ramas de un árbol. Estaba calmado, contemplativo. Cuando le divisaron, surgieron voces y preguntas. Algunos no estaban seguros. Sin embargo, los discípulos lo sabían, y de nuevo se encontraron postrados, alabando y exaltando a su resucitado Maestro, amigo y Señor. Muchas preguntas, había muchas cosas que todos querían decirle.

Jesús comenzó a caminar hacia ellos, y meneó con suavidad su cabeza; Él tenía una lección más que enseñar. Entonces, Mateo y los otros se sentaron alrededor de Él, sabiendo esa vez que había que captar y recordar cada palabra. Algún día, quizá Mateo preservaría la historia por escrito.

Jesús dijo: «Se me ha dado toda autoridad en el cielo y en la tierra». Hizo una pausa por un momento y dejó que las palabras calasen en sus mentes. Él hizo tales afirmaciones antes; ahora era mucho más fácil creer.

Él continuó: «Por tanto, vayan y hagan discípulos de todas las naciones, bautizándolos en el nombre del Padre y del Hijo y del Espíritu Santo».

Fue un mandamiento sorprendente. Mateo había escuchado a los romanos hablar sobre sus viajes. El mundo era un lugar grande. Algunos decían que se extendía más allá de los mares conocidos, más allá de las fronteras montañosas, hasta extrañas tierras que incluso desconocía el César. «Hagan discípulos... de todas las naciones». Mateo miró los rostros de los discípulos, y de todos los demás que estaban presentes, intentando visualizar las palabras del Maestro.

«Enseñándoles a obedecer todo lo que les he mandado a ustedes», les dijo Jesús. «Y les aseguro que estaré con ustedes siempre, hasta el fin del mundo».

Mateo ya tenía su futuro. A diferencia de cualquier cosa antes, era una tarea mayor que él mismo, y habría días en los que parecería sin ningún propósito, como intentar meter el cielo en una pequeña cisterna. Aun así, también tenía su promesa: «Estaré con ustedes siempre». Esas palabras tenían poder. Tenían promesa.

* * *

La tradición dice que Mateo murió como mártir en Etiopía, una de esas tierras distantes, alrededor de sesenta años después. Como la mayoría de sus amigos, intercambió su vida por la obediencia a la comisión que recibió. Casi todos murieron en naciones muy lejanas: en India, en Grecia, en Judea, en Frigia, en Italia, en Persia, incluso en Bretaña. En la época en que murió el último de los once, Juan, había nuevos discípulos de Jesucristo en todos los rincones del Imperio Romano y más allá.

En el siglo IV, ese imperio estaba agonizando, pero personas a lo largo de él adoraban a Jesús. Entonces, la civilización occidental cayó en un largo sueño, al igual que lo hizo la Iglesia. Incluso después de que diez siglos de oscuridad cultural diesen lugar a un nuevo despertar, la fe cristiana en muchas maneras continuó dormitando. El mandamiento de hacer discípulos a todas las naciones se preservó en el testimonio por escrito de Mateo, estudiado por monjes y, por fin, impreso y encuadernado por la nueva imprenta de Gutenberg. Sin embargo, pocos lo obedecieron.

No hubo misiones organizadas en ningún lugar del planeta hasta 1783, cuando un cristiano británico llamado William Carey comenzó a leer los viajes de exploración del capitán Cook a Australia y otros lugares. Él miró un mapa del mundo y pensó en los muchos países donde la gente aún tenía que escuchar las nuevas de Jesucristo, casi dieciocho siglos después de que el Señor ascendiera entre las nubes. Su corazón comenzó a arder con el deseo de ir y hacer discípulos de esas personas.

En esa época, Carey era pastor de una pequeña iglesia bautista. En una reunión de ministros, planteó la pregunta: ¿Acaso no era la tarea de todos los cristianos hacer lo que Jesús les mandó? A Carey le dijeron que Jesús solo les habló a los discípulos que vivían en ese entonces. Solo se aplicaba al primer siglo, y el mandamiento ya no era obligatorio. Consternado, Carey decidió que trabajaría solo si es que tenía que hacerlo. Escribió un folleto que bosquejaba sus planes de llevar el evangelio a cada nación, comenzando con la India. Incluso sus mejores amigos le dijeron que Inglaterra tenía mucho trabajo para que lo hiciera sin tener que preocuparse por otros países.

Al final, Carey partió hacia la India sin ningún patrocinio en absoluto, solo con su propia determinación. Se enfrentó con años de dificultades, con la enfermedad mental de su esposa, la muerte de un hijo, las críticas incesantes desde su hogar y, lo más desalentador, muy pocos convertidos. Escribió en su diario: «Sin embargo, este es nuestro aliento. El poder de Dios es suficiente para lograr todo lo que Él ha prometido, y sus promesas son muy grandes con respecto a la conversión de los paganos»[1]. Un día acuñaría la frase: «Esperad grandes cosas de Dios. Emprended grandes cosas por Dios».

Más o menos al mismo tiempo, en la joven nación de los Estados Unidos de América, un avivamiento conocido como el Gran Despertar barría las zonas del campo. El folleto de William Carey llegó a las manos de un convertido llamado Samuel Mills. Durante una tormenta, él y otros colegas amigos se refugiaron debajo del heno, donde se encontraron orando acerca de llevar el evangelio a todas las naciones. Poco después estaban organizando su propia sociedad misionera, y la idea prendió fuego. Con el tiempo, surgió el movimiento de las misiones modernas desde su trabajo inicial a medida que varias denominaciones y grupos religiosos empezaban a organizar misiones a muchos países. El evangelio comenzó una vez más, después de muchos siglos en silencio, a pasar a nuevas tierras. Los líderes empezaron a hablar de la Gran Comisión.

Sin embargo, la mayoría de los hijos de Dios seguía durmiendo. Se preocupaban por los intereses cotidianos de sus vidas, los problemas de sus comunidades y, quizá, las preguntas de su fe. Eran pocos los que ardían de pasión por hacer lo que enseñó Jesús: «Hagan discípulos de todas las naciones». Los misioneros parecían ser personajes extraños y excéntricos en lugar de ser campeones de la fe. La Iglesia siguió dormitando hasta que el mundo, como el Imperio Romano dos milenios antes, comenzó a mostrar señales de desintegración, hasta que incluso los que tenían poco interés en la religión comenzaron a preguntarse si estaba cerca el fin.

Entonces, Dios puso en algunos corazones una nueva conciencia de la Gran Comisión. De repente, personas de Dios comenzaron a dar pasos al frente, con sus corazones ardientes por ver la evangelización mundial, el discipulado en todo el mundo y que el Espíritu de Dios se derramara en el mundo entero. Una generación más joven era menos nacionalista y más compasiva en cuanto a otras culturas. Nuevas estrategias misioneras comenzaron a materializarse, pero la obra parecía ser más difícil que nunca antes. Algunos se preguntaban: «¿Cómo puede hacerse?».

Unas pocas voces entre la multitud respondieron: «Con Dios, habrá una manera. Todas las cosas son posibles en Cristo. Además, no tenemos opción; esto, el cumplimiento de la Gran Comisión, es nuestra gran esperanza final».

CAPÍTULO 1

Afronta la verdad acerca de ti mismo

Imagina a un grupo de líderes importantes que te llamen a una bonita sala de juntas. Te dicen: «Bueno, le hemos elegido a usted para que se haga cargo de cambiar al mundo para siempre. Su tarea es crear un sistema de entrega que llegue a cada persona que hay en el mundo. Ah, y hay que hacerlo para *ayer*».

En realidad, algo parecido a eso me sucedió a mí. Tuve un sentimiento de humildad, por decirlo con amabilidad, el día en que recibí el desafío. Me pidieron que sirviera como presidente del Grupo de Trabajo del Resurgimiento de la Gran Comisión de la Convención Bautista del Sur. Seguro que solo parece otro comité eclesial. Los títulos burocráticos hacen que hasta lo milagroso parezca trivial. Sin embargo, no hay nada de aburrido en absoluto en cuanto a esta iniciativa; no es así cuando se piensa en realidad al respecto o cuando se entiende de verdad lo que está en juego en el planeta Tierra. Y yo lo entendí, o al menos creí entenderlo, al principio. Sabía todo sobre la Gran Comisión. Cuando Jesús ascendió al cielo, nos dejó el mandato de penetrar en cada rincón de nuestro mundo con su mensaje, su oferta de salvación del pecado que nos destruye. Su encargo decía lo siguiente:

> Por tanto, vayan y hagan discípulos de todas las naciones, bautizándolos en el nombre del Padre y del Hijo y del Espíritu Santo, enseñándoles a obedecer todo lo que les he mandado a ustedes. Y les aseguro que estaré con ustedes siempre, hasta el fin del mundo. (Mateo 28:19-20)

La Gran Comisión ya había sido mi pasión; se trata del flujo de vida de mi denominación y del cristianismo evangélico. Así que podrás imaginar el fuego que se prendió en mi alma cuando me pidieron que presidiera un grupo semejante. Ese cuerpo especial implicaba a veintidós líderes y pensadores con el mandato de estudiar durante un año y después presentar perspectivas frescas acerca de cuál podría ser la manera más eficaz en que, por fin, pudiéramos hacer lo que no hemos hecho en dos mil años: penetrar en el mundo no alcanzado con el evangelio y hacer discípulos de todas las naciones. Sabía que esa era la oportunidad más maravillosa y significativa que emprendería jamás en mi vida terrenal.

Al pensarlo más, sin embargo, comencé a sentirme abrumado. Solo pensaba que sabía lo que significaba cumplir la Gran Comisión. Es una meta que grupos cristianos lanzan por ahí casi de manera casual. Le damos voz muy a menudo, porque es lo que todos queremos hacer. Ahora bien, por otro lado, me di cuenta de la magnitud de la empresa. Era como haber escuchado sobre el Gran Cañón durante toda la vida, quizá haber visto algunas fotografías y después estar allí por primera vez, con el viento soplando sobre tu cara y una puesta de sol estupenda y ardiente en el horizonte occidental. A decir verdad, no hay modo de prepararse para tal maravilla. La realidad sobrepasa al simple concepto. En efecto, la Gran Comisión es un concepto simple:

Hablarle a cada persona en el mundo sobre Jesucristo y hacer discípulos de todas las naciones.

Esa es una declaración de misión tan básica que incluso un niño pequeño puede entenderla. No obstante, la realidad de la Gran Comisión, bueno, eso es otra historia, y yo no había llegado a un acuerdo con esto. Nuestro cuerpo especial leyó muchísimo. Estudiamos. Investigamos. Como resultado, nos enfrentamos con un vasto, disperso y complejo pueblo mundial que cambia con rapidez. Consideramos los idiomas, las culturas, las nuevas oportunidades y los antiguos obstáculos de comunicar nuestro mensaje a siete mil millones de personas, siendo cada alma tan única como sus huellas dactilares, cada una infinitamente preciosa para Dios. La realidad nos abrumó en ese «momento de Gran Cañón» y supimos que teníamos que ser sinceros con nosotros mismos. No estábamos jugando.

Definir la tarea con precisión sería muy difícil. Y eso era solo para comenzar. También tendríamos que convencer a dieciséis millones de Bautistas del Sur en más de cuarenta y cinco mil iglesias de que nuestra definición era la acertada y que esta empresa debería convertirse en la gran obra de sus vidas. Tendríamos la responsabilidad de hacer que todos vieran la realidad de este trabajo, mientras nos manteníamos emocionados por seguir progresando al respecto nosotros mismos. Ahora bien, ¿comienzas a ver por qué la idea de despertar la Gran Comisión es asombrosa?

3

Jesús nos dijo en Hechos 1:8, en la otra gran declaración de la Comisión: «Serán mis testigos tanto en Jerusalén como en toda Judea y Samaria, y hasta los confines de la tierra».

Él estaba hablando acerca de un efecto dominó, círculos de salvación masiva en continua expansión, siendo cada uno una nueva y diferente realidad demográfica.

Jesús quiere que le respondamos: ¿Cuál es la realidad de Jerusalén? ¿De Judea? ¿De Samaria? ¿De tu barrio, tu género, tu generación, tu grupo socioeconómico? Quienes le sucedieron directamente, la generación del apóstol Pablo, hicieron que esos círculos se produjeran de forma espectacular. Los primeros cristianos atravesaron idiomas y culturas, desafiaron hostilidades, lenguajes, oposición demoníaca y tremendos obstáculos hasta que nuestra fe ganó al mayor imperio político en la historia: el Imperio Romano. Se predicó el evangelio y se hicieron discípulos en muchas naciones de ese período.

Por lo tanto, sabemos que puede hacerse, y tenemos a nuestra disposición todo tipo de tecnología y recursos que no tuvieron Pablo y sus compañeros misioneros. Aun así, consideremos los obstáculos, incluso para los que aceptan el reto de definir la realidad. Esa tecnología es una espada de doble filo. Vivimos en un mundo de mala información. Los reporteros de los medios de comunicación y los líderes políticos lanzan nuevas falsedades cada día, de modo que no entendemos nuestro mundo y ni siquiera a nosotros mismos. Una ráfaga de anuncios en televisión nos empujan hacia la creencia de que la felicidad personal está ligada a la cantidad de juguetes que poseemos o a la diversidad de placeres físicos que persigamos. Los líderes de de la opinión... su realidad ha cambiado también. Sus legiones se han hinchado de modo exponencial en nuestra generación a través de la tecnología, la Internet en particular. Nuestros ojos, oídos y mentes se llenan a cada momento del ruido ambiental de este blog o de aquel programa de entrevistas; y muy pocos están íntimamente relacionados con la verdad en la que sabemos que estamos en la Palabra eterna de Dios. Muchas opiniones, muchos consejos, pero hay un solo Dios y una verdad. En el incesante murmullo de nuestra época, me siento impulsado hacia Dios, para escuchar la única voz que importa. Espero que tu cabeza no esté ya dando vueltas. Cuando hablamos de despertar al gigante, movilizar la Gran Comisión para este mundo en esta época, debemos comenzar en alguna parte, y eso significa, desde luego, en el nivel más básico: nosotros mismos. No podemos definir la realidad que hay fuera de nosotros hasta que lidiemos con lo que está dentro. Debo comenzar conmigo mismo... y con mi Dios.

Un espejo de alta definición

La primera batalla a librar es la de mi corazón y mi alma. Conozco mis limitaciones. Miro a mi interior, veo lo caído e indefenso que estoy, y sé que mi única esperanza es confiar en Él. Hay un maravilloso pasaje en el Nuevo Testamento que llega al corazón de este problema de las incoherencias en mi vida espiritual:

> No se contenten sólo con escuchar la palabra, pues así se engañan ustedes mismos. Llévenla a la práctica. El que escucha la palabra pero no la pone en práctica es como el que se mira el rostro en un espejo y, después de mirarse, se va y se olvida en seguida de cómo es. (Santiago 1:22-24)

En este cuadro con palabras, el hombre se mira en un espejo limpio. Los espejos no mienten; definen la realidad a pleno color. Imaginemos que este hombre ve restos de pasta de dientes pegados a su barbilla. Tiene sentido que se limpie la barbilla, ¿no es así?

Santiago nos dice que alguien que no ponga en práctica la Palabra es como un hombre que se va dejando los restos de pasta ahí. Está pasando por alto la verdad que se le acaba de presentar. La Palabra de Dios es un espejo que nos muestra quiénes somos en alta definición. Define la realidad con cruda precisión. Cuando leo la Biblia, descubro que este libro me tiene atrapado. Lo que no entienden acerca de mí todos esos líderes políticos, genios de la avenida Madison y quienes conversan en la Internet, incluso mis mejores amigos, las Escrituras lo entienden. Yo abro las cortinas, miro el reflejo y me veo tal como soy. Mi propia realidad. Por eso somos disciplinados para estudiar nuestra Biblia cada mañana, a fin de prepararnos de manera espiritual para el día, al igual que nos miramos en el espejo del baño para prepararnos de manera física para el día.

La lectura de la Palabra me da lecciones de humildad, me alienta y me fortalece, pues sé con exactitud dónde estoy. Sin embargo, cuando termino mi tiempo devocional en la mañana, pongo a un lado la Biblia y sigo adelante con mi día, estoy en peligro de perder la realidad que se me ha mostrado. Necesito una mente y una voluntad disciplinadas; debo aferrarme a la verdad que comienzo a caminar por este mundo, sabiendo que a mis pensamientos los asaltarán miles de mensajes, a veces sutiles, en ocasiones poderosos, casi siempre mentirosos, que compiten entre sí. Si la Escritura es un espejo de alta definición, esos son espejos de feria. Procuran divertirnos diciéndonos mentiras agradables sobre nosotros mismos.

Debo admitir que soy la fuente de mi parte de esos mensajes que compiten. Siento la tentación a racionalizar mi pecado, a jugar en lugar de ser sincero o a tomar el camino más fácil durante esos momentos decisivos de la vida cuando es absolutamente crítico que sepa ser sincero conmigo mismo. Ya sea alguna voz impersonal en la tecnología o alguna voz interior generada por mi necio orgullo o pereza espiritual, debo pasar por alto las mentiras del mundo y seguir la verdad de la Palabra. Jesús nos dice que el camino es estrecho, el camino de la sinceridad con nosotros mismos; amplio es el camino que conduce a la destrucción (Mateo 7:13-14).

También necesito ser consciente de mi interés por la imagen de la percepción. Al igual que tú, deseo que me quieran, acepten y admiren; es cuestión de la naturaleza humana. Sin embargo, podemos convertirnos en esclavos de la aprobación de los demás. Queremos agradar a otras personas en todo momento. Debido a las mejores y más válidas razones, queremos agradar a un cónyuge, un supervisor en el trabajo o a un líder en la iglesia. Queremos que nuestros amigos piensen bien de nosotros. No hay nada de malo en todo eso, hasta que la aprobación se convierte en la realidad que nos define. Entonces, nuestra búsqueda de aprobación se convierte en una búsqueda constante de oro falso.

La vida hay que vivirla para una audiencia de una sola Persona. Este es un pensamiento alentador: si puedo centrarme de manera total y completa en agradar a Dios, de repente la vida se vuelve muy simple. Yo he definido mi camino, y su Palabra iluminará ese camino en cada paso. Ya no necesito escuchar todas las voces que están ahí fuera. Puede que no agrade a todas las personas en cada momento, pero haré todo lo posible por vivir como Dios quiere que lo haga, y esa será mi realidad. Por último, todos debemos tomar esa decisión, tal como lo hizo Pablo: «¿Qué busco con esto: ganarme la aprobación humana o la de Dios? ¿Piensan que procuro agradar a los demás? Si yo buscara agradar a otros, no sería siervo de Cristo» (Gálatas 1:10).

Es momento para mí ser genuino, ser sincero conmigo mismo y delante de Dios. ¿Quiero la verdad? ¿Puedo asimilar la verdad?

Nuestra gran esperanza final

¿Por qué toda esta charla sobre la realidad y la sinceridad? Planteo esas preguntas por un motivo. Echa un buen vistazo a tu alrededor, en dirección a tu mundo. Al considerar todas las cosas, ¿dirías que es un lugar mejor o peor que hace algunos años? Establece los parámetros de tu evaluación de la manera que escojas: en nuestro país, la escena internacional, la cultura popular, nuestra economía, nuestra ecología, nuestra política, nuestras familias. La mayoría de nosotros respondería que somos una generación en declive. Muchos cristianos creen que Cristo puede regresar pronto. Incluso los incrédulos sienten que la calamidad nos espera de alguna manera.

Si nosotros con toda nuestra tecnología, toda nuestra inteligencia y todas nuestras filosofías humanas tuviéramos la solución a este declive, ¿no crees que ya la habríamos producido en estos miles de años de civilización humana? El modernismo no ha creado la utopía. La ciencia ha creado tantos problemas como ha resuelto. Debo llegar a la conclusión de que nuestra última esperanza yace por encima de nuestras capacidades humanas. El curso de la civilización ha avalado lo que la Biblia dice en todo momento: somos criaturas caídas y engañadas; cualquier cosa que intentemos, por nuestros medios, estará destinada a la corrupción porque estamos corrompidos de manera innata por nuestro propio pecado.

Hay una gran esperanza final: para nuestro mundo, nuestro país, nuestros hijos y nuestras iglesias. Esa esperanza solo se vuelve visible cuando somos sinceros, cuando definimos como de manera adecuada la realidad. Esa esperanza está en la persona y el poder de Jesucristo, y en ninguna otra persona, en ningún otro camino, ni posibilidad. Lo denominamos buenas nuevas, aunque no hay nada de nuevo en ello, porque cada momento nuevo, cada problema nuevo, cada pecado nuevo, ya se conquistó y se perdonó a través de su sufrimiento y muerte en nuestro lugar y su resurrección de la muerte en esa mañana de Semana Santa hace dos mil años. Hay buenas nuevas para cualquier cosa enferma en tu vida; buenas nuevas para cualquier reto que afrontes mañana y la semana siguiente; buenas nuevas para cada problema humano concebible que nos enfrentamos hoy. Con todo, son buenas nuevas que deben entregarse y aceptarse a continuación.

Años después de que terminara la Segunda Guerra Mundial, había soldados japoneses que seguían refugiados en las islas del Pacífico. Nadie les había llevado la noticia de la rendición. Podrían haber regresado a sus casas con sus familias, pero no les habían entregado las buenas nuevas. Es más, cuando el último soldado ya envejecido por fin recibió la noticia, se negó a aceptarla, pues se convenció a sí mismo de que se trataba de un complot del enemigo para hacer que entregara sus armas. Solo cuando llevaron personalmente un comandante a la isla, el viejo soldado reconoció que había paz y que ya no tenía que seguir viviendo en cuevas por temor al enemigo.

Nuestro Dios vino Él mismo para darnos nuestras buenas nuevas, a fin de decirnos que había terminado la guerra entre los cielos y la humanidad y que ganaron ambas partes. Él se vistió de carne y caminó entre nosotros y entonces, antes de irse, nos mandó que siguiéramos llevando esas noticias. La guerra terminó, pero la lucha continúa en lugares donde la increíble noticia no ha penetrado. ¿No es eso una tragedia? Por eso nuestra tarea es urgente; Satanás está acumulando victorias en un conflicto que ya perdió. La cabeza de la serpiente está cortada y el cuerpo se revuelca en sus dolores de muerte.

El evangelio de Jesucristo es la gran esperanza final para este mundo. Según la promesa de Jesús, se nos entregó su poder, su presencia y su autoridad: todo lo que necesitamos para el éxito. Y la Gran Comisión es nuestra orden de marcha, la operación de la cual depende todo. Es momento de que nos despertemos a la urgencia, la realidad y la simplicidad de esta única tarea, una tarea al lado de la cual todas las demás pasan a una trivialidad insignificante. Piensa en las maneras en que dedicamos nuestro tiempo y nuestra energía: nuestras causas, nuestras búsquedas, nuestros sueños, nuestros pasatiempos. ¿Cuánta importancia eterna tiene cada una? ¿Estamos nosotros, como el legendario emperador Nerón, jugueteando mientras Roma arde? Jesús nos dijo que buscáramos primero su reino y su justicia, y todas las demás cosas seguirían en su lugar adecuado (Mateo 6:33). ¿Primero? Me pregunto cuántos de nosotros estamos buscando siquiera su reino en segundo, tercero o décimo lugar. ¿A cuántas personas nos encontramos cada día que están muriendo de sed por el agua viva que solo Cristo puede dar, pero nosotros estamos demasiado ocupados para decírselo?

Algún día yo estaré delante de mi Padre para rendir cuentas de mis actos en esta vida. Ah, cuánto anhelo poder decir: «Mi Señor y mi Dios, sé que tú me diste tu mayor regalo, de modo que entregué todo lo que pude de mi tiempo y de mis recursos para hacer lo que te agradaba a ti. En mi generación, ¡cumplimos la Gran Comisión! Por fin hicimos posible que toda alma viviente en nuestro planeta escuchara el mensaje que tú querías darles, e hicimos discípulos de cada nación».

Además, mi oración más profunda es que pueda oírle decir: «¡Hiciste bien, siervo bueno y fiel!» (Mateo 25:21, 23).

Un gran despertar

Durante estos últimos meses he sentido que algo cambiaba en mi interior, algo poderoso se avivaba en mi alma. He desarrollado una profunda hambre por ocuparme de estar en el negocio de mi Padre respecto a seguir esta misión en todo nuestro mundo y de llevar la

Gran Comisión. No es como si nunca hubiera estado dedicado a la tarea, pues siempre la he considerado como el punto focal del ministerio personal y de todo el ministerio cristiano. Esa pasión ha estado a mi lado, pero últimamente esa pasión ha madurado y ha tomado posesión de mí desde el interior, me ha hecho anhelar y me ha distraído de las pequeñas cosas que solían parecer tan importantes. Es como si, de repente, todo el caos y el clamor de mi vida hubieran encajado en su lugar y se hubieran vuelto una imagen cohesiva: la imagen de perseguir la Gran Comisión de modo implacable hasta su cumplimiento. Me sigo preocupando por dirigir a mi familia, dirigir mi iglesia, servir en mi comunidad local y todo lo demás. Sin embargo, esas cosas son ahora como riachuelos que conducen al gran río impetuoso que es mi tarea de llevar el evangelio al mundo y ver un avivamiento masivo y global como resultado.

¿Cómo sería este mundo si de pronto hubiera una cosecha mundial? Me quedo dormido pensando en esto y me despierto con una visión renovada. En los ojos de mi mente, lo veo todo mientras comienzo mi día, y entonces me ocupo de las responsabilidades normales y corrientes que la vida requiere de mí. Qué más quisiera que emplear todo mi tiempo, todas mis capacidades y toda mi fortaleza en lo que importa de verdad. Miro a mi alrededor y veo nuestras calles llenas de personas que están consumidas por el fútbol, la política, Hollywood, Wall Street o el escenario de citas por la Internet. Entiendo el atractivo de todas esas cosas. A pesar de eso, en cuanto a mí, quiero intercambiar los años, los meses, los días y los minutos que me queden, y solo Dios conoce cuantos, por el tipo de semillas que echarán raíces entre las personas y después florecerán en el cielo. Ahora veo mis momentos como monedas, y puedo gastarlas en basura o en tesoros. No quiero dar un recurso precioso de esta vida a lo que no sea significativo de manera eterna.

Para mí, eso significa tener un enfoque láser en la Gran Comisión. Espero que tú puedas llegar a sentirlo del mismo modo. Hacia ese fin, debemos aprender a distinguir la realidad, a ser sinceros con nosotros mismos. Este libro tiene intención de ayudarte a hacer eso. El siguiente principio debería ayudarte a comenzar en ese camino.

El principio de la línea de flotación

No creo que terminara viviendo en el norte de Arkansas por alguna situación fortuita. Cuando Dios reparte carreras y dirige el curso de las vidas, lo hace con propósito. En mi pequeño rincón del mundo, hay gigantes en la tierra: gigantes empresariales, tres de ellos. *Walmart, J.B. Hunt* y *Tyson Foods* tienen sus oficinas centrales en los alrededores. Uno de ellos es el mayor negocio del mundo; otro es la mayor empresa de logística de transporte de su clase en Estados Unidos; la tercera es el mayor productor del mundo de aves y carne. Solo *Walmart* es un imán de los negocios que atrae a más de otros mil doscientos vendedores a nuestra región. La mayoría de esas empresas nacionales e internacionales le venden y le sirven sus productos a *Walmart*.

¿Tenía Dios un propósito al situarme en este centro comercial en particular? Creo que Él quería desarrollar en mí una gran carga por los negocios del mundo, y eso es lo que ha sucedido. Hace una década, cuando nuestra iglesia estaba presentando un nuevo campus en los cercanos Pinnacle Hills, comencé a realizar el almuerzo para personas de negocios. No lo pensamos como un estudio bíblico, sino como un medio para ministrar las necesidades de los líderes empresariales. Desde el comienzo, quienes acudían a nosotros tendían a ser miembros de la comunidad más amplia en lugar de ser solo de nuestra iglesia. Nos centramos en equipar a las personas para realizar negocios de la manera adecuada. Al principio, yo era el orador regular, pero a lo largo de los años hemos comenzado a invitar a otros líderes de todo tipo.

A medida que ese ministerio cobraba vida propia, y yo puede que hable allí no más de tres o cuatro veces al año, también he crecido yo. Me encuentro leyendo libros y revistas importantes del mundo de los negocios, manteniéndome al corriente de esa cultura. Busco nuevas maneras de invertir en nuestros líderes, al igual que en las muchas personas en nuestra iglesia que trabajan en los negocios. La complejidad de la cultura empresarial es una de esas cosas que no te enseñan en un seminario; Dios ha puesto en mí un gran interés en los negocios, lo cual a su vez es una de las claves para despertar la Gran Comisión, puesto que el negocio de Estados Unidos, el gran imperio final, es el negocio.

Hace un par de años me crucé con un libro intrigante en particular de Jim Collins: *Cómo caen los poderosos: Y por qué algunas compañías nunca se rinden*. En realidad, el autor da en el blanco, iluminando verdades que no solo se ajustan a los negocios, sino a todo lugar, incluyendo iglesias, ministerios y denominaciones. Collins escribe sobre correr riesgos «por debajo de la línea de flotación». Nos pide que nos imaginemos que somos el capitán de un barco. Toma una mala decisión y harás un agujero en el costado. Si ese agujero está por encima de la línea de flotación, tienes la oportunidad de ponerle un parche al agujero, aprender la lección y seguir navegando. En cambio, si ese agujero está por debajo de la línea de flotación, tienes grandes problemas. Entrará el agua, y debes detener la inundación y, a la vez, ponerle un parche de algún modo al agujero o muy pronto te encontrarás en el fondo del mar. Las grandes empresas, dice Collins, no corren riesgos por debajo de la línea de flotación[1]. Saben con exactitud cuál será el impacto de una mala decisión, y protegen lo que es esencial para mantener sus cabezas por encima del agua incluso en el riesgo. Yo leí esos párrafos y los subrayé con frenesí; este escritor estaba hablando sobre definir nuestra realidad.

He aconsejado a personas muchas veces y las he visto correr riesgos tremendos con sus familias, sus carreras y sus mismas almas. Collins describe lo que yo intentaba hacer: ayudar a las personas a que vieran lo que sucedería si descubrieran que el agua comienza a entrar de repente. El problema llega cuando las personas no son sinceras consigo mismas, y no admitirán con exactitud dónde está la línea de flotación. Si un hombre tiene una aventura amorosa, eso es una decisión por debajo de la línea de flotación para su esposa y sus hijos. Hará que la familia se hunda con rapidez, sin importar lo mucho que intente poner un parche más adelante. Si una joven se enamora de un hombre que no tiene su misma fe, ella piensa que está muy por encima de la línea de flotación, pero lo cierto es lo contrario. Si un hombre de negocios hace efectivas sus reservas económicas para comenzar un negocio propio, es mejor que tenga una sólida seguridad de que su negocio tendrá éxito, porque esas reservas son la línea de flotación para ocuparse de su familia.

¿Qué podría ser más crítico para la vida que la sencilla sinceridad propia? Es tan vital como difícil. Por lo tanto, ¿cómo puedes tomar buenas decisiones por encima de la línea de flotación a medida que defines tu realidad personal?

Tres preguntas difíciles

Ser sinceros con nosotros mismos comienza con la disposición de hacer las preguntas difíciles de modo que tengamos la oportunidad de proporcionar las respuestas difíciles. Consideremos algunas de las preguntas que cada uno de nosotros debe hacerse.

¿Conozco a Jesús de manera íntima?

Considera el reto de Pablo a los creyentes en Corinto:

Examínense para ver si están en la fe; pruébense a sí mismos. ¿No se dan cuenta de que Cristo Jesús está en ustedes? ¡A menos que fracasen en la prueba! (2 Corintios 13:5)

Pablo le respondía a un grupo de personas que se quejaba y cuestionaba sus credenciales como apóstol. Él les instaba a ser sinceros consigo mismos; a dar un paso atrás, mirar hacia dentro y ver si había alguna señal de Jesús en su interior. Jesús, desde luego, no tendría parte alguna en pelear por el trasfondo de Pablo, ni en comenzar peleas en la iglesia. Una vez que Él se apodera con firmeza de nuestra mente y nuestra voluntad, no hay lugar para las riñas triviales.

La prueba de Pablo sigue siendo válida. ¿Cuándo fue la última vez que la realizaste? Es un asunto serio, porque tu línea de flotación definitiva es tu condición eterna. Tú no jugarías con tu alma, ¿verdad? En realidad, ¿pondrías en riesgo tu destino eterno? Llegará el día en que sea demasiado tarde para ponerle un parche a ese agujero, de modo que es mejor que sepas en qué lugar te encuentras.

Si conoces de la fe cristiana, entenderás que en virtud de que eres un ser humano, comienzas este viaje con un hoyo en el casco de tu barco que no se puede reparar por ninguna cantidad de asistencia a la iglesia, dádivas monetarias, ni servicio comunitario. Todas esas cosas son satisfactorias, pero son solo el fruto de una vida agradecida y dirigida por el Espíritu. En sí mismas nunca pueden borrar el pecado ni la rebelión en tu vida. No, nacemos con cascos con agujeros, y la brecha se hace mayor cada día. Intentamos desesperadamente arreglarlos con muchas otras cosas, pero nos acercamos y vemos que el agujero tiene forma de cruz.

Solo Cristo, crucificado como pago por nuestros pecados, puede llenar la brecha. Cuando entiendes eso, estás preparado para postrarte a los pies del Jesús crucificado y aceptar el regalo que Él te ofrece: el regalo de sanidad, el regalo de paz en este momento y el regalo de una vida eterna perfecta cuando termine esta vida terrenal. Cuando Él repara esa fractura, permanece de esa manera. Nada en los cielos ni en la tierra puede hundir el barco. Te llevará navegando hacia una nueva vida y un destino celestial.

Estoy seguro de que entiendes que muchísimas más personas se identifican con el cristianismo de las que en realidad siguen a Cristo. Las personas asisten a la iglesia debido a muchas razones. Para algunas, el motivo es que Cristo lo es todo para nosotros. Conocerle y servirle a Él hace que valga la pena vivir, y vamos muy en serio en cuanto a estar más cerca de Jesús mañana de lo que estamos hoy. Aun así, estoy seguro de que conoces a personas, como las conozco yo también, para las que el adjetivo *cristiano* solo es otro nombre, como *de cabello oscuro, zurdo* o *estadounidense*. Ser cristiano es otro rasgo más identificativo en una vida llena de cosas.

Lee de nuevo la pregunta que he planteado (¿Conozco a Jesús de manera íntima?) y piensa en cómo la responderías con sinceridad. Tómate tu tiempo; nunca responderás una pregunta más importante.

Mira, estamos hablando de la Gran Comisión. ¿Cómo puede alguien tener pasión por obedecerla si no ha interiorizado su mensaje por completo? ¿Y si te pidiera que les hablaras a todas las personas en la ciudad de un nuevo restaurante cuando tú nunca has cenado allí? No estarías tan emocionado por ese tema y, a decir verdad, no serías un portavoz muy eficiente. En cambio, si hubieras estado allí, hubieras disfrutado de la especialidad de la casa y supieras que era la comida más estupenda de tu vida, tan fantástica que no querrías cenar en ningún otro lugar, nadie podría evitar que les hablaras a tus amigos sobre ese lugar.

Si en verdad has probado el Pan de vida, si has bebido de las aguas vivas que saltan para vida eterna, no hay una manera en absoluto en que puedas vivir sin hablarles a otros al respecto. Querrás que todos tengan la oportunidad de sentarse en esa mesa, incluso personas a las que no conoces, personas al otro lado del país o al otro lado del mundo. Por eso la Gran Comisión es mi pasión, y por eso debería ser la tuya.

¿Amo a Jesús con pasión?

Era un alumno universitario cuando conocí a Jeana, la mujer que se convirtió en mi esposa. No pasó mucho tiempo hasta que me sintiera atraído hacia ella de manera poderosa. Me enamoré por completo, y organizaba mi vida alrededor de esa relación. Ajusté mi calendario, recorté cosas menores a fin de poder pasar más tiempo con la mujer que amaba, y me quedaba despierto noches enteras pensando en cómo poder mostrarle lo mucho que me importaba. No había duda al respecto: estaba *apasionado*.

Quizá te hayas visto en esa situación. Hay algo increíblemente maravilloso en cuanto a hacer que tu vida se convierta en una luna de miel continua. Y, desde luego, como la mayoría de otras parejas, progresamos hacia nuevas etapas de nuestra relación. No dejamos de estar enamorados; no comenzamos a dar por sentado el amor del otro. Sin embargo, nadie puede permanecer aturdido y enamorado para siempre; ¡nunca se haría nada en el mundo! Quizá nosotros no mostremos tantos gestos tontos de nuestro afecto como podrían hacer las personas de diecinueve años, pero sí disfrutamos de un compañerismo más profundo y más pleno en nuestro matrimonio. Conocemos los pensamientos del otro, terminamos las frases del otro y nos complementamos el uno al otro con los dones que cada uno tiene. Eso es también bastante maravilloso. Aun así, nuestra relación no es en absoluto un negocio rutinario; sería triste si dejáramos que sucediera eso. Siempre que tenemos oportunidad, hacemos viajes juntos para reavivar nuestro romance. Trabajamos para atizar la pasión entre nosotros.

El romance y la devoción espiritual son variedades diferentes de amor, pero hay fuertes similitudes entre ellas. Jesús subrayó este concepto en el libro de Apocalipsis, cuando Él le estaba hablando a la iglesia en Éfeso. Comenzó elogiando a los efesios. Les dijo que había muchas cosas que estaban haciendo bien, pero les faltaba un ingrediente esencial: «Sin embargo, tengo en tu contra que has abandonado tu primer amor» (Apocalipsis 2:4).

Está hablando sobre el amor que esos creyentes tenían por Él. De algún modo, en medio de todas las grandes obras y los ministerios que realizaban los efesios, habían perdido su pasión por Aquel a quien servían. Habían creado una iglesia ocupada, pero una iglesia que carecía de su primer amor por Cristo.

Él les dijo que la buena noticia era que lo que habían perdido podrían encontrarlo de nuevo: «¡Recuerda de dónde has caído! Arrepiéntete y vuelve a practicar las obras que hacías al principio» (Apocalipsis 2:5).

Ese versículo ofrece un plan de tres pasos para volver a enamorarnos de Cristo:

1. *Recuerda.* Él les dice que midan la profundidad que hay entre donde están ahora en su amor y donde estaban antes, que hagan un viaje por la carretera de la memoria y sientan lo que se ha perdido.

2. *Arrepiéntete.* Descuidar a Cristo es, por decirlo sencillamente, pecado. Renuncia a ello; haz un nuevo comienzo. Comprométete a permanecer cerca de Cristo y a no permitir que nada se interponga en el camino.

3. *Repite* las cosas que solías hacer. En un matrimonio, esto significaría regresar al tiempo que pasaban juntos. Significaría hablar más, escuchar más. Con Cristo, es muy similar. Comenzar a pasar más tiempo en oración, en el estudio de su Palabra y en servir a otros en su nombre, como quizá lo hacías antes.

Recuerda. Arrepiéntete. Repite. Parece un plan, ¿no es así? Es un camino de restauración hacia la vida centrada en Cristo. Si haces estas cosas, te encontrarás descubriendo de nuevo tu pasión por el Señor, quien tiene una gran pasión por ti. Jesús no les ofreció esto a los efesios como una opción viable entre muchas. Les dijo que si no le aman a Él tal como los crearon para que lo hicieran, Él les juzgaría por eso. Un profundo amor por Cristo no es solo una buena idea, es lo único que hace que la vida resulte.

Puedo decir por mi propia experiencia que es demasiado fácil perder esa primera pasión por Cristo. Cuando era un recién convertido, parecía no poder obtener suficiente del Señor. A cada momento me encontraba en oración y casi siempre inmerso en las Escrituras, absorbiendo todo su valor. Me sentía atraído de manera poderosa hacia la iglesia, donde podría estar con otros hijos de Él y así poder ministrarnos los unos a los otros. En algún punto a lo largo del camino, sin embargo, todo se convirtió en un hábito, algo que hacía del mismo modo en que me bañaba o cepillaba mis dientes. Había ocasiones en que tenía una elevada pasión por cosas que le importan a Dios, como hablar en contra del pecado cultural y nacional o seguir programas y movimientos espirituales. A pesar de eso, no entendía la diferencia entre la devoción a su obra y la devoción a *Él*.

Es una inmensa diferencia, la de amor contra legalismo. Estaba interesado en edificar una iglesia creciente, y eso era algo que Él quería. No obstante, primero Él me quería a *mí*. Yo estaba interesado en el trabajo misionero, y Él también lo está, pero su visión para *mí* es el punto de comienzo desde el cual todo mi servicio debe presentarse.

Con frecuencia he tenido un «momento Éfeso» y he comprendido lo lejos que he caído. Entonces, bajo la amorosa y la consoladora dirección del Espíritu Santo, Él nunca es un acusador, sino siempre un amoroso agente de restauración, me he arrepentido y regresado a las cosas que profundizaban nuestra relación. Amar a Cristo con pasión es amarle de modo único, situarle a Él por encima de todos los demás y de todas las otras cosas. Es ser semejante a Él cada día, a fin de que sus valores se conviertan en mis valores. Eso significa comenzar a amar a las personas de la forma en que veo en los Evangelios que las ama Jesús: con humildad, de manera sacrificial y con inclusión, de modo que es posible interesarse por personas que están al otro lado del mundo. Amar a Cristo con pasión es un punto desde el cual todos los caminos conducen a la Gran Comisión.

Nuestra gran esperanza final es reavivar una pasión plenamente encendida por Jesucristo, que conduce a una renovada y práctica urgencia por alcanzar su mundo.

¿Testifico de Jesús a cada instante?

La Gran Comisión es en definitiva una Grave Comisión. Reconoce que nuestro mundo está en peligro, con personas que perecen cada día sin tener un conocimiento salvador de Jesucristo. Comprometamos nuestras vidas a rescatar a tantos como podamos, tan rápidamente como podamos, dondequiera que podamos.

Hemos estado pensando conocer y amar a Cristo. Ahora, al plantear el asunto de testificar de Él, entendemos que no podemos separar cualquiera de esas empresas de las otras dos. Conocer a Cristo es amarle; amarle es hablar de Él. Queremos que todos experimenten lo que hemos experimentado nosotros. Queremos eso porque somos obedientes, porque es natural testificarles a los demás de lo que es maravilloso y porque esos otros se enfrentan a una alternativa que es terrible por encima de toda imaginación. La fe auténtica, entonces, no llega en varios tamaños; no puede acomodarse a nuestras preferencias. Conocer a Jesús, conocerlo en verdad y no solo jugar, es conocerle de manera cada vez más íntima, amarle de modo cada vez más profundo y seguirle hasta los confines de la tierra y hasta el final de nuestras vidas en obediencia a su mensaje. No se puede ser «en cierto modo» cristiano más de lo que se puede estar «en cierto modo» embarazada. Cuando te decides seguir a alguien, vas donde va esa persona y caminas a su velocidad.

Miramos a nuestro alrededor y nos damos cuenta de lo mucho que el mundo necesita este mensaje. Nuestra tarea es ir a nuestro barrio, nuestra región, nuestro país y nuestro mundo según el modelo que Jesús estableció para nosotros en Hechos 1:8. Cuando escucho a cristianos hablar como si esta fuera la obra de «especialistas» llamados misioneros, mi corazón se duele. Cuando alguien dice: «¿No tenemos muchas necesidades que satisfacer en casa antes de comenzar a hablar de algún otro país?», muevo mi cabeza con tristeza, entendiendo que esas personas en cierto modo han perdido el corazón del evangelio. ¿Es respirar una tarea que les dejamos a personas especiales? ¿Lo es comer? Hablarle del evangelio al mundo entero es tan fundamental para nuestra identidad de discipulado como la respiración lo es para nuestra identidad humana.

Esta es otra verdad difícil y debemos enfrentarla. El cristiano que es apático en cuanto a la Gran Comisión es uno que no camina a la velocidad de Jesús, uno que se ha quedado muy atrás o que está vagando en algún lugar del bosque. No obstante, si Cristo es nuestra guía, la Gran Comisión es nuestra brújula. Conocerle a Él es amarle, sentir un mayor deseo de agradarle y, por último, entender lo que quiere Él de nosotros más que ninguna otra cosa: que les testifiquemos de Él a sus hijos perdidos.

Estudio la historia del cristianismo y encuentro un relato tras otro en el que sucede esto. El joven creyente comienza solo amando al Señor, y ese amor conduce de manera inevitable a que el creyente diga: «¿Qué quieres que haga, oh Dios?». Y la respuesta de Dios es siempre la misma: *Ve, ¡búscalos y tráelos a mí! Están perdidos, están muriendo por sus heridas y me necesitan al igual que tú.* Durante dos mil años, hombres y mujeres verdaderamente piadosos han dado un paso al frente, han sido sinceros consigo mismos y han llegado a la conclusión de que lo que Dios quería era que llevaran el evangelio a todas partes y que hicieran discípulos.

Entonces, ¿dices que tu carga es por tu propia zona del bosque? Eso es un comienzo; podría ser que tengas un llamamiento especial a tu comunidad. Aun así, ten en mente lo siguiente: un judío habló primero del evangelio en Roma; un romano lo llevó a Francia; un francés lo llevó a Escandinavia; un escandinavo lo llevó a Irlanda; un irlandés lo llevó a Escocia. En cada nación donde se ha hablado del evangelio tuvo a alguien que viajó desde allí al extranjero. Servimos a un Dios a quien le encanta atravesar fronteras y derribar muros. Le causa gran alegría cuando alcanzamos a otros cruzando las distinciones que nos dividen casi siempre.

En definitiva, quienquiera que seas y dondequiera que estés, se trata de ser sincero contigo mismo. Si eres miembro del género humano, debes entender que has caído y no puedes vencer tu pecado. Cuando entiendas eso, debes ser lo bastante sincero para reconocer tu necesidad de perdón por medio de Cristo Jesús. Entonces, cuando comiences a seguirle a Él, descubrirás que debes ser lo bastante sincero para evaluar tu devoción a Él; entenderás que nunca puedes conocerle con demasiada profundidad, nunca puedes amarle con demasiada pasión. Y el entender eso te conducirá de manera inevitable a interesarte por la Gran Comisión.

Cuando eso suceda, amigo mío, los detalles de tu vida encajarán en su lugar. Te sorprenderá lo mucho de Dios que experimentas cuando te entregas a las cosas que le interesan a Él. Pregúntale a cualquiera que haya hecho alguna vez un viaje misionero; viajar a algún lugar para servirle a Él sitúa tu vida en una perspectiva nueva por completo. Las cosas que parecían muy importantes en tu vida cotidiana, de repente se vuelven insignificantes. Ahora estás tratando el destino de las almas. ¡Estás trabajando para aumentar el tamaño del cielo! Hay alegría que no podías haber imaginado, porque te has situado en consonancia con el Autor de todo gozo. Verás a tu familia de modo distinto. Preguntarás: «¿Cómo podemos trabajar juntos para apoyar la Gran Comisión? Quizá ese viaje a la playa se utilizaría mejor en un campo misionero». Verás tus recursos de modo distinto. *¿A qué podría renunciar para así poder apoyar a nuestros amigos que están ganando personas para el Señor?* No querrás nunca más permitir tu propio placer, pues conocerás la alegría de devolverle a Dios lo que siempre ha sido suyo. Y verás a la familia de tu iglesia de modo distinto. *Necesitamos enviar a más personas a proyectos misioneros a corto plazo,* entenderás. *Y necesitamos ayudar a los jóvenes a comprender su llamamiento a una carrera de servicio para Dios.* Te encontrarás dando un paso adelante como alentador de la Gran Comisión, reclutador para el ejército que Él está levantando. Tarde o temprano, alguien se acercara a ti y te dirá: «¿Sabes qué? ¡Estás *obsesionado* por la Gran Comisión!». Y tú solo sonreirás y dirás: «Ya lo sé, ya lo sé. Nunca he sido más feliz. Nunca he estado más enfocado ni he sido más dinámico».

Es momento de que terminen los tiempos de la Gran Omisión y que hagamos a un lado todas las trivialidades y nos ocupemos de los negocios de nuestro Padre. Es sencillamente cuestión de sinceridad con nosotros mismos. Es también cuestión de gozo, emoción, pasión y aventura.

¿Sientes que eso se aviva en tu alma? Dios se está moviendo entre nosotros; puedo sentirlo. Las necesidades son muchas, y quizá Él regrese pronto.

El Señor recorre con su mirada toda la tierra, y está listo para ayudar a quienes le son fieles. (2 Crónicas 16:9)

¿Sientes sus ojos sobre ti? ¿Sientes que Él está moviendo tu corazón para ver si le eres fiel por completo? Entrégate a Él, nos dice este versículo, y Él te dará su fortaleza. Él te ayudará en tu vida, en todos los aspectos. Comenzará la aventura.

Entonces, cuando termine esta vida y cruces la frontera que separa este mundo del siguiente, te saludarán muchísimas personas. Algún extraño dirá: «Tú no me conoces, pero yo escuché el evangelio debido a ti, y ahora estoy aquí. He esperado aquí en la puerta para darte las gracias». Otros llegarán corriendo para darte un abrazo, para contarte sus historias y para describir cómo cambió para siempre su destino eterno a causa del poder de Dios y de tu obediencia. En ese momento, otra mano más se apoyará en tu hombro. La mirarás de cerca y verás las marcas de los clavos en ellas. Sentirás el brillo de una sonrisa más poderosa que todos los soles y las estrellas.

¿Puedes imaginar algo más satisfactorio? ¿Existe alguna razón posible para que no quisieras un futuro como ese? Renuncia a tus pequeñas ambiciones. Sé sincero contigo mismo, y escoge el futuro que Dios quiso que vivieras.

El salón de estrategia

Todo pastor tiene su propia tradición antes de la adoración. Un soldado puede que escuche una canción especial para ayudarle a «entrar en la zona» o se pondrá uniforme de cierta manera ritualista. Sin embargo, el pastor no es supersticioso; está interesado en la zona de intimidad especial con Dios que le ayudará a llegar a ser el mejor canal posible de servicio para su pueblo esa mañana. El estudio del pastor es su «salón de estrategia», el lugar donde busca sus órdenes de marcha finales antes de salir a la batalla espiritual. El joven pastor puede que repase sus notas, como si fuera el momento del examen en el seminario. No obstante, a medida que la sabiduría crece con los años, descubre que la oración es lo que necesita en realidad. Llega una sabiduría más profunda, encuentra maneras de avivar esa oración, de ser deliberado en el modo en que se presenta delante del Padre, a fin de poder presentarse después delante de la iglesia.

Hace quince años, comencé a orar el pasaje de Mateo 28:19-20, pidiéndole a Dios que me ayudara a predicar y a dirigir con la autoridad mencionada en la Gran Comisión. Yo tenía esos versículos grabados en una de las paredes de mi oficina; los había memorizado desde hacía mucho tiempo, pero no quería que estuvieran nunca fuera de mi vista. Miraba esos versículos la mañana del domingo y los oraba con todo mi corazón. No quería que llegaran a dirigirse hacia dentro, preocupándome solo por los miembros de mi propia iglesia. En la mañana del domingo, es muy fácil que nos consuma nada más que sus necesidades. Entendía el poder de reclamar las promesas de Dios, así que también hice mío el Salmo 2:8:

Pídeme,
y como herencia te entregaré las naciones;
¡tuyos serán los confines de la tierra!

Yo pedía: «Señor, dame esas personas. Pon el mundo en mi corazón. ¡Reclamamos esas naciones para Jesucristo!». Entonces, pasaba a orar por mi iglesia. Nuestra declaración de visión referente a la congregación, que habla de alcanzar el norte de Arkansas y el mundo, estaba grabada en otra de las paredes de la oficina. Cada semana volvía a comprometerme a cumplir esa declaración en el poder de Dios.

En otra de las paredes había un mapa del mundo. Entonces, acudía a esas tierras y mares. *Ahí están*, pensaba. *Todas las personas perdidas que necesitan que se les hable del evangelio, todas las naciones donde debemos ir y hacer discípulos.* El mapa se convertía en parte de mi plan de oración del domingo por la mañana. Hacía que la Gran Comisión fuera visual para mí.

Al caminar por la oficina, orando de pie, mis pasos me llevaban hasta una escultura de bronce de Jesús lavando los pies de los discípulos. Me hablaba y se hacía camino hasta mi diálogo con Dios: «Lléname de humildad así, Señor Jesús. Toda rodilla se dobla delante de ti; aun así, tú te arrodillaste para lavar pies sucios. Toda lengua confiesa que tú eres Señor, pero tu propia lengua derramó amor y verdad por nosotros». Entonces, me acercaba hasta una fotografía de mi familia, las personas a las que quiero de manera más profunda en este mundo. ¿Cómo no podía orar por ellas y por todas las otras familias que representaban? «Ayúdame a alcanzar familias hoy, querido Señor. Ayúdame a conectarme con ellas y llevarlas a Jesús». Iba hasta otra pequeña escultura en mi oficina: un indio nativo americano sobre un caballo. Me encantaba el movimiento dinámico de ese cazador, inclinado hacia adelante con su lanza a medida que galopaba, reclamando la presa para alimentar a su familia. Llegó a representar, para mí, los muchos tipos de rostros y perspectivas que existen en el mundo, los grupos de personas que no veía en nuestra congregación. «Dios, dame la capacidad y la oportunidad de llegar a las muchas y hermosas variedades de tus hijos. Rojos y amarillos, negros y blancos, todos son preciosos ante tus ojos. Ayúdame a llegar a los grupos étnicos del mundo».

Y entonces, el planeta. También era especial para mí, porque provenía de Israel. Yo regresaba a la Gran Comisión, donde para mí conducían todos los caminos, todas las líneas de pensamiento y de oración. Me encantaba el sentimiento de tenerlo en mis manos cuando le daba vueltas con lentitud, dejando que mis dedos se deslizaran por África, Europa y Asia. Le pedía a Dios que me mostrara un país, que me mostrara un continente por el que podría orar en ese momento. Cuando Él lo hacía, ponía mi mano sobre esa parte del globo y lo presentaba delante de Dios. Quedaba asombrado por la imposibilidad humana de la Gran Comisión cada vez que oraba por el mundo, pero los logros imposibles son el modo en el que se glorifica Dios. «Ayúdame a encontrar una manera, Señor. Crea el medio, el formato, que abra esa puerta».

A continuación, me enfocaba en las fotografías de la pared, fotografías de personas importantes por las que necesitaba interceder: había allí una fotografía de George W. Bush; después de 2008, un recuerdo de la toma de posesión del presidente Obama, que me regaló un pastor afroamericano amigo mío. No era que compartiera sus perspectivas políticas, sino que se trataba del mandamiento de la Biblia de respetar a mis líderes, someterme a ellos en ciudadanía cristiana y orar por ellos en especial. También oraba por personas estratégicas como James y Shirley Dobson, cuyas fotografías tenía también allí. «Ayúdame a influir y a invertir en nuestros líderes, oh Dios, líderes políticos, líderes religiosos y líderes internacionales, a causa del evangelio de Jesucristo».

Entonces estaría preparado para salir por la puerta de mi oficina y unirme a esos hombres especiales que oraban por mí antes de cada servicio. Esos hombres sabían cómo hablar con Dios, y era bueno sumergirse en sus oraciones intercesoras por mí.

Todo esto se convirtió en cierto tipo de ritual, pero en el mejor y más poderoso sentido. Extendía mi visión. Aunque permanecían la decoración de la oficina y el círculo de líderes, descubría que mi corazón estaba cambiando. Cuando oraba:

«Dame el mundo», escuchaba y sentía un nuevo y recurrente susurro:

Ronnie, tú no puedes hacerlo solo.

«Bueno, claro que no, Señor, pero...».

Ronnie, tú no puedes hacerlo solo.

Diez minutos antes del tiempo de adoración, un pastor no quiere estar luchando con Dios. Sin embargo, muchas veces sucede exactamente de ese modo, porque diez minutos antes de la adoración Dios tiende a tener la atención completa de un pastor.

Yo escuchaba, y durante el mes de enero de 2008 mi declaración de misión personal comenzó a cambiar. La nueva me sacó del centro del escenario: «Mi misión personal es influir en otros e invertir en ellos a fin de ganar el mundo para Cristo». En el salón de estrategia, la batalla era la misma que otros cristianos han estado peleando durante veinte siglos. Aun así, este soldado comenzó a pensar menos en términos de sus propios movimientos y más en términos del ejército que le rodeaba.

Cuando redirigí mi oración sobre la base de ese cambio, comenzaron a suceder cosas de inmediato. Es sorprendente el modo en el que una pieza del rompecabezas puede cambiar una imagen completa. No es que hubiera estado orando de manera errónea y sin fruto. No obstante, si la Palabra de Dios es la espada del Espíritu (Efesios 6:17), había afilado mi arma. Me había acercado más al plan que Él ha tenido todo el tiempo, y comencé a sentirle a Él detrás de mis espaldas, diciendo: «¡Ahora estamos llegando a alguna parte, hijo mío!».

En junio de 2009, me pidieron que sirviera como presidente del Grupo de Trabajo del Resurgimiento de la Gran Comisión de la Convención Bautista del Sur. Un domingo en la mañana estaba realizando mi oración normal y había llegado a ese mapa del mundo de *National Geographic*. Sentí que el Señor hablaba a mi corazón diciendo: *Ronnie, estoy respondiendo tu oración por las naciones. Lo que estás haciendo en este momento con la Gran Comisión influirá en futuras generaciones situando a más misioneros por todo el mundo, recaudando más dinero para el evangelio y equipando a más ministros y misioneros que en cualquier época de la historia.*

¡Eso sí que es afirmación! Ya he detallado el modo en que mi mundo se estremeció debido a lo que descubrí en ese grupo. Lo que tienes en tus manos, a decir verdad, es parte de la respuesta de Dios a mi oración: este libro.

Y entonces, algo más... algo que puso una sonrisa especial en mi cara, uno de esos momentos que tienen la huella de Dios. Me preguntaron si nuestra iglesia podría llevar a cabo una Cumbre para líderes norteamericanos sobre cómo alcanzar indígena estadounidense para Cristo. Miré la figura del caballo en mi oficina y le di gracias a Dios por ser tan bueno, tan fiel, por estar siempre «a la caza», al igual que la figura de bronce que había en mi oficina.

Me permití dar una pequeña vuelta de victoria alrededor de mis cuatro paredes y todos mis recordatorios visuales, dándole gracias a Dios por todo el camino. No, la tarea aún no se había realizado. El mayor de los desafíos de hablarle a cada persona en el mundo acerca de Jesús y de hacer discípulos a todas las naciones sigue estando delante de nosotros. En cambio, ya no parecía imposible. Dios me había mostrado que el mundo es en verdad una colección de miles de grupos de personas, grupos como los que estaban representados por ese cazador, y que un vasto ejército de creyentes es mejor que un soldado que ora mucho. Ejército a ejército, y grupo de personas a grupo de personas, podemos ganarlos.

Había pedido el poder para influir e invertir en otros; y en respuesta a esa oración, Dios me estaba dando todo lo que podía atender como si Él hubiera estado esperando durante años a que se lo pidiera. Oraba de manera más específica ahora: movilizar a personas, iglesias, grupos, misiones, dinero; alcanzar a este grupo de personas, a aquel, o a grupos sin descubrir aún.

Y el Espíritu de Dios se movía. Caminos, estrategias y formatos nuevos por completo se abrían cada día, por toda Norteamérica y el mundo.

El salón de estrategia era un hervidero, y un guerrero de oración por fin pasaba a la primera línea.

CAPÍTULO 2

Despierta a la Iglesia

Uno de los primeros grandes escritores estadounidenses fue Washington Irving, que disfrutaba de convertir el folclore en breves relatos duraderos. «La leyenda de Sleepy Hollow», por ejemplo, es la historia de fantasmas por excelencia; «Rip Van Winkle» es un relato sobre un hombre bajito que tenía un gran problema con dormir demasiado.

Rip, leemos, es un hombre bastante agradable que tiende a ser retraído. No está muy interesado en la vida social de la aldea. Ha intentado detener el mundo y bajarse, sobre todo vagando por los montes Catskill con su perro, Wolf. Aquí, no es probable que le encuentren los problemas y las responsabilidades. Un día, Rip se adentra demasiado en las colinas, bebe el jugo que le dio un extraño y descansa bajo la sombra de un árbol para tomar una agradable y larga siesta. Cuando se despierta, queda un poco sorprendido por la longitud de su barba. Su perro se marchó; y cuando regresa a la ciudad, los lugares y las caras son todos diferentes. Su esposa falleció y no encuentra por ningún lugar a sus amigos. Rip Van Winkle, intentando responsabilizarse por cuestionar a los extraños, afirma que es un súbdito leal al rey Jorge III de Inglaterra, y eso no resulta del modo en que esperaba. El retrato de ese Jorge lo habían sustituido en la taberna por uno nuevo: este Jorge lleva el apellido de Washington. La siesta de Rip no duró veinte minutos, sino veinte años. Se quedó dormido en una colonia inglesa y se despertó en una nueva nación[1].

Imagina estar viviendo durante ese período, estar tan cerca de manera geográfica de todos los acontecimientos históricos y estar dormido en todos ellos: la Guerra de Independencia de Estados Unidos, la Declaración de Independencia, la redacción y la ratificación de la Constitución, y todas las obras heroicas de los Padres Fundadores. No es divertido permanecer dormido en medio de toda esa emoción, ¿verdad? Sin embargo, veamos la historia un poco más de cerca. En realidad, la larga siesta de Rip es una extensión de los valores que él ha tenido en la vida. Se ha pasado toda la vida alejándose, sin participar, evitando a los amigos y al trabajo, y hasta a su esposa.

He escuchado a líderes cristianos hacer una inquietante comparación entre el carácter de Washington Irving y nuestro carácter como la Iglesia de Jesucristo. Están preocupados por nuestra tendencia a no participar, a alejarnos de los verdaderos problemas del mundo. Aun así, se está produciendo una revolución alrededor de nosotros incluso mientras nos pasamos los meses y los años bostezando. El mundo se ha convertido en un pueblo global. La tecnología nos ha permitido comunicarnos en tiempo real con personas que están en el otro extremo del mundo. Podemos encender nuestras computadoras y ver, en tiempo real, a un amigo ministrando en las calles de Pekín. Mientras estoy escribiendo, miles de personas en Oriente Medio se están levantando contra la tiranía por primera vez en la historia registrada en sus países. La revolución está en el ambiente.

Mientras tanto, en la iglesia local estamos discutiendo por el color de nuevas alfombras para el santuario o estamos planeando otra comida más en común. Muchos de mis amigos en el ministerio pastoral tienen temor a mencionar la palabra misiones en sus sermones, pues sienten la presión de mantener el tiempo de la adoración positivo y centrado en los intereses de sus propios miembros, no en las necesidades espirituales de quienes están al otro lado de la ciudad o al otro lado del mundo. Este es un problema que debemos afrontar: el predominio del cristianismo casual, o como algunos denominan, la «creencia fácil». La Iglesia puede convertirse en un club de campo más, a medida que permitamos que las personas se digan que la salvación es una póliza de seguros glorificada y eterna que han comprado. Todo queda perdonado, y el billete de entrada al cielo está garantizado; por tanto, ¿qué importa el modo en que vivan ahora? Si Jesús dice: «Toma tu cruz y sígueme» (lee Mateo 16:24), ¿podemos rellenar un cheque y que otra persona la lleve por nosotros?

Es demasiado fácil confundir la santidad con una buena imitación de ella. Sin embargo, en Mateo 7:23 Jesús nos advierte que algunas personas se sorprenderán en el juicio final cuando Él les diga: «Lo siento, pero nunca te conocí». Esas personas estarán llevando la camiseta cristiana adecuada; habrán frecuentado todos los grupos de estudio bíblico de moda, y es probable que no tengan otra cosa sino música cristiana contemporánea sonando en sus auriculares mientras esperan en la fila para entrar al cielo. Imagina a una de esas personas cuando llega su turno en la fila, sonriendo con confianza y moviendo su cabeza al ritmo de su cantante cristiano favorito. Ve a Jesús hablar, así que se quita el auricular de su oreja izquierda y dice:

—¿Perdón?

Jesús sonríe con tristeza y repite:

—Me temo que no te reconozco.

—Pero debe de haber algún error —dice la persona—. ¡Las palabras Señor, Señor, están siempre en mi boca! Además, ¡servía en comités! ¡Hasta trabajé una vez en la guardería!

—¿Puede alguien aquí dar fe de ti? Muéstrame algunas personas que estén aquí porque tú las invitaste a venir.

La persona se queda un poco pálida porque no puede pensar en ninguna persona.

Jesús dijo que nos conocerían por nuestros frutos: «Toda rama que en mí no da fruto, la corta» (Juan 15:2).

¿Les decimos eso a las personas en nuestros sermones? ¿Necesitamos escuchar con más atención todo lo que Jesús dijo y no solo las partes cómodas? Si es así, llegaremos a la conclusión de que Él se toma muy en serio que demos fruto.

Una Iglesia que se ha vuelto debilucha

George Barna dirige un grupo de encuestas y de investigaciones que se especializa en el estudio sobre la espiritualidad y las perspectivas que las personas tienen sobre la Iglesia. Hace poco, la organización de Barna realizó cinco mil entrevistas de las cuales sacaron seis grandes temas:

1. El alfabetismo teológico está cayendo en picado en la Iglesia.
2. Las iglesias crecen cada vez más hacia dentro y están menos interesadas en alcanzar a otros.
3. Los miembros quieren fórmulas «prácticas» en lugar de verdad espiritual profunda.
4. Los cristianos están mostrando más interés en la acción comunitaria.
5. La insistencia posmoderna en la tolerancia está ganando terreno con rapidez entre los cristianos.
6. El cristianismo está teniendo un impacto cercano a cero en la cultura que le rodea[2].

No puedo decir que esté sorprendido por ninguna de esas conclusiones. No es que sea un cínico ni que sea un sabelotodo; es sencillamente que después de treinta y cuatro años en el ministerio eclesial, mis ojos están abiertos. Veo que suceden esas cosas. He servido en mi iglesia actual por más de dos décadas, y sé que nuestra congregación no es más inmune que cualquier otra. Sentimos la firme resaca de una cultura mundana y poscristiana; y eso me rompe el corazón. En pocas palabras, como nos dice el conjunto de datos de George Barna y como afirman nuestras observaciones, somos una Iglesia en crisis.

Si la Iglesia evangélica actual se personificara como un hombre común y corriente, descubriríamos que ese hombre es debilucho y no está en forma. Antes habría tenido un trabajo bueno y satisfactorio; su trabajo hizo del mundo un lugar mejor, lo cual le hacía brillar de satisfacción cuando llegaba a su casa cada noche para descansar antes de otro maravilloso día de trabajo. Sentía el impacto que estaba causando. Sin embargo, de algún modo, a lo largo del camino, se volvió más interesado en la relajación. Se construyó un bonito salón de cine en casa y comenzó a ver tanta televisión que se fue olvidando de la gran obra en el centro de su vida. La mayoría de las veces ni siquiera iba a la oficina, y el mundo comenzó a molestarse un poco con su persona. El mundo le miraba y decía: «No te interesas mucho por nosotros, ¿verdad? Todo se trata de ti». Él escucha eso, siente eso, y está triste al respecto. Es un buen hombre, pero un hombre que solo se apartó de su camino. No está seguro de cómo darle la vuelta a las cosas otra vez.

No obstante, hay un modo de hacerlo. Podemos revertir el deterioro. A lo largo de la historia de la Iglesia ha habido ocasiones en que el pueblo de Dios estaba inmerso en la obra del Espíritu Santo. Surgía el avivamiento en un lugar tras otro; comenzaban a suceder cosas en las comunidades circundantes: cosas buenas. Se prohibió el trabajo infantil; se eliminó la esclavitud. Se comenzaron escuelas, las personas pobres encontraban trabajo, se alimentaban a las personas con hambre y los de más abajo rompieron con los índices de crimen. El cristianismo ha cambiado el mundo en más de una ocasión; lo ha hecho una y otra vez.

Aun así, la oscuridad es terca, y siempre regresa cuando la llama de la vela comienza a parpadear. Tenemos una gran esperanza final, y si queremos cumplirla, necesitamos echar una seria mirada a lo que nos dice Barna:

- *Debemos* ser entendidos en las cosas de Dios.
- *Debemos* volver a descubrir nuestra pasión por quienes están fuera de las paredes de la Iglesia.
- *Debemos* alejarnos de la suave autoayuda y regresar a la predicación del evangelio verdadero.
- *Debemos* contrarrestar las cómodas ilusiones de tolerancia con los claros hechos de la vida eterna y el juicio.
- *Debemos* extender nuestro alcance pasando de la acción comunitaria al discipulado mundial.
- *Debemos* descubrir una vez más lo que Jesús quiere decir cuando nos ordena que seamos sal y luz en el mundo; una ciudad situada sobre un monte (Mateo 5:13-14), una influencia que dirige en la cultura humana en lugar de ser un aperitivo más en el conjunto de opiniones.

Hubo un profeta llamado Joel que vivió hace dos mil quinientos años, pero que habló de nuestra época incluso cuando se dirigía a la suya propia. El mensaje de Joel era que la piedad casual es una contradicción en sí misma, una señal de que algo está profundamente equivocado. Es la precursora del juicio; como Joel lo denominó: el día del Señor. Joel habló de peligro inminente, pero también de cercana esperanza. Siempre estamos a una oración de distancia, a un corazón arrepentido de volver a encontrar nuestro camino a casa.

En la época de Joel llegaron plagas: enjambres de langostas y soldados invasores. Es un patrón que se remonta al libro de Jueces y avanza a lo largo de la historia: cuando caemos en la somnolencia espiritual y nos rendimos a la mundanalidad, nos debilitamos hasta que nos convertimos en presa fácil. La devastación llega siempre. Joel destaca los preciosos logros que se pierden por nuestra complacencia espiritual, entonces y ahora.

Todo seguidor de Jesucristo necesita leer los tres breves capítulos del libro de Joel y aplicar su mensaje a su vida. Necesitamos reflexionar en lo que Joel les dice a nuestras iglesias y a nuestra nación. La verdad aterradora es que Dios no cambia. La Biblia es un libro de historia justo por la misma razón que es también un libro de profecía. Lo que Dios ha hecho, siempre lo hará.

Lo que perdemos

La complacencia espiritual causa devastación que nunca vemos venir. Podría compararse a permitir que los comejenes se coman los cimientos de una casa. Durante un tiempo, las cosas parecen seguras. El daño se descubrirá mucho más adelante.

La pérdida de protección

La generación de Joel puso en un compromiso su adoración a Dios al venerar naciones, ideologías e ídolos contrarios. El compromiso siempre conduce a la debilidad, porque perdemos la fuerza que llega a través de la pureza de compromiso. Dios le dijo al pueblo que debían lamentarse por su grave situación, al igual que una joven virgen se lamentaría ante la noticia de que murió su prometido. La Iglesia, desde luego, es la novia de Cristo. Aunque Él nunca morirá, nosotros permitimos que nuestra relación con Él sucumba a una muerte lenta. Y cuando eso sucede, por supuesto que deberíamos lamentarnos por lo que hemos perdido.

También en nuestra época, las ideologías contrarias han establecido su lugar a la sombra misma de los campanarios de nuestras iglesias. No consideramos a Cristo como el camino, la verdad y la vida, sino como una opción entre cierto número de opciones iguales. Y hasta entre quienes escogen a Jesús, existe la tendencia a darle forma según las preferencias personales, en lugar de darle forma a la conducta de acuerdo a la voluntad de Él. Dado ese punto de vista, ¿es sorprendente que las personas se vuelvan casuales en su compromiso? Si Jesús es solo cuestión de gustos personales, ¿por qué deberíamos dedicarnos por completo a Él?

Joel nos sugiere que la pérdida de la pasión por Dios significa el abandono de la protección de Dios. Estados Unidos está en caída libre, al igual que Judá lo estaba en la época de Joel.

La pérdida de provisión

Llegaron las langostas y lo arrasaron todo. No hubo cosecha alguna en Israel. A nosotros nos resulta difícil imaginar el pánico y la desesperación que se establecen en un mundo agrícola en el que la agricultura queda hecha pedazos. No es sorprendente que Joel dijera que la tierra misma se lamentaba por su enfermedad y que el pueblo debería unirse a su lamento. El hambre es un futuro horrible de aceptar.

Personas en todo lugar siempre han levantado sus ojos al cielo y han orado por la provisión del Señor. Nuestra fiesta de Acción de

Gracias consagra el concepto de dar gracias por los alimentos que provee Dios. Pensamos en los primeros colonos estadounidenses que se enfrentaron a un duro invierno en una tierra extraña con poco más que su fe en el Dios que les condujo a través del océano. La cultura estadounidense moderna es autosuficiente con respecto a su provisión. Dios ya no se considera necesario, porque la tecnología dio y la tecnología quitó. Todo resulta solamente de las interacciones al azar de muchos componentes químicos. El único problema es que cuando los armarios están vacíos, uno no puede orarle a la tecnología. Nuestra gran esperanza final es darnos cuenta de que Dios reina, que todo lo bueno proviene de Él y que nos lo pueden quitar como medida de disciplina amorosa, al igual que un padre puede enviar a la cama a su hijo sin cenar.

¿Cuál es la verdad acerca del colapso económico de los últimos años? ¿Puede explicarse de forma estricta por las fuerzas de los mercados? (Observemos que con frecuencia atribuimos características personales a la economía, como si fuera un dios vivo: el mercado «responde»; «hace correcciones», «le gusta» esto y es «inconstante» debido a aquello). ¿O podría Dios tener en sus manos las riendas económicas? Quizá estos tiempos representen un llamado a su pueblo a prestar atención a la advertencia de Jesús: «No acumulen para sí tesoros en la tierra, donde la polilla y el óxido destruyen, y donde los ladrones se meten a robar. Más bien, acumulen para sí tesoros en el cielo» (Mateo 6:19-20).

La pérdida de gozo

La última frase en Joel 1:12 es inmensurablemente triste: «Se extinguió el gozo de los hijos de los hombres» (RV-60).

Estas son las palabras de un mundo en el que todo estaba perdido. No había alimentos, no había seguridad, ninguna consolación espiritual, ninguna esperanza. Al perder a Dios, lo perdieron todo. Lo único que le quedaba a la nación eran las riquezas de su memoria colectiva: su historia. Nadie podía quitarles eso. Con todo y eso, vivir sin nada más que recuerdos es vivir con desesperación, lo cual es lo contrario del gozo. La vida se convierte en un funeral sin fin, que es el modo en el que describe Joel las cosas cuando llama a la nación a vestirse de cilicio y a lamentar (1:8, RV-60).

El gozo fluye como una fuente para los que beben a fondo del agua viva que es la vida con Cristo. Este gozo no lo pueden debilitar las circunstancias. Es posible que no estemos felices, pero tenemos gozo en lo profundo de nuestro ser. En última instancia, no importa lo densa que sea la oscuridad porque la luz siempre la vencerá. No obstante, en nuestras iglesias hay rostros llenos de tristeza. De algún modo, el pueblo de Dios ha olvidado el camino hacia esa fuente. Están resecos, incluso cuando la esperanza está tan cerca. La Iglesia está en crisis, como la tierra de Judá de Joel estaba en crisis. Es una época aterradora, ¿pero hay esperanza?

¡Sí!

El que pestañea, pierde

El remedio para no quedarse dormido en el trabajo es sencillo: *¡despierta!*

Tiendo a levantarme temprano en la mañana, pero vivo con temor a dormir demasiado, al igual que todos los demás. El reloj despertador no es suficiente para que tenga confianza. ¿Qué sucede si pulso el botón p. m. en lugar del de a. m.? ¿Qué sucede si el reloj no cumple con su tarea? ¡Necesito tener otro despertador para suplir al primero! Duermo un poco mejor sabiendo que los dos están haciendo su trabajo.

El despertador número uno suena a las tres de la mañana. Y sí, hay un botón de repetición, y soy muy consciente de sus capacidades cuando extiendo mi mano hacia el reloj a esa hora. Soy más inteligente, pero me siento tentado. Debido a que he desarrollado mi horario en torno a aprovechar esas tempranas horas de la madrugada, estaré frustrado más adelante si las pierdo. Por lo tanto, me lleno de valor y evito ese botón de repetición. Puede que no me sienta feliz durante los dos o tres minutos siguientes, pero seré fuerte y mantendré mis párpados abiertos. No es mi momento favorito del día, pero es la primera batalla y estoy decidido a ganarla. Con mucha frecuencia, tal como va la primera batalla así va la guerra.

Joel llama a su nación de Judá a despertar. El pueblo ha caído en la somnolencia espiritual y necesita abrir sus ojos... *ahora*. Decir: «Nos comportaremos mejor el próximo año» sería apretar el botón de repetición, darse la vuelta y acercarse más a la catástrofe. ¿Te has dado cuenta? El día no se pospone a sí mismo hasta que nosotros nos levantemos; sigue adelante, y el tiempo en que nos dormimos es el tiempo que perdemos. Lo que Judá perdió eran cosas serias. Perdieron su protección, su provisión y su gozo. Por tanto, es tiempo de que despertemos de la pesadilla.

Me pregunto cuántos de nosotros necesitamos el llamado espiritual a despertar. ¿Cuántos de nosotros creemos que las bendiciones de Dios son un derecho porque nos criaron como cristianos, porque vivimos en un país que se supone que sea cristiano o debido a alguna otra razón? No podemos pasar por alto el hecho de que Dios ha contado nuestros días, el tiempo es oro, y Él nos da la responsabilidad del modo en el que lo empleamos. La historia de Rip Van Winkle es una fantasía, pero he conocido a demasiadas personas que han dicho: «Arreglaré las cosas con Dios más adelante», y cuando quisieron darse cuenta, habían pasado veinte años. Han perdido a sus amigos, y ya no pueden comunicarse con su cónyuge. Entonces descubren que ese cuadro del Rey, que una vez estuvo en sus corazones, se sustituyó por otra cosa. El que pestañea, pierde. Y lo que pierdes podría alejarse para siempre de tu alcance.

Levántate y ve

Levantarse de la cama es el comienzo de la batalla, pero después de eso es importante seguir adelante. La acción aleja el dominio final que el sueño tiene sobre nosotros. Joel quería que su pueblo se despertara y pasara a la acción, y no escatimó palabras. Algunos predicadores en la actualidad son propensos a endulzar el mensaje, pero los profetas de antaño eran cualquier otra cosa menos diplomáticos. Cuando la casa se está quemando, no vas a buscar un libro sobre protocolo y etiqueta de modo que puedas expresar cada palabra como es debido. Informas a los demás del incendio. Gritas las instrucciones, y eso fue lo que hizo Joel. Llamó a los sacerdotes a pasar la noche con vestidos de luto, clamando con tristeza por el altar que estaba sin sacrificio. No estaba sucediendo nada en el templo, lo que significaba que Dios y su pueblo no estaban en contacto. Joel también les ordenó a los sacerdotes que convocaran a una asamblea solemne (o sagrada) y comenzaran un período de ayuno, oración y clamor a Dios (1:13-15).

¿Sabes cuál es el mejor remedio para la sequedad espiritual? La acción. Las personas con demasiada frecuencia dirigen con sus emociones. Piensan: *Oraré cuando me sienta más cerca de Dios. Regresaré a la iglesia cuando sienta la necesidad.* Sin embargo, las emociones se engendran a sí mismas. El estancamiento temporal se convierte en un estado permanente cuando se deja como está. Es mucho más poderoso y eficaz avanzar hacia el sentimiento mediante la acción, en lugar de dejar que el sentimiento te lleve a la acción. Ayunamos porque el vacío nos hace sentir la necesidad de la plenitud en Dios. Los sacerdotes se vestían de cilicio y echaban cenizas sobre sus rostros porque les ayudaba a experimentar lo que necesitaban sentir cuando clamaban a Dios. Reunieron al pueblo porque aquel no era un simple problema de sacerdote; era un problema del pueblo. Era momento de que la comunidad se reuniera, entendiera la profundidad de la crisis y acudiera a la única esperanza de salvación. Las iglesias en la actualidad siguen realizando asambleas sagradas o solemnes. Es momento de llamar al pueblo al arrepentimiento y la renovación. Arrepentirse es alejarse por completo del pecado, llamarlo tal como es, renunciar a él y caminar en la dirección contraria.

Nunca ha habido un país que glorifique la individualidad como lo hace Estados Unidos. Hablamos de la fe como un asunto personal, y consideramos sagradas las libertades personales, y eso es legítimo. No obstante, la fe es también un asunto comunitario. Como escribiera John Donne: ningún hombre es una isla, sino que cada uno de nosotros es parte del todo social[3]. Hay momentos en que necesitamos reunirnos en un espíritu de oración y arrepentimiento. Dios no solo nos mira como individuos, sino también como iglesias, naciones y grupos de todo tipo. Nuestra gran esperanza final implica reunir a nuestras comunidades espirituales para el negocio sagrado de limpiarnos delante de Dios, reconocer el pecado en que nos encontramos, confesarlo y sentir el gozo de su perdón. Necesitamos despertar de manera individual y colectiva. Necesitamos despojarnos del pecado que nos ha enredado y correr hacia el trono de Dios para volver a dedicar nuestras vidas.

A medida que he reflexionado en la urgencia de estas cosas, he regresado a uno de mis libros titulado *The Power of Prayer and Fasting: God's Gateway to Spiritual Breakthroughs*, revisado y ampliado[4]. Sin duda, el ayuno es un tema en sí mismo, y recomiendo que obtengas de ese libro los detalles sobre como tú y tu iglesia pueden acercarse al ayuno y al arrepentimiento.

¿Ha realizado tu iglesia en los últimos tiempos alguna asamblea solemne? Me temo que muchas no estarían familiarizadas con la terminología. La asamblea puede ser transformadora no solo para los individuos, sino también para iglesias enteras. Me alegra que haya muchas iglesias que realizan un buen trabajo de celebración en servicios típicos de adoración, pero el equilibrio es una importante consideración. Debería haber momentos de profunda convicción, de humildad en la presencia de Dios. En medio del fuerte sonido y los solos de guitarra podemos perdernos esos momentos si no tenemos cuidado. Hay «un tiempo para llorar, y un tiempo para reír; un tiempo para estar de luto, y un tiempo para saltar de gusto» (Eclesiastés 3:4). En la asamblea local, hay lectura de la Escritura, hay oración y hay silencio. Nos presentamos delante de nuestro Señor y oramos por un despertar espiritual. Rogamos a Dios como nuestra primera y gran esperanza final. Es un tiempo de quebrantamiento y un tiempo de enmendar; un tiempo que aquieta el alma, sitúa las cosas en su perspectiva adecuada y busca el comienzo del avivamiento.

La belleza de realizar una asamblea solemne en tu iglesia es que por una vez no se necesita esa potente mesa de mezclas y sistema de sonido. El grupo de alabanza puede estar sentado en la congregación con todos los demás, en oración y reflexión. No hay que preparar ningún sermón, solo preparar tu corazón. Jóvenes y ancianos pueden ponerse de pie para leer un versículo, para dirigir una oración, para tomar parte en lo que esté haciendo el Espíritu Santo.

Pensemos en el corazón de Dios cuando nos reunimos, de modo solemne y tranquilo, para un tiempo como ese. ¿De qué manera responderías si fueras padre o madre y tus hijos acudieran a ti de modo solemne, dedicándose a desechar su desobediencia y comprometiéndose a ser tus hijos? Dios suaviza su corazón hacia nosotros cuando nos centramos en el arrepentimiento. Su Espíritu fluye entre nosotros de manera increíblemente poderosa, y nos vamos con un sentimiento de dedicación renovado.

Si estás triste por el estado de tu iglesia, no renuncies a la esperanza. Dios puede hacer más en un momento de lo que nosotros podemos hacer en toda una vida. Él no quiere ver morir tu iglesia de sed espiritual; Él anhela que sus hijos acudan corriendo a sus brazos. Quizá se esté moviendo en este mismo instante en lo profundo de tu alma, impulsándote a dar un paso hacia delante y pedir una asamblea solemne para tu congregación.

Aprovecha el día

Piensa en el sentimiento que tienes cuando le ganas la batalla al despertar temprano en la mañana. Te levantas, te bañas, te vistes y sales al patio con una taza de café caliente en tu mano. Hay algo especial, algo santo en cuanto a la frescura de una nueva mañana, ¿no es cierto? Estás preparado y descansado en tu mejor momento, y el sol está comenzando a brillar. Eres consciente de las increíbles oportunidades que llegan con el nuevo día.

Este es el sentimiento cuando una iglesia se despierta de su sueño. Se frota los ojos; se siente fuerte cuando solo se ha sentido débil; mira al mundo con una ráfaga de adrenalina. ¡Hay mucho que hacer! ¡Hay mucho poder en el Espíritu Santo! Te sientes impulsado hacia delante, al igual que un cazador cuando los perros tiran de las correas con ganas de correr por la pradera.

Este es el momento de oportunidad, el momento para la acción. El apóstol Pablo describió un gran despertar en Romanos 13:11: «Hagan todo esto estando conscientes del tiempo en que vivimos.

Ya es hora de que despierten del sueño, pues nuestra salvación está ahora más cerca que cuando inicialmente creímos».

Para ti o para mí, ser «conscientes del tiempo» es cuestión de mirar un reloj. Sin embargo, en el vocabulario de la Escritura, el significado es muy distinto. Pablo escoge una palabra griega que se refiere a un momento especial de la historia en el cumplimiento del tiempo: un momento decisivo. Este tipo de momento es un punto de convergencia en el que el destino reúne la historia, las circunstancias, los individuos y el plan continuado de Dios. Creo que Pablo aplicaría esa palabra a estos tiempos. Este es un momento decisivo en que el Espíritu de Dios está actuando en nuestro interior para llevar el evangelio a todas las naciones y hacer discípulos en todas partes. Cada uno de los caminos ha conducido hasta esta encrucijada, y debemos escoger nuestros pasos con sabiduría. El pecado está por todas partes, pero también se encuentra una oportunidad maravillosa. El diablo anda al acecho, pero el Espíritu se está moviendo. *Carpe diem*: «Aprovecha el día».

Por lo tanto, el mensaje presente y futuro de Joel es despertar, ponernos en movimiento y aprovechar las oportunidades que tenemos por delante. Cuanto mayor sea la crisis espiritual, mayor es la gloria para el nombre de Dios cuando Él gana la victoria.

La voz de alarma

Las alarmas saltan en los momentos más extraños. El sonido de la alarma de incendios sonó en nuestra casa... una falsa alarma, pero no evitó que los camiones de los bomberos llegaran a nuestro barrio. También han saltado las alarmas en nuestra iglesia. Una vez sucedió justo antes de una boda. Tuvimos un breve retraso, calmamos a todos y continuamos donde nos quedamos. Es un momento estremecedor. A nadie le gustan las alarmas, porque no están pensadas para funcionar como hermosa música; están pensadas para captar tu atención urgente. Son ruidosas, estridentes, y cuando se detienen por fin, damos un respiro de alivio. Sin embargo, por muy indeseado que quizá sea ese sonido, podría salvarte la vida.

Joel comienza el segundo capítulo de su libro con las siguientes palabras:

> Toquen la trompeta en Sión;
> den la voz de alarma en mi santo monte. (2:1)

Desde esa altura, supongo que una alarma podría llegar muy lejos; algo parecido a una señal antiaérea. Joel y los demás profetas son los sistemas de advertencia de emergencia de Dios. Al igual que las alarmas, las palabras de los profetas son ruidosas, exasperantes y, con frecuencia, molestas. Del mismo modo que nuestros tercos detectores de humo que tendemos a golpear, los profetas incluso soportaban golpes en los intentos de sus audiencias por callarles y mantener el statu quo. ¿Estamos seguros de que necesitamos apagar la alarma? Depende de cuánto crédito le demos a la advertencia. Algunas personas de la generación de Joel escucharon, prestaron atención y limpiaron sus actos. Otras maldijeron y volvieron a dormirse. Aquí está el mensaje de alarma de Dios, entonces y ahora.

Llega el juicio

El juicio en la Biblia es siempre algo de ahora y de más adelante. A través de nuestro pecado comenzamos, en el aquí y ahora, para cosechar lo que hayamos sembrado. Este es el juicio que causamos sobre nosotros mismos debido al modo en que Dios ha diseñado el universo. Él ha creado el orden moral, al igual que ha establecido el orden físico, de modo que cuando violamos sus principios, producimos desgracia sobre nosotros mismos. El profeta siempre puede decir: «¡Miren a su alrededor! ¿Acaso no están viendo ya las implicaciones de las decisiones en sus vidas?». No obstante, nada ciega más a las personas con tanta facilidad como lo hace su propio pecado. La verdad es tan molesta que las personas procuran explicarla y volverse a dormir. Mientras escribo estas palabras, una estrella más de Hollywood está en todos los medios de comunicación, intentando justificar su estilo de vida autodestructivo. «Nada hay tan engañoso como el corazón. No tiene remedio. ¿Quién puede comprenderlo?» (Jeremías 17:9). El pecado tiene este método: «Págame ahora *y* págame más adelante».

Quebrantamos las leyes de Dios en el primer momento, pero Él mismo tendrá la última palabra, un día en el que los pecadores preferirían perderse. Joel tiene un nombre para esta ocasión: el día del Señor. Todos nosotros tenemos asientos reservados para este importante acontecimiento. Se atarán todos los cabos sueltos de la historia, se balancearán todas las cuentas y la historia llegará a su momento final. Solo una pregunta se considerará en ese día: ¿cómo estamos con el Hijo de Dios?

Entender que hay un día así y que podría llegar en cualquier momento, ¿no te hace sentir que debería darse la voz de alarma desde la montaña más alta de cada país? ¿No debería darse en cada calle de las ciudades y en cada carretera donde viva incluso un solo individuo? Es una alarma de grave advertencia, pero también de noticias alegres y maravillosas. Hay juicio, pero también está Jesús. La oferta de salvación es para todo aquel que tenga oídos para oír y una eternidad en la que pensar. Es la oferta del cielo mismo. La alarma, escuchada como es debido, se convierte en el sonido de las campanas de Semana Santa que dan la noticia de que alguien ya pagó un terrible precio por cada pecado que hayamos cometido jamás; Él sufrió una muerte humillante y después resucitó en victoria, de modo que nunca tengamos que vivir con temor a lo que está más allá de esta vida. A decir verdad, Él nos invita a su reino como plenos herederos, a fin de vivir para siempre en el cumplimiento del gozo absoluto, habiendo sido eliminadas todas las lágrimas y toda tristeza. Las campanas pueden sonar por un funeral o por un nuevo nacimiento. Nosotros decidimos el resultado que anunciarán.

Un derramamiento del Espíritu

Joel habla, de manera bastante sorprendente, de acontecimientos que sucederán mucho tiempo después que él esté en la tierra. Habla de la venida del Espíritu Santo. Dios dice: «Derramaré mi Espíritu sobre todo el género humano» (2:28). Lo describe como un tiempo de maravilla, cuando incluso los esclavos sentirían el Espíritu de Dios en su interior, cuando hijos e hijas profetizarían, y cuando los ancianos soñarían sueños. Todas las cosas perdidas, la provisión y la protección, el gozo de la salvación, se restaurarían debido a corazones que regresan a su Creador. El Espíritu del Señor caería sobre la humanidad en un gran derramamiento, y entonces amanecería el día del Señor.

La siguiente fase del calendario de Joel, desde luego, había de verse en los acontecimientos descritos en Hechos 2: el día de Pentecostés, cuando el Espíritu de Dios descendió y las personas comenzaron a moverse entre las naciones para predicar las buenas nuevas de Jesucristo. Esperamos la culminación de esta profecía cuando el evangelio se le predique a todo el mundo y el poder y la presencia de Dios se derramen sobre personas de toda nación. Pablo describe lo que sucede cuando las personas escuchan y aceptan el evangelio: «En él también ustedes, cuando oyeron el mensaje de la verdad, el evangelio que les trajo la salvación, y lo creyeron, fueron marcados con el sello que es el Espíritu Santo prometido» (Efesios 1:13).

El Espíritu nos sella, marcándonos como hijos perdonados de Dios para siempre, y el día del Señor ya no es un acontecimiento que temer, sino un tiempo de regocijo personal. Será un día en que el evangelio se extenderá como el fuego.

El Nuevo Testamento utiliza dos imágenes para describir el movimiento del Espíritu Santo: viento y fuego. Cuando estas dos cosas están juntas, se obtiene una conflagración masiva. El maravilloso incendio de la pasión piadosa será un acontecimiento global, uno que será una maravilla observar.

Tiempo de cosecha

Por último, la alarma suena para decirnos que hay un tiempo de cosecha. Los contemporáneos de Joel sabían lo que significaba recoger una cosecha, pero esta será una cosecha de almas humanas, al fin completa cuando la historia alcance su clímax. Hemos visto el Gran Avivamiento, el Segundo Gran Avivamiento, y muchos grandes avivamientos a lo largo de los anales de la civilización occidental. Han cambiado el mundo, pero todos deben palidecer en comparación con los acontecimientos finales de nuestra misión de llevar el evangelio al mundo y hacer discípulos. El mundo, de sus miles de millones de personas, dará su cosecha final de almas. «Y sucederá que todo aquel que invoque el nombre del Señor será salvo» (Joel 2:32, LBLA).

¿Cómo será eso? Será un avivamiento global en la escala de un megamovimiento. Personas en toda nación, y de toda condición, verán la bondad de Dios y la maldad de sus caminos en claro contraste. Entre esas personas habrá triste llanto a medida que entiendan y se arrepientan de su pecado. Y entre ellas, toda rodilla se doblará y toda lengua confesará que Jesús es el Señor. Las iglesias, desde luego, serán demasiado pequeñas para albergar a las multitudes; sería como tazas de té que intenten contener el océano. Tenemos que pensar que escuelas, auditorios, estadios e instalaciones de todo tipo estarán llenos a rebosar de personas que acuden a orar y rogarle a Dios. Las calles estarán llenas de nuevos creyentes en busca de dirección. Esas personas clamarán su nombre y Él responderá a su clamor como siempre lo ha hecho: abrazándoles con grandes brazos, secando sus lágrimas y restaurando su gozo. Incluso cuando este increíble acontecimiento tenga lugar, el sol se estará poniendo en el día final de la tierra. El cielo estará cerca, llegará el juicio. Tal será la gran cosecha.

A todos nos encantaría ser capaces de señalar el acontecimiento en nuestros calendarios, pero Jesús nos advierte acerca de procurar conocer los tiempos o las estaciones. Santiago señala que no sabemos lo que puede traer el mañana, y que cada momento de la vida nos es dado por la gracia de Dios (4:14). Solo podemos vivir en humildad y obediencia. Dios hará lo que hará, independientemente de si tú y yo llegamos a implicarnos. Sin embargo, ¿quién no desearía ser parte de su gran obra? Necesitamos despertar a la Iglesia. Hemos estado dormidos por demasiado tiempo, y hemos atendido a demasiadas cosas triviales. Es momento de que nos levantemos, pasemos a la acción y aprovechemos el día. Los campos, dice Jesús, están blancos para la cosecha, y se necesitan obreros (Juan 4:35).

¿Estás preparado para comenzar?

Lecciones del kudzu

Kudzu: es una cosa del sur. En el año 1883, una extraña vid china se introdujo en la Exposición de Nueva Orleans. Se decía que prevenía la erosión del terreno y que hacía muchos otros tipos de cosas maravillosas.

Sin embargo, más que todo, lo que hacía era multiplicarse. En poco más de un siglo, se ha apoderado de parques, bosques y césped en todo el sureste, y no se puede detener. Se dice que el primer año duerme; el segundo año trepa; ¡el tercer año avanza!

El kudzu no es atractivo ni popular, pero tiene lecciones que enseñarnos. Al principio, la Iglesia crecía de manera similar. Jesús dijo: «Yo soy la vid, vosotros los pámpanos; el que permanece en mí, y yo en él, éste lleva *mucho fruto*» (Juan 15:5, RV-60, cursivas añadidas). El crecimiento era extraordinario, exponencial.

No obstante, a lo largo del camino, nuestra imagen cambió: de vid a vano. La gente comenzó a construir *edificios* de iglesias. Hermosas catedrales, las cuales se levantaban hasta el cielo, se construyeron para que durasen mil años, y se desarrollaron, ladrillo a ladrillo, por generaciones de familias.

Europa está llena de torres vacías, por hermosas que sean, que debían ser para la gloria de Dios. Y hasta la fecha, si pedimos a muchas personas que definan la *iglesia*, dirán que es un edificio. Algo hecho de fríos ladrillos y bonitos vidrios.

Los edificios son buenos. Resultan ser necesarios la mayor parte del tiempo, y hasta tienen la capacidad de inspirarnos a la excelencia en la adoración y el servicio a Dios. En el norte de Arkansas, hemos construido hermosas instalaciones de iglesias y estamos agradecidos por ellas.

Sin embargo, entendimos durante todo el tiempo que la arquitectura no era nuestro destino. No queríamos construir un monumento para que llegaran turistas y lo visitaran algún día. Ladrillos, vidrio: esas cosas perecerán, pero las personas son para siempre. Se dirigen a uno de dos destinos, y nosotros queríamos movilizarnos para llevar a tantos como nos sea posible al mejor destino.

Desde 1993 hasta 2000, *Cross Church*, donde soy pastor, invirtió y plantó once iglesias de manera regional, nacional e internacional. Eso fue un comienzo, pero nunca tuvo la intención de representar la línea de meta.

En el año 2001, nuestro propio crecimiento como iglesia necesitó que nos convirtiéramos en una iglesia en varios lugares. Mediante la sabiduría de algunos, ese habría sido un momento estupendo para apartar nuestro enfoque y hacer hincapié en el frente interno y el reto de tener múltiples campus. Pocos habrían criticado ese enfoque.

En cambio, fuimos por el camino contrario. Invertimos y plantamos cuarenta y cuatro iglesias regionales, nacionales e internacionales entre 2001 y 2010, sumando un total de cincuenta y cinco iglesias en diecisiete años, desde cerca hasta el otro lado del planeta; al menos una en cada continente habitado.

Presentamos, dialogamos y nos comprometimos a una visión de tres años llamada «Greater Things» [Cosas Mayores]. Cada miembro de nuestra iglesia sabe que nos referimos a lo siguiente: cincuenta iglesias más regionales, nacionales e internacionales en los próximos tres años.

Esto ha de suceder al mismo tiempo en el que estamos movilizando al menos a mil miembros de la iglesia para que tengan una experiencia misionera transcultural fuera del norte de Arkansas. Consideremos, también, que durante el peor bache económico de nuestra memoria, nuestra congregación ha comprometido varios millones de dólares, muy por encima del presupuesto normal de la iglesia, hacia esos objetivos.

¡Las cosas se están moviendo en *Cross Church*! También es cierto que Dios tiene una manera de mostrarse y hacer cosas increíbles que nosotros nunca esperábamos, sencillamente porque estamos intentando ser obedientes. Recibimos donativos, oportunidades y bendiciones como nunca antes. Dios es bueno. No obstante, ¿qué me dices de las personas? ¿Tienen un enfoque combativo de la Gran Comisión que va en contra del ministerio de la iglesia que se centra más en sus necesidades sentidas? Donnie Smith, director general y presidente de *Tyson Foods*, le dijo a un reportero: «He sido miembro de *Cross Church* por veintitrés años, y puedo decirle que nunca me he sentido más en consonancia con la dirección estratégica de nuestra iglesia»[5]. Él tiene planes de llevar a su familia a un viaje misionero a Malawi, parte de nuestra iniciativa *Greater Things*, y puedo decir que tiene latiendo en su interior un corazón por la Gran Comisión.

Donde vivo, hay muchas personas como Donnie Smith. No es algo que esté en el agua de Arkansas; es algo que está en el evangelio, algo que sucede dentro de nosotros cuando, de repente, nuestras prioridades se alinean con las de nuestro Señor. Si quisieras ver un cambio poderoso en las personas de tu iglesia, solo es cuestión de hacer que quieran las cosas que quiere Dios.

Regresemos a nuestro calendario para plantar iglesias. Espero que veas que el patrón de *Cross Church* ha sido de aceleración, un patrón de urgencia, y también de adoptar metas mayores a medida que desarrollamos una mayor competencia:

Once iglesias en siete años
Cuarenta y cuatro iglesias en diez años
Cincuenta iglesias en tres años

El osado número «cincuenta» coincide con comenzar un nuevo campus. Para nosotros es a la vez/y, y no o bien/o. No es aquí *o* allí, ¡es en todo lugar!

Este es un principio bíblico: Dios nos pone a cargo de mayores cosas a medida que mostramos nuestra fidelidad en otras más pequeñas. Yo quiero que llegue el momento en que consideremos plantar cincuenta iglesias en la categoría de «cosas más pequeñas», ¡comparado con lo que logramos más adelante!

En el capítulo 8 describo cómo desarrollé una carga por dejar pasar ministerios queridos (un programa de televisión nacional, por ejemplo), porque sentíamos que, en ese momento, había maneras mejores y más sabias de ser fieles con nuestros recursos de tiempo, dinero y personas. Hay muchas maneras de gastar el dinero y esforzarse. Podríamos emplear tremendo esfuerzo en algún tipo de acontecimiento especial, invitar a personas de todo el mundo para que vinieran a Arkansas y sé que Dios bendeciría eso. Aun así, también sospecho que sería una gran noticia hoy, pero una noticia antigua mañana. Alguna otra persona estaría organizando pronto otra gran actividad en algún otro lugar.

Entonces, ¿plantar una sana iglesia del evangelio? ¿Plantar diez? ¿Plantar cien? Sé que podemos cambiar destinos eternos de esa manera. Sé que personas no nacidas aún, por no mencionar a las nacidas de nuevo, podrían llegar a conocer a Cristo algún día en el futuro a través de las iglesias que plantemos en el presente.

Quizá descubriríamos que solo podíamos plantar mil iglesias a lo largo de cierto período, cuando queríamos cinco veces más. Dios tiene sus propias metas; podría ser que una de esas plantas llegase a ser la rama más fructífera en la historia cristiana. A decir verdad, no podemos anticipar las cosas buenas que va a realizar Dios; lo único que podemos hacer es ser obedientes en el aquí y ahora. Y eso es lo que les ruego a los líderes de las iglesias que hagan.

En mi denominación tenemos más de cuarenta y cinco mil setecientas iglesias. En el año 2010, todas esas iglesias juntas plantaron mil doscientas setenta y una congregaciones nuevas[6]. Es triste, pero el número de iglesias que veremos *morir* durante el año es un total similar, de modo que nuestra ganancia neta será pequeña. Por eso, en nuestro esfuerzo de Resurgimiento de la Gran Comisión, restablecimos la prioridad de la Junta de Misiones Norteamericanas, enfocando al menos el cincuenta por ciento de sus esfuerzos, finanzas y misioneros hacia la plantación en Estados Unidos de iglesias del evangelio sanas y que se multipliquen.

Es una verdad incómoda, pero Dios nos hará responsables. A quien mucho se le ha dado, mucho se le pide ahora. Necesitamos dar comienzo a cientos de miles de nuevas iglesias evangélicas, impulsadas por el evangelio, muchas más que el número total de las que existen ahora. Parece fantástico, pero en verdad es nuestra gran esperanza final. Debemos llegar a florecer a plenitud, o nos marchitaremos en el polvo del ayer.

Es momento, entonces, de dejar de centrarnos en construir catedrales y comenzar a centrarnos en plantar. El evangelio echará raíces en cada cultura, se extenderá de manera poderosa y veremos cumplida la Gran Comisión.

Sin embargo, no sucederá hasta que dejemos de hablar y comencemos a plantar; y debemos hacerlo juntos. *Cross Church* necesita unir sus manos con tu iglesia, y con iglesias en todo el mundo. Solo lee el Nuevo Testamento para ver el patrón. Esto era lo que hacían Pablo y sus compañeros; era el ADN de la Iglesia del Nuevo Testamento.

¿Qué metas establecerá tu iglesia? ¿Cuántas iglesias plantará tu congregación en la localidad, en la nación y en el mundo durante los próximos años? ¿La próxima década? ¿Establecerá metas humildes, «realistas», en las que todo el mundo esté de acuerdo en que son posibles? (Está bien comenzar solo con una y después seguir adelante desde ahí, ¡siempre que lo hagas!). ¿O establecerá en oración metas intrépidas, humanamente imposibles que emocionen y movilicen a las personas justo debido a que son visionarias?

Es momento de que dejemos a un lado nuestras pequeñas ideas, dejemos de soñar con pequeños futuros y dejemos de jugar a la iglesia pequeña. Dios se está moviendo. Llegan cosas grandes. Las personas están despertando a la misión que Él ha tenido para nosotros todo el tiempo.

Quizá Dios te esté llamando en este momento, incluso mientras lees estas palabras, a comenzar el diálogo que transformará tu iglesia y la convertirá en una congregación plantadora de la Gran Comisión.

CAPÍTULO 3

Acepta la urgencia

urgente: *que requiere una acción apremiante*
o una atención rápida

N avidad. Ciudad de Nueva York. Siempre había soñado con tener ambas cosas al mismo tiempo. En el año 2010, Jeana y yo por fin nos miramos el uno al otro y dijimos: «Hagamos que suceda». Por lo tanto, después del servicio matutino el domingo siguiente al Día de Acción de Gracias, hicimos nuestras maletas y abordamos un avión. Teníamos tres días para asimilar el período navideño en la Gran Manzana.

¿Qué sucede entre las grandes ciudades y yo? Me encantan, y siempre me han encantado. No me entiendas mal: Springdale, Arkansas, es precisamente donde Dios me quiere, y me siento privilegiado por llamarla mi hogar. Sin embargo, con frecuencia me pregunto por qué Dios nunca me situó en un ambiente urbano de verdad; sin duda, tengo pasión por las ciudades. Los enjambres de seres humanos, los elevados rascacielos y la energía al natural parecen impulsar mi espíritu.

Así que estaba emocionado por estar en la gran ciudad por excelencia a finales de noviembre de 2010. Hicimos compras en las tiendas muy conocidas, disfrutamos de algunas buenas cenas y observamos muy en serio a las personas, las multitudes que vienen y van, hombres, mujeres y niños que dan por sentado cuáles son sus papeles en la experiencia de la ciudad de Nueva York.

Llegamos temprano para ver la iluminación del inmenso árbol de Navidad en la plaza Rockefeller, y observamos mientras se cerraban varias calles para acomodar a las multitudes.

Jeana dijo: «Ahí están. La policía de la ciudad de Nueva York». Varios oficiales de policía estaban allí, asegurándose de que las cosas transcurrieran con normalidad.

Yo respondí: «Les estaba observando también. ¿Has notado los jóvenes que son?». Era cierto. No había allí muchos policías de avanzada edad, sino que la mayoría eran hombres y mujeres jóvenes.

Pensé una vez más en el evento que aún estaba en el ambiente de Nueva York, y es probable que lo estará siempre: los ataques terroristas del 11 de septiembre de 2001. ¿Cuántos de esos rostros jóvenes y nuevos estaban allí esa mañana? ¿Cuántos de ellos estuvieron entre los héroes que se apresuraron a acudir a las torres en sus aterradoras misiones de rescate? Miembros de la policía, del departamento de bomberos y de otras unidades de emergencia pagaron el precio definitivo aquel fatídico día. Murieron poco menos de tres mil personas, cuatrocientas once de las cuales eran trabajadores de rescate. Y a algunos de ellos los tomó por sorpresa. Sabían que, al acudir, podría ser que no vivieran para salir corriendo. Los prepararon para un momento como ese, desde luego, pero el momento de necesidad es siempre el terreno que prueba la valentía. En los trabajadores de rescate de la ciudad de Nueva York se reveló la cruda valentía y dedicación. Al igual que la mayoría de los estadounidenses, he reservado un pequeño pedazo de mi corazón para ellos mientras viva.

Jeana y yo permanecimos en silencio como tributo, observando a la policía y reflexionando en estas cosas. La ocasión de esa noche era tranquila: una ceremonia de iluminación de un árbol, tiempo familiar. No había ningún sentimiento de urgencia en particular en los preparativos. Qué distinto a la mañana del martes nueve años antes. La emergencia del 11 de septiembre se materializó con rapidez, de manera increíble, y no hubo tiempo para pensar, ni para planear, ni para debatir, solo para rescatar vidas, tantas, y con la mayor rapidez, como fuera posible.

Urgencia. Esa es la palabra para un momento de claridad suprema, de ráfagas de adrenalina. En cualquier otro momento tenemos cierto número de temas dando vueltas por nuestra cabeza. Entonces, en el momento de la decisión, hay una sola cosa que importa, una sola cosa que hay que enfrentar. Y lo que está en juego tiende a ser muy elevado.

La mayoría de nosotros conoce el número de muertos del 11 de septiembre, pero nunca conoceremos el número de vidas. ¿Cuántos se salvaron por el sentimiento de urgencia manifestado en los trabajadores de rescate de la ciudad de Nueva York? ¿Cuál podría haber sido el número de muertos si los rescatadores no hubieran estado preparados o no se hubieran tomado en serio la amenaza?

Si has captado un sentimiento de urgencia en mis palabras, has estado prestando atención. Creo en el mensaje de la Biblia que nos dice que hay un cielo y un infierno. Creo en que la vida sacrificial, la muerte y la resurrección de Jesucristo hicieron posible el rescate de tantas personas como estemos dispuestos a ayudar. Creo en que hay limitaciones de tiempo y de oportunidad, y que las señales vitales del mundo y de la Iglesia indican que tenemos una gran esperanza final: despertar la Gran Comisión en todos los discípulos de Él. Por lo tanto, tengo un sentimiento de urgencia y quiero reclutar a otros trabajadores de rescate para que lo hagan suyo. La tarea es inmensa:

presentar el evangelio en cada lugar de este planeta y hacer discípulos a todas las naciones. Con una meta tan colosal y tan poco tiempo, necesitamos millones de cristianos comprometidos y llenos del Espíritu que trabajen juntos con pasión por la evangelización y una dedicación a no detenerse nunca hasta que por fin hayamos obedecido el mandamiento de Jesús.

La comparación con los rescatadores del 11 de septiembre de 2001 es adecuada, pero los rescatadores de la Gran Comisión son más fundamentales: las almas de miles de millones en lugar de miles. El problema es que la CNN no está cubriendo esta situación de rescate. La mayor parte del mundo no tiene idea alguna de que vidas, vidas eternas, están en la balanza. Incluso para la Iglesia, es negocio como siempre en lugar de ser un impulso sincero y valiente para hacer la obra de Dios mientras aún quede tiempo.

Cuando Jeana y yo observábamos a la policía, también nos preguntábamos: *¿Cuántos de ellos necesitan rescate?* ¿Experimenté un sentimiento de urgencia para que alguien les hablara del evangelio? ¿Les hablara a las personas que nos rodeaban en la multitud? ¿A los camareros, cajeros y asistentes de vuelo que habíamos visto en los dos últimos días? Yo estaba allí con mis manos en los bolsillos e intentando imaginarme a esos policías, con sus manos en sus bolsillos, el día 11 de septiembre. ¿Y si las cámaras de los noticieros les hubieran mostrado rascándose la cabeza mientras se quemaban los edificios, mientras las personas saltaban al vacío desde noventa pisos de altura? ¿Y si los rescatadores hubieran sido espectadores casuales en lugar de ser héroes valientes? Y pensé: *¿Qué ve Dios cuando me mira a mí? ¿A mi iglesia? ¿A los cristianos de este mundo?* Somos solo un inmenso número de trabajadores de rescate del planeta Tierra con nuestras manos en los bolsillos, embobados mientras el mundo está envuelto en llamas.

Desde luego, el grupo de rescate tuvo mucho éxito el 11 de septiembre. Gracias a Dios que fue así. Ahora, yo quiero tener éxito también. Quiero que todos nosotros tengamos un sentimiento de urgencia, que acudamos con rapidez al fuego para rescatar almas, tantas, y con tanta rapidez, como nos sea posible.

¿Cuál es la mayor diferencia entre las iglesias del primer siglo y las del siglo XXI? ¿Es la tecnología? ¿Los grandes edificios? No, la diferencia más crítica es el sentimiento de urgencia. Lee el libro de Hechos y llegarás a la conclusión de que Pablo y sus compañeros realizaban las misiones como si su cabello se estuviera quemando. Sin embargo, en la actualidad, podríamos pasar varios años plantando una nueva iglesia y sentirnos bien con nuestros esfuerzos. A pesar de las barreras del idioma, de no tener estudios, ni seminarios, ni manuales, la primera generación de cristianos plantaba iglesias en el terreno constantemente; y contaba con el Espíritu Santo para realizar el riego. Lo único necesario era el Espíritu de Dios, sus propios dones espirituales y el sentimiento de urgencia. En sus correspondencias, preservadas para nosotros en el Nuevo Testamento, se referían con frecuencia al regreso de Jesús y al próximo juicio. Para ellos, ya que Jesús podía regresar en cualquier momento, se deducía que deberían intentar salvar a judíos y no judíos, tantos, y con tanta rapidez, como fuera posible.

Nuestra urgencia tiene seis dimensiones: teológica, espiritual, física, estadística, estratégica y personal. A medida que examinemos cada una, comenzaremos a entender mejor la profundidad del problema al que nos enfrentamos.

Urgente en lo teológico

Como cristianos, obtenemos nuestra teología de las Escrituras: la autoridad en todos los asuntos teológicos. Yo evalúo cualquier asunto preguntando primero: «¿Qué dice la Biblia?». No puedo escapar a su verdad, sobre la creación, la salvación y la eternidad en particular. Haré que los tres puntos siguientes sean breves y sencillos, aunque cada uno podría ser un tratado teológico de mil páginas.

Creación especial

La Biblia nos dice en Génesis 1—3 que somos la creación especial y distintiva de Dios. Él nos creó a su imagen como hombre y mujer, y nos dio dominio sobre toda la tierra. También implantó dentro de nosotros la libertad de escoger. Éramos una creación perfecta, pero perdimos esa creación utilizando nuestra libertad para escoger la desobediencia. Ese día nos convertimos en esclavos del pecado en lugar de ser hijos de Dios.

Salvación

Dios proveyó para nuestra salvación por medio de su Hijo, quien entregó su vida para tomar el castigo que nosotros nos ganamos el día en que escogimos con libertad la desobediencia. Al reconocer y aceptar el regalo gratuito de la salvación por medio de Jesús y de su obra en la cruz, podemos ser salvos a pesar de nuestra rebelión pecadora. También sabemos que Jesús es la única provisión, que apartados de Él nos enfrentamos a una eternidad de castigo por esos mismos pecados.

Eternidad

La Biblia afirma la existencia del cielo y del infierno. Quienes están en paz con Dios pasan una eternidad perfecta en su presencia, pero quienes no han aceptado el regalo de salvación gratuita de Jesús deben enfrentarse a una eternidad de castigo. Cada uno de nosotros debe tomar la decisión personal en cuanto a su estado eterno.

Estos son los fundamentos principales del cristianismo, y nos dicen lo imperativo que es presentarle el evangelio a toda persona en el mundo y hacer discípulos de todas las naciones. Si no estamos de acuerdo, no hemos estado escuchando. O quizá haya huecos en nuestro evangelio en algún lugar: hemos pasado por alto que Jesús es el único camino; hemos pasado por alto que hay una responsabilidad eterna; hemos pasado por alto que la Biblia dice de verdad lo que dice y que estos puntos esenciales no están abiertos a la interpretación. La verdadera y completa teología infunde un sentimiento de urgencia.

Urgente en lo espiritual

Cuando era un muchacho, en una ocasión viajé con mi familia a Houston, Texas. Queríamos visitar un bonito centro comercial que había allí. Después del viaje de dos horas, entramos en el centro comercial y yo me perdí al instante. A mi edad, nunca había estado en un lugar así, jamás había conocido los peligros de estar perdido en un centro comercial. Cuando caló en mí la realidad de que estaba perdido, comencé a llorar de manera incontrolable. Es aterrador saber que uno está perdido. ¿Y si me secuestraba algún extraño? ¿Y si nunca volviera a ver a mi familia?

¿Entendemos que quienes están sin Cristo están perdidos en un sentido mucho más aterrador? No están aceptando filosofías alternativas; están perdidos. Sus destinos eternos penden en la balanza.

¿Has olvidado lo que significa estar sin Cristo, sin orientación? En primer lugar, significa muerte espiritual. Efesios 2:1, RV-60, describe tu pasado como «muerto en [tus] delitos y pecados». ¿Entendiste que tu alma no tenía vida, que era una cosa muerta? ¿Sentiste el profundo vacío? En segundo lugar, significa pérdida espiritual. ¿Sabes lo que significa estar en mitad del mar sin tener brújula ni timón cuando las estrellas están ocultas? No tienes dirección alguna, destino alguno, ningún sentimiento de situación espiritual. Si eres sincero, debes admitir que, al fin y al cabo, la vida carece de significado. De nada sirve; tú no ganas nada.

Quienes están perdidos no se quedarán así. Tienen un destino concreto. Lo conocemos como infierno. Como cristianos que confiamos en la Biblia, afirmamos esto y desdeñamos a los universalistas que creen que no hay infierno ni juicio. Sin embargo, la triste verdad es que vivimos al igual que ellos. Si en verdad creyéramos que nuestros amigos, nuestros familiares y las personas que nos rodean están al borde del precipicio del sufrimiento eterno, nos sentiríamos movidos a hablar al respecto. Es decir, tendríamos un sentimiento de urgencia.

Recordemos una vez más las imágenes de personas lanzándose al vacío desde los pisos superiores de las Torres Gemelas. Esas imágenes son terriblemente trágicas. No obstante, ¿cuánto peor es la idea de millones de millones de personas cayendo en picado hacia una eternidad de castigo? Solo en Cristo tienen esperanza de rescate. Solo por medio de nosotros escucharán al respecto.

Urgente en lo físico

He visto muchos cambios en mi rincón de Arkansas. Había menos personas que vivían allí cuando llegué por primera vez. El periódico diario reflejaba comunidades pacíficas en las que las muertes estaban limitadas sobre todo a la enfermedad y el envejecimiento. En raras ocasiones veía mucha evidencia de crimen. Entonces, con el crecimiento de la población, se ha producido un aumento en la muerte trágica y definitiva: desde el crimen hasta otras razones. Las parejas jóvenes son víctimas. Mueren los niños. Lo que estoy viendo es lo que afirma la Biblia:

¡Y eso que ni siquiera saben qué sucederá mañana! ¿Qué es su vida? Ustedes son como la niebla, que aparece por un momento y luego se desvanece. (Santiago 4:14)

Si el mañana es tan incierto, ¿qué dice eso acerca del presente? Este es el momento, el único momento seguro, de que rescatemos a los que perecen. Hebreos 9:27 dice:

Y así como está establecido que los seres humanos mueran una sola vez, y después venga el juicio.

El anuncio de los años sesenta de cerveza *Schlitz* tenía razón en realidad: solo aparecemos una vez en la vida. Sin embargo, en lugar de agarrar «todo el gusto que podamos obtener», deberíamos ser menos egoístas al respecto. No queremos quedarnos sentados bebiendo cerveza; queremos agarrar a todos los hijos de Dios que podamos alcanzar y asegurarles una eternidad gozosa.

Hay una urgencia física porque la muerte es el final de la oportunidad de utilizar nuestro libre albedrío. En esta vida, todas nuestras decisiones serán definitivas. Yo he estado por el mundo y he visto todo tipo de personas, ricas y pobres. Todas tienen una cita con la muerte. El rico necio en la parábola de Jesús estaba disfrutando de la buena vida, construyendo graneros mayores, almacenando alimentos y bebidas para que su vida fuera una fiesta continua durante años. Entonces, como un relámpago, se encontraba ante la presencia de su Creador. Al igual que el rico necio, requerirán nuestra vida de nosotros, quizá esta noche. No podemos saberlo.

Lo único de lo que estamos seguros es de lo que hacemos con este preciso momento. Por lo tanto, ¿nuestras prioridades no deberían ser (1) estar seguros de nuestra propia salvación y (2) estar seguros de la salvación de tantos otros como sea posible?

En mi caso, completé el número uno y lo marqué en mi lista. Estoy en los brazos de Jesús, y Satanás mismo no puede hacer nada en cuanto a eso. Mi vida ahora está dedicada a lo segundo. Quiero estar a las puertas del cielo con una delegación de personas, cuantas más mejor, que estén allí por invitación mía, de forma directa o indirecta. Quiero sentirme bien con respecto a cómo pasé el tiempo que tenía, sin haber estado con mis manos en los bolsillos, sino habiendo estado ocupado en la misión de rescate.

Urgente en lo estadístico

Quizá la terminología teológica te deje frío, pero te gustan los números y la estadística. Como mencioné, he servido junto con un grupo de trabajo para evaluar la preparación del mundo para nuestros esfuerzos en el cumplimiento de la Gran Comisión. He visto las cifras, y no son bonitas. ¿Estás listo para las matemáticas conmigo?

En teoría, solo Dios puede ver el estado de un alma. Él y solo Él puede ofrecer el verdadero conteo en cuanto al lugar donde está su pueblo en lo espiritual, pero nosotros podemos realizar cierta cantidad de investigación. Podemos obtener una buena idea general de dónde estamos, utilizando los mejores estudios y la erudición disponibles. Espero que visites las páginas Web de organizaciones misioneras eficaces, como la Junta de Misiones Internacionales. Pueden ofrecerte mucho más detalles sobre estos descubrimientos[1]. Ellos tienen la respuesta completa, de modo que yo voy a darte la versión condensada.

En la actualidad, hay 7.000.000.000 de pasajeros en la nave Tierra. ¿Qué por ciento de esa cifra calculas que han escuchado el evangelio? El grupo de trabajo ha llegado a la conclusión de que más de 750.000.000 (es decir, el 75% de 1.000.000.000) han escuchado y creído al evangelio de Jesucristo. Eso significa que 11 personas de cada 100 en este mundo están dispuestas a proclamar a Jesús como Señor y Salvador personal. Ten en mente que un gran número de personas dice que «cristiano» es su preferencia religiosa sin conocer de verdad al Cristo de manera personal. (La cifra del 33% se da con frecuencia como el por ciento de cristianos en el mundo). El número de creyentes evangélicos y llenos del Espíritu que están dispuestos a conducir a otros a Cristo, desde luego, no se acerca en absoluto al número total de personas que afirman ser seguidoras de Jesús.

La cifra es mejor que el 0% con el que comenzamos, pero lo cierto es que se nos han dado veinte siglos, y en la actualidad más de 6.000.000.000 de personas se enfrentan a la posibilidad del infierno. Esto no supone, desde luego, incluir a los incontables millones y miles de millones que han muerto antes de que pudiéramos alcanzarles en estos dos mil años.

Más: Alrededor del 38% de la población del mundo (es decir, 2.600.000.000) ha escuchado el evangelio y lo ha rechazado. Al menos, han recibido el mensaje y han tenido la oportunidad, aunque no sabemos hasta qué punto fue eficaz y amorosa esa presentación del evangelio. Más del 50% de la población del mundo (es decir, 3.500.000.000) no ha tenido oportunidad realista de escuchar el evangelio. La cifra se incrementa de forma gradual. Son personas a las que no estamos en posición de alcanzar porque no hay cristianos creyentes en ningún lugar en sus comunidades[2].

¿No te gustaría escuchar sobre cristianos fervientes, llenos del Espíritu y amorosos que vayan a vivir en todas esas comunidades, a fin de que las personas puedan saber que Dios les amó lo bastante para enviar a su único Hijo como un regalo para ellas? Yo tengo un urgente deseo de ver que eso suceda, y sigo las noticias misioneras cada día para leer de nuevos desarrollos en África, Asia, Suramérica o cualquier lugar donde haya personas que no han estado en contacto con el evangelio.

Aquí tenemos una cifra desafiante: 11.646. Ese es el número total de pueblos que hay en el mundo. (Hay 584 pueblos no alcanzados en Estados Unidos). Puedes pensar en tu planeta en términos de países, cada uno con un color uniforme. Sin embargo, dentro de la mayoría de esos países hay muchos pueblos distintos, con frecuencia con sus propios idiomas y valores. Los grupos de trabajo de la Junta de Misiones Internacionales de la Convención Bautista del Sur han empleado muchos años en solo identificar los pueblos, a fin de poder comenzar a pensar en la mejor manera de alcanzarlos. No será la misma estrategia para cada uno de los pueblos.

De esos 11.646 pueblos, 6.734 grupos contienen menos del 2% de cristianos evangélicos[3]. Muchos no tienen actividad misionera que se dirija a ellos, no se está plantando ninguna iglesia entre los mismos, ni tampoco hay muchos que oren por ellos. ¿No es eso una tragedia? Sabemos que Dios desea reconciliarse con cada miembro individual de cada pueblo de personas. Sin duda, Él nos está diciendo: *Yo tengo muchos hijos, muchos, que ustedes ni siquiera conocen, que ni siquiera han descubierto. Se trata de mis ovejas perdidas. Cada uno es precioso para mí. Les oigo clamar con confusión y temor, con hambre física y espiritual. ¿No pueden encontrar el tiempo para rescatarles?*

Permítame asegurar que todas las noticias no son deprimentes. Por ejemplo, la religión de más rápido crecimiento en el mundo es el islamismo; en sí mismo, un hecho muy desalentador. Aun así, un segmento en particular del cristianismo está creciendo con mayor rapidez. Ese segmento es el cristianismo evangélico. El año pasado, doscientas mil personas en Arabia Saudí descargaron la Biblia de la

Internet[4]. Estamos alcanzando a grandes números de mujeres dentro del islamismo debido a la asombrosa diferencia que existe entre lo que les ofrece el Nuevo Testamento y lo que les ofrece el Corán. En la actualidad, los movimientos a favor de la democracia en el mundo islámico árabe, impulsados por *Facebook* y otras tecnologías, están abriendo ventanas para el evangelio todo el tiempo. ¡Pensemos en el cambio en la tensión geopolítica si el Espíritu de Dios comenzara a moverse por todo el Oriente Medio!

La situación global puede estar mejorando en algunos lugares, ¿pero qué sucede aquí en casa? Mientras escribo estas palabras, la población de Estados Unidos está por encima de los 308.700.000. Uno esperaría que las cifras se vieran mucho más fuertes en un país con herencia cristiana, y estaría en lo cierto. Aun así, según las proyecciones de la Junta de Misiones Norteamericanas, más de 233.000.000 de estadounidenses (es decir, el 75%) no tiene una relación salvadora con Jesucristo. De los 55.000.000 de personas en nueve de los estados del norte, el 83% no tiene una relación salvadora con Jesucristo[5]. Esto incluye la zona histórica donde los colonizadores llevaron su increíble fe al Nuevo Mundo, donde Jonathan Edwards predicó durante el Gran Avivamiento. Después de que la despertaran, la mayor parte de esta zona ha vuelto a dormir.

La mayoría cristiana que con frecuencia se ha imaginado es un mito, si es que utilizamos cualquier definición bíblica de *cristiano*. Y estamos perdiendo terreno. Las personas en torno a los veinte años de edad se están apartando de la fe cristiana en por cientos cada vez más elevados que en cualquier otra generación pasada. En la actualidad, las religiones de todo tipo se están desarrollando dentro de las fronteras de nuestro país. Otras creencias nos están enviando misioneros.

Tom Clegg y Warren Bird escribieron un libro titulado *Lost in America*. Afirmaron que la población que no asiste a las iglesias en este país, si pudieran agruparse y establecerse en algún lugar como nación propia, constituiría la quinta nación más grande del mundo[6]. Eso convertiría a Estados Unidos en el tercer campo misionero más grande del mundo. Sí, vemos iglesias en cada rincón, ¿pero cuántas predican en verdad el evangelio? ¿Cuántas equipan a los santos para evangelizar a sus amigos y sostener las misiones mundiales? Incluso entre muchas de nuestras iglesias más eficaces, ¿cuántos creyentes pueden expresar el evangelio lo bastante bien como para testificarlo? Al menos, podemos ser inteligentes en nuestras estrategias. Sabemos que el 83% de los estadounidenses vive en áreas metropolitanas, así que tiene sentido dirigirnos a nuestras ciudades de manera especial. Los Ángeles, Chicago, Nueva York... nombra una gran ciudad, y encontrarás una gran necesidad. Me enteré que dentro de la ciudad de Nueva York se hablan más de ochocientos idiomas[7]. ¡Es una ciudad de muchas naciones!

En el centro de las ciudades, en las zonas residenciales y en las afueras, la necesidad es grande. Al otro lado de los océanos, la necesidad es aun mayor. Haz girar un globo terráqueo, cierra tus ojos y pon un dedo sobre cualquier sección de terreno poblado, y estarás señalando un lugar donde las personas necesitan al Señor. Las cifras se añaden a la urgencia.

Urgente en lo estratégico

La estrategia se presenta en las mismas órdenes de marcha que Jesús nos dio: «Pero recibiréis poder, cuando haya venido sobre vosotros el Espíritu Santo, y me seréis testigos en Jerusalén, en toda Judea, en Samaria, y hasta lo último de la tierra» (Hechos 1:8, RV-60). ¿Puedes ver la progresión? Él comienza con el lugar donde resultaban estar sus oyentes y avanza de forma progresiva cada vez más lejos.

En cada lugar sucesivo hay mayores diferencias demográficas con las cuales contender. Jesús destaca una estrategia regional, nacional e internacional para ser sus testigos.

Es interesante, sin embargo, que Jesús nunca utiliza la palabra *después*. Él utiliza *y*, de modo que el progreso es geográfico y no cronológico. Seremos sus testigos aquí en la ciudad *y* en el país, *y* en el siguiente país, *y* en todos los demás lugares. Eso presenta un problema, ¿no es cierto? Le preguntamos a Jesús: «¿Dónde vamos primero, aquí o allí?», y Él responde: «Sí». Se nos deja batallando con el modo en que produciremos nuestros esfuerzos. ¿Qué estamos haciendo por la Gran Comisión cerca de nuestro hogar? ¿Qué estamos haciendo al otro lado del mar?

Jesús ofreció la declaración de misión definitiva en Hechos 1:8, y en *Cross Church* la hemos absorbido en nuestra propia visión misionera: «Alcanzar el norte de Arkansas, Estados Unidos y el mundo para Jesucristo». Esta declaración es nuestra guía y nuestra intérprete a medida que planeamos todo lo que hacemos como iglesia. Hemos descubierto que podemos ocuparnos de todo tipo de negocios buenos y dignos de la Gran Comisión mientras cumplan con esa declaración.

Creo en una visión personal y progresiva para las misiones. Tengo que actuar según Hechos 1:8 en lo personal. Está escrito en mi alma que debo ocuparme de que el evangelio se lleve a lugares y a personas donde no ha llegado aún. Eso requiere una estrategia progresiva y organizada. Por lo tanto, debo ser un ciudadano del mundo. Sé por mis propios viajes que cuando he estado entre personas, puedo amarlas y orar mejor por ellas. Así que, al menos, necesito enfocarme yo mismo. Necesito aprender todo lo que pueda sobre las muchas naciones, los pueblos, sus necesidades y cómo puedo satisfacerlas. Cada uno de esos grupos debe alcanzarse en su propia manera única.

Tenemos un evangelio, pero miles de grupos, miles de millones de individuos. Jesús murió por Malawi y también por Minneapolis, pero debemos enfocar cada uno de ellos de manera diferente cuando llevamos las buenas nuevas del evangelio. Lo denominamos «contextualizar nuestra estrategia». En siglos pasados, los misioneros iban al África o a la China y obligaban a las personas allí a cantar himnos occidentales y vestirse con ropa occidental. Por fortuna, nosotros somos mucho más inteligentes y mucho más amorosos ahora. Sabemos que esas personas tienen un contexto cultural, y queremos respetarlo y utilizarlo como un canal para hablarles del amor de Cristo. Cuando pienso en el trabajo que implica dominar todos esos contextos, siento en mí la urgencia una vez más.

Creo que quizá la solución más estratégica al desafío de la Gran Comisión yace en iglesias que no existen aún. Necesitamos plantar iglesias de modo inteligente y dinámico, iglesias que estén preparadas para abordar idiomas, culturas y necesidades; iglesias en proporción y con el estilo de las comunidades que engloban; iglesias con líderes enérgicos que tengan hambre de ver un avivamiento masivo. En una ciudad estadounidense típica, necesitamos muchos miles de iglesias nuevas.

¿Hemos comenzado a batallar con la profunda implicación de esa afirmación? Podemos alcanzar a miles de millones de personas con nuestros medios actuales. Cada iglesia existente ahora debería estar plantando múltiples iglesias nuevas.

Urgente en lo personal

Al igual que me apropio de Hechos 1:8, debo apropiarme de la Gran Comisión en lo personal. Debo llegar al lugar en el que sea impensable para mí dejar la obra a otros, contratar para que otros lo hagan. No debería poder imaginarme esta obra como el «problema» de otra persona. En Mateo 28 y Hechos 1 oigo a Jesús que me habla *a mí*, no a un grupo de once pescadores y campesinos fallecidos hace mucho tiempo. Leo el resto del libro de Hechos y veo que es un estudio de casos *para mí*, no una historia del modo en que las personas de antaño viajaban y tenían aventuras. Leo las historias de Hudson Taylor y William Carey y sé que ellos son mis hermanos, mis antecesores, que me están pasando el fruto de su trabajo *a mí*, no coloridos héroes de una historia devocional.

La Gran Comisión es mía. Se hizo para mí, y yo para ella. No puedo imaginarme la vida sin ella, al igual que no puedo imaginarme la vida sin mi cabeza. Yo tengo la responsabilidad. Debo rendir cuentas. Lo admitiré, me sentiría presionado si solo fuera yo. Estaría cargando con dos mil años de historia, y toda la eternidad, sobre mis estrechos hombros; y eso sería demasiado. Sin embargo, esta es una carga que comparto con muchas otras personas. Mi iglesia me ayuda a llevarla; mi esposa y mi familia la comparten. Hermanos y hermanas en Cristo, conocidos y desconocidos para mí, han pasado a asumir la responsabilidad junto conmigo. Juntos, vamos a apropiarnos de esto.

En el Antiguo Testamento, Ezequiel fue otro profeta con el encargo de advertirle al pueblo del juicio de Dios. Sintió que si solo podía ser fiel al transmitir el mensaje, la sangre no estaría en sus propias manos si el pueblo lo rechazaba. También razonó que si tenía la verdad y no se la entregaba, la sangre de ellos estaría sobre sus propias manos (Ezequiel 3:18). ¿Quién podría vivir con un legado así? Él desarrolló un sentimiento de urgencia en cuanto a manos sin mancha; él asumió responsabilidad por lo que tenía y otros necesitaban.

En algún punto, la discusión de la Gran Comisión tiene que dejar de ser sobre teología, filosofía misionera y similares;

debe llegar a ser personal. Al igual que los profetas del Antiguo Testamento, no queremos que la sangre de otros esté en nuestras propias manos. No obstante, desde el punto de vista del Nuevo Testamento, queremos el gozo de un encuentro celestial con almas agradecidas y rescatadas. Ese deseo es personal para mí también. Tengo la oportunidad de causar un impacto en la eternidad misma:

- Se dice que el cielo es perfecto, pero puedo hacer que sea aun *mejor*.
- Se dice que el cielo es infinito, pero puedo hacer que sea *mayor*.
- El infierno es un lugar que nunca visitaré, pero puedo pasar la eternidad disfrutando del conocimiento de que ayudé a reducir su *tamaño*.

¿Qué hay en tu itinerario para hoy? ¿Algún punto en la agenda que sea más importante que esos?

El alcance de un mundo plano

Thomas L. Friedman se atrevió a escribir lo que denominó, en el subtítulo, *Una breve historia del siglo XXI*. Su libro de 2005, *The World is Flat* [El mundo es plano], fue un arrollador éxito de librería que ha cambiado con rapidez el paradigma en cuanto al modo en que negocio y cultura funcionan en este nuevo milenio[8].

¿Cuán exacta es la palabra «plano»? Friedman utiliza el término en referencia al «campo de juego siempre en activo» que ahora ve en el comercio internacional. En otras palabras, quienes ocuparon la mayor parte del terreno por mucho tiempo, las grandes firmas que dirigían los negocios, puede que hayan perdido muchas de sus ventajas.

Es un mundo nuevo por completo, y el «pequeño» tiene una oportunidad si sabe verla. Por ejemplo, Friedman relata ejemplos de empresas en la China y la India que han proporcionado operadores o trabajo mediante una central de llamadas. Como resultado de todo esto, la idea del pueblo global se está convirtiendo en una realidad. Empresas como *Microsoft* y *AT&T* tienen trabajadores interconectados por todo el planeta. Terminaron las limitaciones geográficas.

Habla de la caída del muro de Berlín, que fue más que simbólico, una verdadera barrera convertida en escombros. Con la muerte del comunismo ruso, un muro derribado significaba una puerta abierta. Poco después, la Internet se extendió con rapidez cruzando fronteras para crear lo que entonces se denominó una «autopista de la información» que en teoría vinculaba a todo el mundo.

Tú tienes un libro en tus manos, ¿o es un libro electrónico? También aquí el campo de juego se ha nivelado. Cualquiera con acceso a una computadora y una idea para contar puede publicar en seguida un libro que esté disponible en cualquier lugar y en todos los lugares.

El punto de Friedman es que se trata de un día nuevo para los negocios. *Mi* punto es que Dios está obrando su propósito. Si pasas un largo período inmerso en la pequeña pero Gran Comisión, como he hecho yo, comenzarás a ver los patrones: nuestro Señor está limpiando el camino, eliminando obstáculos, creando vínculos, poniendo todo en su lugar para que sus siervos lleven la Gran Comisión hasta su fin.

Mientras tanto, a medida que Dios hace su parte, nosotros debemos tener muy clara cuál es nuestra propia tarea. La Gran Comisión es un concepto que aparece en toda la Escritura, desde el primer capítulo hasta el último. A decir verdad, es inherente a la historia de la relación entre Dios y sus hijos. La idea se expresa de varias maneras en el Nuevo Testamento, siendo la expresión central la que se encuentra en el Evangelio de Mateo:

> Jesús se acercó entonces a ellos y les dijo:
> —Se me ha dado toda autoridad en el cielo y en la tierra. Por tanto, vayan y hagan discípulos de todas las naciones, bautizándolos en el nombre del Padre y del Hijo y del Espíritu Santo, enseñándoles a obedecer todo lo que les he mandado a ustedes. Y les aseguro que estaré con ustedes siempre, hasta el fin del mundo. (28:18-20)

Notemos que la Gran Comisión tiene dos anclas. Una es la autoridad de Cristo; la otra, la presencia de Cristo con nosotros.

¿Qué más podría necesitar nadie? Salir en la autoridad del Señor de la creación significa que nos respaldan su pleno carácter y poder. Si un desconocido llega a tu puerta en la noche y te pide entrar, tú serías un necio si le permitieras hacerlo. En cambio, si te mostrara sus credenciales como oficial de policía, de inmediato abrirías la puerta. Ya no importaría que estuvieras mirando un rostro que no te resulta conocido; su autoridad hablaría por sí misma, con fuerza y confianza. Cuando nosotros vamos en el nombre de Jesús, sabemos que «se [le] ha dado toda autoridad en el cielo y en la tierra». Un poder infinito nos respalda; las puertas del infierno no prevalecerán contra esta misión.

Deberíamos añadir, sin embargo, que Él no se limita a respaldarnos; Él está *a nuestro lado.* Él dice: «Y les aseguro que estaré con ustedes siempre». Puede que haya cierto número de tareas que podrían haberme atemorizado en la niñez, pero sabía que podía enfrentarme a ellas si un adulto iba conmigo. Se nos promete muchas veces en la Escritura que nuestro Señor nunca nos dejará ni nos abandonará. No obstante, cuando salimos en obediencia a su mandamiento, ese es el momento en que sentimos su presencia sobre todo.

¿Cuál pensarías que es la razón más citada para que las personas se nieguen a testificar de su fe? Es probable que lo adivinaras: *el temor.* Cuando pienso en el inmenso número de cristianos que teme hablar en el nombre de Él, solo puedo llegar a la conclusión de que no han leído ni entendido Mateo 28:18-20, porque Jesús eliminó por completo cualquier razón que tú o yo tengamos para tener temor. Él promete su poder y su autoridad; Él promete ir con nosotros.

¿Cuál, entonces, es la tarea? Sin duda, es hablarle a todo el mundo sobre Jesucristo y hacer discípulos a todas las naciones. A lo largo de los siglos, las personas han intentado distorsionar estas sencillas órdenes de marcha, ocultarlas o solo pasarlas por alto.

Hay cuatro frases verbales en el mandamiento: *Vayan, hagan discípulos, bautizándolos* y *enseñándoles.* En realidad, «vayan» se traduce de modo más preciso como «a medida que van». Las otras tres acciones son el predicado respeto a nuestro progreso, el cual Jesús da por sentado; Él sabe que sus hijos harán lo que Él les ordene. Al final, sin embargo, la estructura de la frase deja claro que la sentencia que controla es *hagan discípulos.* Jesús está diciendo: «A medida que vayan, hagan discípulos». ¿Cómo? *Bautizándolos* y enseñándoles a guardar todo lo que nos enseñó Jesús.

Cuando captamos estas palabras, tal como las dijo Jesús, hay un abrumador sentimiento de acción, una fuerza imparable de buenas nuevas para todos los hombres y las mujeres, en cualquier parte donde puedan encontrarles las buenas nuevas:

A medida que van (lo que implica que ya hemos ido);
hagan discípulos (levanten soldados);
bautizándoles (profesando al mundo su
  lealtad a Cristo); y
enseñándoles (equipándoles para el mundo con
  las enseñanzas de Cristo);
de modo que de inmediato ellos también vayan, hagan
  discípulos, bauticen y enseñen.

Es un ciclo de «enjuague y repita» hasta que todo el mundo sepa, hasta que las aguas del mundo estén llenas de nuevos creyentes, hasta que no quede nadie al cual hablarle. Entonces, desde luego, Cristo mismo vendrá.

Esa es la Gran Comisión. Tú y yo estamos envueltos con el poder y la presencia de Cristo mismo, a medida que salimos en nuestra misión de ir y alcanzar, bautizar y enseñar.

Miramos la tarea y parece inmensa, intensa, imposible. Es necesario uno de los hombres sabios del mundo, Thomas L. Friedman, para que nos diga que, en realidad, las puertas nunca han estado más abiertas. Antes el mundo era un horizonte que se desvanecía en todas direcciones, pero ahora es plano. Ahora las reglas se están reescribiendo.

Ahora es el momento para la movilización.

CAPÍTULO 4

La transformación de nuestras familias

¿A dónde se va el tiempo? Mi matrimonio con Jeana está en su año número treinta y cinco, y sigue creciendo, sigue evolucionando. Teníamos un profundo amor el uno por el otro el día de nuestra boda, pero nunca podríamos haber imaginado los planes que Dios tenía para nosotros, ni el modo en que Él utilizaría nuestro compañerismo.

Nos casamos en el último día del año 1976. Cuatro meses antes, yo había comenzado a pastorear mi primera iglesia mientras aún era alumno en un seminario. Eso fue en Cherokee, Texas, donde la población era de trescientas personas. Cada fin de semana nos montábamos en el auto y conducíamos durante poco más de una hora para predicar y ministrar antes de que comenzara la siguiente semana de estudios en el salón de clase. Esta es una parte común de la formación en el seminario: estudiar durante la semana, después conducir hasta el campo para desarrollar una experiencia ministerial de aprendizaje el fin de semana.

Los primeros años de nuestro matrimonio estuvieron entrelazados con el servicio en las iglesias y comenzar una carrera ministerial. Yo contaba con la bendición de tener un bien fabuloso en lo que poseía para ofrecer a una congregación: Jeana tenía una licenciatura en música con una especialización en piano. Hasta el día de hoy, creo que conseguí mi primer trabajo debido a que en el trato entraba una pianista. A los comités de personal de las iglesias les encantan los tratos de dos por uno.

Cualquiera que sea el campo que escojas, tu primer trabajo es un momento emocionante. Estás plenamente motivado y listo para demostrar lo que vales. Yo estaba muy comprometido con alcanzar a personas para Cristo. Incluso entonces, la Gran Comisión estaba en el centro de mi fe. Caminaba por los vecindarios, llamaba a las puertas y conocía a personas de diversos trasfondos. Si había trescientas almas, yo iba a hacer todo lo posible para asegurarme de que cada una de ellas fuera reclamada para el reino de Dios.

A medida que Jeana y yo dábamos nuestra joven energía a esa ciudad, la iglesia crecía de manera espiritual y numérica. Las personas acudían a Cristo. Y todo ese tiempo éramos también recién casados. Jeana y yo forjamos nuestra familia en el contexto de establecer iglesias, alcanzar a personas y vivir en la energía de la Gran Comisión. Mis dos pasiones en la vida eran la novia de Cristo (la Iglesia) y mi esposa (Jeana). No separábamos las cosas, sino que nos comprometíamos el uno con el otro y con Cristo con la misma energía. Nuestra devoción al ministerio desarrolló de manera profunda nuestro matrimonio, y el amor en nuestro matrimonio daba poder y credibilidad a nuestro ministerio.

Después de todos esos años, Jeana y yo seguimos trabajando en nuestro matrimonio, en nuestro ministerio y en nuestra familia como una sola cosa en lugar de ser tres. Intentamos vivir de manera integral. Y el matrimonio fue solo el principio.

Expansión

Jeana y yo comenzamos nuestros años de paternidad sin ilusión alguna sobre tener hijos perfectos. Es más, conocíamos todos los estereotipos de los hijos de predicadores. Sin embargo, todo fue bien para nosotros. A su tiempo, Dios nos dio dos hijos maravillosos: Josh y Nick. A lo largo de su adolescencia, nuestros hijos vivieron para Cristo y nos dieron, a sus padres, amor y obediencia en lugar de la típica fricción que podría esperarse durante esos años. Se entregaron por completo a la iglesia y a las actividades del grupo con la misma dedicación que sus padres se entregaban al ministerio. Nuestros dos muchachos conducían a amigos a Cristo. Les gustaban sus viajes misioneros y tenían un interés activo en todas las maneras en que nuestra iglesia alcanzaba a los demás.

Ahora disfruto del profundo placer de observar a nuestra pequeña familia expandirse y aumentar su impacto. Josh es entrenador de fútbol de secundaria que tiene pasión por los jóvenes y sus familias. Él ya ha ganado cuatro campeonatos estatales, pero siente que las verdaderas victorias han llegado en los corazones de muchos de sus jugadores. Él y su esposa, Kate, ahora tienen tres hijos propios: Peyton, Parker y Jack Bailey; y ocuparse de niños pequeños no ha causado que pierdan el ritmo de ministrar a la comunidad ni de dirigir viajes misioneros.

Nick hace que sus padres estén orgullosos por igual. Sirve como pastor del campus *Cross Church Fayetteville*. Obtuvo una licenciatura, una maestría y un doctorado, y ha desarrollado su voz profética única por completo; es un verdadero comunicador en el siglo XXI de la Palabra de Dios. Él y su esposa, Meredith, tienen dos hijos, y en el momento en que escribo, están trabajando para adoptar gemelos de Etiopía. ¿Por qué? Ellos son ciudadanos del mundo; toman la Gran Comisión de manera personal. Alcanzar a las naciones es su razón para edificar a su familia.

Dios merece todo el mérito y la gloria por el modo en que las cosas han resultado en nuestra familia. Jeana y yo siempre hicimos lo mejor que pudimos, pero sabemos que eso no siempre era suficiente. La educación es uno de los mayores desafíos de la vida, y puede ir en muchas direcciones, incluso para los mejores padres. Dios ha entretejido nuestra familia en nuestro ministerio de modo muy complejo, el uno fortaleciendo al otro. Está claro que esa es la manera en que Dios pensó que marchara la vida: esposo, esposa e hijos vinculados como solo puede estarlo una familia; centrados en las cosas adecuadas como solo puede estarlo una familia que sigue a Cristo; entonces enviando a los hijos para multiplicar nuestro impacto.

Aun así, conozco a muchas parejas comprometidas y seguidoras de Jesús que han hecho todos los movimientos apropiados como padres, le han entregado todo a Dios, pero sufrieron en la educación. ¿Quién podría decir por qué? Nos esforzamos al máximo para educar a nuestros hijos bíblicamente, pero nuestros hijos siguen teniendo libre albedrío. El enemigo se opone a nuestros esfuerzos, y el mundo está lleno de atracciones y trampas. Yo les aconsejo a los padres que están abatidos por las decisiones que los hijos, incluso hijos adultos, han tomado. Intento recordarles que Dios es el Padre perfecto, y aún así Él tiene hijos problemáticos.

Cuando todo marcha según el plan, sin embargo, el resultado es hermoso. Puedo recordar a esa joven pareja que se quedaba dormida en los bancos de la pequeña iglesia en Cherokee, Texas, tan jóvenes, y muy cansados de conducir de ida y regreso, equilibrando el seminario, el ministerio y el matrimonio. Ahora esa joven pareja tiene siete nietos y un legado de ministerio. ¿Quién podría haberlo previsto?

También pasa deprisa. Parece que solo hace unos meses Jeana y yo estábamos caminando por las calles de Cherokee llamando a las puertas, hablándoles a las personas sobre Jesús e invitándolas a la iglesia. Eso era la Gran Comisión para principiantes. En la parábola de los talentos (Mateo 25:14-30), el amo prueba a sus sirvientes con las cosas más pequeñas; después les confía otras mayores. Al cabo de todos esos años, tenemos hijos y nietos piadosos para expandir nuestro alcance. Tenemos estrategias y las oportunidades a través de nuestra iglesia y nuestra denominación, a través de los medios de comunicación y la Internet. Estamos encontrando nuevas estrategias y centrándonos en nuevos campos de la Gran Comisión: los huérfanos, por ejemplo.

Si Dios quiere que nos pongamos nuestras chaquetas y volvamos a recorrer las calles, estamos preparados. Lo que Él quiera es lo que queremos nosotros. Obedecer la Gran Comisión puede comenzar con sencillez, puede comenzar como una responsabilidad, pero siempre se convierte en una profunda pasión, un asunto del corazón. No podemos imaginar otro modo de vida. Queremos que la familia de Floyd ayude a alcanzar a la familia de la humanidad.

Ese enfoque es una parte de nuestra gran esperanza final en este mundo. No podemos transformar el mundo a menos que transformemos primero nuestras familias. Necesitamos educar a nuestros hijos para que amen a las personas de todo tipo, a las que están en la calle, hasta las que están al otro lado del mundo. Queremos que nuestros hijos tengan un corazón para sus comunidades y para otras naciones, al igual que pasión para que todo el mundo que está en este planeta oiga el evangelio y sea discipulado como creyente. Sí, es un desafío abrumador, pero es nuestro desafío. Cuanto más difícil sea la tarea, mayor gloria para Dios. Por lo tanto, comencemos a transformar nuestras familias. En este capítulo voy a ser muy práctico en cuanto al modo de hacerlo.

El corazón de la educación

El pueblo de Israel tenía un mentor llamado Moisés, y él les ofreció una potente base para la construcción de la familia:

Ama al SEÑOR tu Dios con todo tu corazón y con toda tu alma y con todas tus fuerzas. Grábate en el corazón estas palabras que hoy te mando. Incúlcaselas continuamente a tus hijos. Háblales de ellas cuando estés en tu casa y cuando vayas por el camino, cuando te acuestes y cuando te levantes. (Deuteronomio 6:5-7)

Deuteronomio 6 es el común denominador no negociable, esencial y menor para toda educación. Si educar a los hijos fuera juego (no lo es, desde luego), Deuteronomio 6 sería el primer paso.

En los viajes a Israel, nuestro guía israelí, Avi, siempre le dice a nuestro grupo: «Ustedes los estadounidenses leen la Biblia con demasiada rapidez. Aminoren el paso. Léanla con lentitud». Él tiene razón. Leer la Biblia «con demasiada rapidez» es obtener el mayor festín culinario de tu vida a través de una ventanilla de comida para llevar, y después engullirlo sin siquiera pensar en ello. Cada detalle de la Escritura es un mundo de enseñanza en sí mismo. El contexto lo es todo.

Vamos a leer Deuteronomio 6 una vez más, esta vez en cámara lenta. Predigo que verás ideas que nunca antes habías observado.

Que los padres sean discípulos

Sí, todos sabemos la importancia de disciplinar a nuestros hijos. Nos centramos tanto en la idea que olvidamos lo que hay en el primer paso. «Grábate *en el* corazón», dice Moisés, «estas palabras que hoy te mando» (Deuteronomio 6:6, énfasis añadido). Moisés comienza con el corazón de los padres. Nosotros somos los que debemos amar al Señor con todo lo que está en nosotros. Todo lo demás procede de esa premisa. Debemos dedicarnos por completo a Dios, o el resto solo estará destinado al fracaso. Hay padres que con fidelidad dejan a sus hijos en la Escuela Dominical cada semana, y después regresan a su casa para leer el periódico. Casi no importa lo maravillosos que sean los maestros de la Escuela Dominical; si los hijos no ven el amor de Dios en sus propios padres, su fe no echará raíces.

Tenemos que definir nuestras vidas mismas en términos de discipulado. No hay manera de fingir; al menos no dentro de las paredes de nuestros propios hogares. Si alguien les pidiera a nuestros hijos que describieran a sus padres, desearíamos que su primera respuesta fuera: «Son seguidores consagrados de Jesucristo». En el futuro, cuando nos hayamos ido, las imágenes permanentes de nuestros hijos deberían provenir de habernos observado en oración, estudiando la Biblia, en el ministerio. Deberían recordar esas cosas y, en particular, nuestro gozo al hacerlas. Si somos apasionados seguidores de Cristo, eso en sí mismo cubrirá multitud de errores. Podemos permitirnos entender otras cosas de manera errónea. Si no somos discípulos fuertes, podemos hacer bien todas las demás cosas y no serán muy determinantes. Nuestros hijos no escucharán ni una sola palabra que digamos mientras nuestros actos estén hablando más fuerte que nuestras palabras.

El ejemplo que estableces es el primer evangelio de tu hijo. Tus actos, tus reacciones, tus emociones, tus valores y todo lo que hay en ti debería relatar una historia coherente de tu caminar con Cristo. Si tus hijos creen lo que ven, leerán la verdadera Biblia y comenzarán a seguir a su Autor. Ama a Dios con todo tu corazón, con toda tu alma y con todas tus fuerzas. Esa es la capacidad de educación más importante de todas.

Que los padres hagan discípulos

Al haber comenzado a demostrar con nuestras vidas cómo caminar con Dios, podemos empezar a enseñar con nuestra boca lo que significa ser un creyente. La instrucción de Moisés es que seamos coherentes con respecto a esa enseñanza.

Háblales de ellas cuando estés en tu casa, y cuando vayas por el camino, y cuando te acuestes y cuando te levantes. (Deuteronomio 6:7)

Él nos aconseja que *repitamos* la enseñanza; la repetición es un potente medio de enseñanza. La repetición es un potente medio de enseñanza (¿ves a lo que me refiero?). Habla de la ley de Dios cuando entres y cuando salgas, cuando te levantes y cuando te vayas a dormir, o para decirlo de modo más sucinto: *siempre*.

En una familia, cada momento es uno de enseñanza. Cada decisión es un comentario sobre la influencia de la fe. Eso sucede a pesar de la intención, ¿no es cierto? Incluso cuando no nos damos cuenta de ello, les estamos emitiendo mensajes a nuestros hijos que observan las veinticuatro horas del día. Podríamos estar enseñándole a un niño cómo encestar en el baloncesto o cómo hacer un problema de matemáticas, cómo poner una mesa, cómo conducir un auto o cómo tratar a las personas del sexo opuesto. Está el tema en la superficie, y por debajo de él se encuentra una capa de influencia piadosa. Por ejemplo, te tuerces el tobillo bajo la canasta mientras enseñas a lanzar el tiro. La madurez con la cual manejes ese momento, como discípulo de Jesús, le enseña a tu hijo en un nivel diferente a la mecánica del baloncesto. Tu paciencia, tu disfrute de jugar juntos, y hasta el tiempo que le ofreces a tu hijo, todas esas cosas reflejan algo acerca de Dios porque te has identificado tú mismo con Él. Tú eres el modelo de tu hijo de lo que significa creer en Dios y servirle.

Hay un dicho, que me gusta, aunque no tengo idea de quién lo originó: «Los padres enseñan lo que saben, pero reproducen lo que son». Haz un alto y piensa en eso; se trata de una idea seria y humilde. Los hijos aprenden con sus mentes lo que decimos nosotros, pero aprenden con sus corazones lo que demostramos nosotros. Todo padre ha tenido ese triste momento en el que ve en un hijo algo que nunca quiso transmitirle. Yo tengo hábitos y tendencias, algunas buenas y otras no tan buenas. Me encantaría repasarlas con atención y escoger cuáles pueden tener mis hijos, pero la vida no funciona de ese modo. Me gustaría no ser impaciente, y me siento mal en cuanto a mi propia impaciencia cuando la veo en alguno de mis hijos. Desde muy temprano sabía que quería que mis hijos no heredaran esa característica. Yo podría hacer hincapié en eso cuando hablamos del carácter, pero una manera mucho más eficaz de alentarlos a ser pacientes es siendo paciente yo mismo.

Por lo tanto, mediante las palabras y las obras, queremos edificar jóvenes discípulos en nuestros hogares. Hablemos del proceso para hacer eso.

Evangeliza a tus hijos

Sé que todos los padres quieren tener la seguridad de la salvación de sus hijos. Quizá entreguen su vida a Cristo en la iglesia. A lo mejor vayan a cierto tipo de campamento cristiano o una actividad para jóvenes y respondan allí a una invitación. Sin embargo, no queremos dejarlo a la casualidad y a otras personalidades. Nosotros queremos evangelizar a nuestros propios hijos.

Una de las razones de que las personas carezcan de la confianza para hablar de su fe, incluso con sus propios hijos, es que se convencen a sí mismas de que necesitan un programa educativo completo en un seminario y un conocimiento enciclopédico de las Escrituras antes de poder abrir su boca. Al enemigo le encantaría que creyéramos eso, porque entonces nadie testificaría de su fe.

Conoce los puntos básicos. Entiende lo que es el pecado, la desobediencia que nos separa de Dios y que cada uno de nosotros nace en pecado. Debido a que Dios es perfecto, no podemos pasar la eternidad con Él mientras nuestra naturaleza esté ennegrecida por nuestro pecado. Sin embargo, Dios nos ama tanto que encontró una manera de que pudiéramos regresar a casa con Él. Envió a su Hijo, quien vivió una vida perfecta y aun así tomó el castigo que merecíamos nosotros, de modo que podamos disfrutar de la recompensa que era legítimamente de Él. Jesús resucitó de la muerte para que también nosotros podamos vivir para siempre. ¿Puedes dominar este párrafo? ¿Puedes hacer que cobre vida cuando hables de sus ideas?

El testimonio más poderoso es el personal. Habla sobre tu propio viaje de fe. Hay siempre tres partes en eso: (1) tu vida antes de conocer a Cristo, (2) cómo llegaste a aceptar a Cristo, y (3) cómo ha cambiado tu vida desde entonces. Tus hijos ya están interesados en cómo eras de joven. Encuentra oportunidades de mostrarles la diferencia que Cristo ha producido en ti.

Cuando ofrezcas el plan de salvación de Dios, ayuda a tus hijos a entender que solo tienen que entender su pecado, pedirle a Dios que les perdone por medio de su Hijo y aceptar el regalo de la salvación pidiéndole a Él que sea su Señor y Maestro desde ahora en adelante. Asegúrales que cuando le digan que sí a Jesús, Él acudirá a vivir en sus corazones y ellos comenzarán a ser cada vez más semejantes a Él, un poco más cada día. ¡Nada es más maravilloso y más gozoso que conocer a Dios! La vida seguirá teniendo sus problemas, pero Jesús promete estar con nosotros y ayudarnos en todas las cosas.

En el momento adecuado, cuando sientas el impulso del Espíritu Santo, explica estas cosas en un lugar tranquilo. Asegúrate de que tu hijo tenga un entendimiento básico de ellas, y confía en que Dios haga el resto. Oren juntos, permitiéndole a tu hijo expresar su entendimiento del pecado y desear ser perdonado en Cristo. Haz que sea una celebración: escribe la fecha y el lugar donde tu hijo recibió a Cristo por primera vez. ¡Es un nacimiento espiritual para conmemorar! Más adelante, ellos tendrán el recuerdo de dónde estaban, pero será bonito que también sepan la fecha. Recuerda el aniversario cada año.

También querrás que participen tu pastor o ministro de niños. Un ministro escuchará con atención y afirmará que tu hijo entiende lo que ha llegado a suceder y que en verdad se ha convertido en un discípulo de Jesucristo. El siguiente paso es casi siempre el bautismo, un hermoso símbolo del modo en que Cristo nos purifica de pecado y nos resucita para caminar en novedad de vida. Es también una gozosa declaración al mundo: «¡He decidido seguir a Jesús!».

El bautismo siempre debería llegar en cuanto sea posible después de la experiencia de salvación. Es muy importante estar decidido respecto a guiar a tu hijo hacia Cristo, desde la explicación hasta la aceptación, la oración y el bautismo. Estas cosas ayudarán a tus hijos a entender la realidad de lo que ha sucedido en su interior. Además, siempre sabrán: *Soy un seguidor de Jesús. Comencé a seguirle en esta fecha. Me bautizaron en esta otra fecha.*

La salvación es un fundamento sobre el cual edificar una vida, y tu pala comenzará a cavar para poner en su lugar la piedra angular.

Espera que tus hijos crezcan como discípulos

Cuando mis muchachos estaban comenzando a leer, les enseñé lo que significa pasar tiempo con Dios cada día. Sabían que eso era algo que hacía yo y, como jóvenes muchachos, desde luego, querían caminar siguiendo los pasos de su papá: otra razón por la que necesitamos evangelizar a nuestros hijos antes de la adolescencia, cuando entran en juego otros factores que complican la vida.

Mis hijos estaban orgullosos del tiempo que pasaban con Dios, y les encantaba dialogar conmigo al respecto. Eran pequeños, pero no me preocupaba de que ese tiempo les resultara vacío. Esperaba que crecieran como discípulos y que se acercaran a Jesús como el Rey de reyes y Señor de señores, y no solo como un amigo casual. Les subrayaba que a pesar de lo maravilloso que es Él, quiere estar a su lado en un tiempo especial cada día. ¡Qué privilegio! Eso es mejor que tener al Presidente de Estados Unidos queriendo pasar tiempo con ellos; mejor que una estrella del cine o un atleta profesional. Yo hice todo lo que pude para avivar sus jóvenes espíritus, y le dejé el resto al Espíritu de Dios, quien tiene un conocimiento perfecto sobre cómo hablarles a los niños.

Es trágico que los padres a veces dejen que el asunto de la fe caiga en el olvido en cuanto se bautizan sus hijos. Nunca he comprendido ese modo de pensar, pero supongo que es parte de un cristianismo casual: «Mi hijo es miembro de la iglesia, así que puedo marcar la casilla de la religión. Ahora tenemos que pasar a las lecciones de baile o a las Ligas Menores». Necesitamos ser intencionales con respecto a comenzar el proceso de discipulado con nuestros hijos, o no pasará mucho tiempo antes de que sus experiencias de conversión sean solo recuerdos vagos y sin significado.

Dios les habla a los niños de una manera que encaja a la perfección con ellos. Observamos que los pequeños adoraban a Jesús; los discípulos eran los que intentaban mantenerlos alejados, suponiendo que los niños no entenderían. Necesitamos esperar en Él y confiar en que les hable a las almas de los niños, en lugar de anticipar aburrimiento por parte de ellos. El Espíritu Santo acudirá a vivir en el interior de ellos. Él comenzará su maravillosa obra transformadora durante sus años de la niñez, cuando la mente es joven y flexible, y tantas cosas son posibles.

Establezcamos la norma donde Dios desearía que lo hiciéramos, y esperemos que nuestros hijos comiencen a seguir a Jesús ni más ni menos que en el nivel apropiado para sus edades.

Haz que tus hijos participen en la vida de la iglesia

Espero y oro para que tu familia esté inmersa en una iglesia llena de vida, que cree en la Biblia, que la impulsa el ministerio y que participa en la Gran Comisión. Hay muchas razones para hacer eso, desde luego, pero los niños ocupan un lugar preponderante en esa decisión. Vivimos en una época de fabuloso y eficaz ministerio para niños en las iglesias que están prestando atención. Muchos invitados visitan por segunda vez nuestra iglesia solo porque a sus hijos les encantó su experiencia y les suplicaron a sus padres que les llevaran de nuevo.

La iglesia proporcionará una maravillosa ayuda mediante sus ministerios para niños y para jóvenes. Te ayudará a enseñar la Biblia, a expresar el amor por las misiones y a poner todo el fundamento para una vida que participe en el ministerio de la iglesia local. Si tienes hijos adolescentes, echa una larga y atenta mirada al ministerio de jóvenes. ¿Tiene grupos pequeños para el estudio de la Biblia? ¿Envía a sus jóvenes a viajes misioneros y al ministerio en la localidad o a nivel internacional? Siéntate con el ministro de jóvenes, establece una relación y ofrece tu tiempo y tu apoyo incluso mientras hablan de sus expectativas.

Una buena medida de una iglesia bíblica es la siguiente: no proporciona simples programas para consumidores de actividades; establece requisitos para que las familias muestren su fidelidad. La iglesia adecuada desafiará a tu familia a avanzar como discípulos y como creyentes de la Gran Comisión. Requerirá algo de ti, en lugar de solo proporcionar diversión y compañerismo. Será una iglesia centrada en Jesús, y su corazón será ganar a los incrédulos para el evangelio y después hacer discípulos.

Ayuda a tus hijos a entender que el domingo es el día especial de Dios. Cuando muchos de nosotros fuimos mayores de edad, el respeto por la santidad del día de reposo era casi un elemento dado. Pocas organizaciones seculares realizaban cualquier reunión ese día, y los restaurantes y las tiendas cerraban con frecuencia. En la actualidad, sin embargo, tus hijos te dirán que tienen entrenamientos de fútbol o viajes de las Niñas Exploradoras los domingos. Dios consagró el día de reposo cuando Él creó el mundo, y otra vez cuando dio los Diez Mandamientos. Es un día santo. Tus hijos observarán para ver de qué manera ustedes, como padres, sitúan las prioridades de su familia. Si la iglesia sale perdiendo siempre que sus funciones entren en conflicto con algún otro acontecimiento, el mensaje será claro: otras cosas son más importantes que las de Dios. Jesús no enseñó un discipulado casual. Él enseñó que tenía un costo, que requería decisiones dolorosas y que a veces necesitamos alejarnos de otras cosas que podríamos tener intención de hacer. Por eso reconocemos que cada momento es uno de enseñanza. Incluso cuando tú no te des cuenta, estarás enseñando decisiones, valores y prioridades todo el tiempo, y tus hijos captarán todo eso. Desde el comienzo, es muy importante que establezcamos un pacto para situar a Cristo como la cabeza de nuestra familia y a la iglesia por encima de otras actividades. Aún no he visto a un joven que sea un apasionado seguidor de Cristo sin participar de forma activa en una iglesia local. Haz que tus hijos participen, incluso cuando eso signifique hacer sacrificios. Harás esos sacrificios de buena gana cuando entiendas la diferencia que establece una buena iglesia en la vida de tu hijo.

Equipa a tus hijos para que vayan a las naciones

Desde el principio, habla con tus hijos acerca de un mundo lleno de personas perdidas. Establece en sus mentes que Jesucristo es la única respuesta para las personas que están perdidas. Y cuando les enseñes el Padrenuestro, el Salmo 23, David y Goliat, Noé y el arca, y otros pasajes favoritos, pon en primer lugar la Gran Comisión.

A los niños les gusta la aventura. Los adolescentes se emocionan con las grandes visiones. Ayudarles a ver que ir a todas las naciones en el nombre de Cristo es la mayor aventura y la gran visión de la vida. Nada es más emocionante, más desafiante, ni más maravilloso en su concepción. Enséñales acerca de los diversos grupos que hay en cada continente. Pon un mapa del mundo en algún lugar en tu casa, y habla de los lugares fascinantes del mundo y de la necesidad de que las personas conozcan a Cristo en cada país. Reúne las inspiradoras historias de personas contemporáneas que van a las naciones, ofreciéndose a ellas mismas para el avance de la Gran Comisión.

Considera tus esfuerzos una inversión que más adelante pagará dividendos. Cuando llegue el momento de que tus hijos adultos comiencen a pensar en sus carreras, habrás plantado muchas semillas en ellos y les habrás dado a esas semillas tiempo para echar raíces. Te sentirás orgulloso de tener hijos del mundo que posean una pasión por ver a las naciones acudir a Cristo. Hay muchas posibles carreras que encajan en una vida de la Gran Comisión, en el propio país o en el extranjero. Y cualquier dirección que escojan, ya sea médico, abogado, ventas, comercio, esa carrera puede ser una de la Gran Comisión. En realidad, he visto a padres hacer lo contrario. Dios llama a sus hijos a las misiones, y ellos se interponen en el camino para que sus hijos no acepten el llamado porque no les gusta la posibilidad de que sus hijos viajen a algún lugar distante y tal vez peligroso. Como Jesús dijo: «No se lo impidan» (Mateo 19:14).

Tampoco deberíamos intentar evitar que vayan por Él. Es un trágico error estar en oposición a una decisión desprendida y centrada en Dios por parte de nuestros hijos. Estoy agradecido de que Dios entregara a su propio Hijo para venir al lugar más peligroso posible a causa de su amor por nosotros. Al saber lo que se ha hecho por mí, ¿cómo podría yo hacer otra cosa?

Tenemos la oportunidad de cooperar con el Señor a fin de preparar a la siguiente generación para llevar el evangelio al mundo, si es que no completamos nuestra tarea en esta generación. La Internet ya ha cambiado la ecuación para nosotros; ¿quién sabe en qué pueblo mucho más global estaremos una década o dos, si Cristo no ha regresado? Cada día nos acerca más al cumplimiento de lo que se ha establecido para nosotros, y a preparar al mundo para el regreso triunfante de Él.

La historia de *Shiloh*

La escuela cristiana *Shiloh* es un ministerio de nuestra iglesia, con niveles desde preescolar hasta duodécimo grado. Cientos de familias confían en que nuestra iglesia se ponga de su lado para ayudar a discipular a sus hijos, y nosotros creemos que ese es el mayor elogio que podrían hacernos esas familias. Haremos todo lo necesario para servirles bien a la hora de ayudar a formar a sus hijos. *Shiloh* fue el resultado de una visión de parte de Dios. Pude ver a nuestra iglesia situando alumnos del instituto por todo el mundo, siguiendo esfuerzos misioneros antes de su graduación. A través de los generosos donativos de patrocinadores con su mente en la Comisión, podemos pagar el primer viaje. Después de esa experiencia, al darles la probada inicial de servir a Dios en las misiones, ellos pagan a su propio modo, y muchos están más que dispuestos a hacerlo.

Mi pasión es de grandes números de alumnos del instituto participando en las misiones en todo el mundo fuera de Estados Unidos, incluso cuando son jóvenes. Esos son los años en que se formarán sus perspectivas como adultos, los momentos en los que son más impresionables. Tenemos una increíble oportunidad de impactar al mundo cambiando a alumnos del instituto. Yo quiero que nuestros adolescentes (1) tengan una verdadera perspectiva bíblica; (2) vean de primera mano a personas que tienen hambre del evangelio; y (3) tengan una potente experiencia que entrará en juego cuando decidan sus carreras futuras.

No puedo expresar por escrito las fuertes emociones que siento cuando pienso en nuestros alumnos en todo el mundo, y cuando los veo regresar a casa con lágrimas en sus ojos y una nueva pasión en sus corazones, con ganas de hablarles a sus padres, sus hermanos, sus maestros, sus entrenadores y sus amigos sobre el modo en que han encontrado el significado de que Dios los use mientras trabajan en algún lugar lejano. Me encanta ir al aeropuerto y verlos bajar de los aviones con ese resplandor en sus rostros. Entonces, entrecierro un poco mis ojos y me imagino a esos jóvenes un poco más mayores, estando casados y comenzando sus propias familias. Piénsalo: sus hijos serán la segunda generación de personas de la Gran Comisión. Nunca conocerán ninguna otra forma de vida que la enfocada en testificarle al mundo acerca de las buenas nuevas de Jesucristo. Algunos llegarán a ser misioneros en otros países o en su propio país; otros seguirán lo que algunos consideran sin imaginación «carreras seculares». Tú y yo sabemos la verdad: no hay ninguna carrera secular de verdad para alguien que ama a Jesús. Esas personas de negocios, ingenieros, trabajadores de la tecnología, abogados, personal médico y amas de casa serán obreros de la Gran Comisión tanto como los que hayan ido a Brasil, a Laos o a Uganda.

Entenderán que siempre hay algo que podemos hacer, dondequiera que estemos, lo que quiera que seamos, para ser obedientes al mandamiento de Jesús. Yo tengo una iglesia llena de personas que viven en el norte de Arkansas, realizan todo tipo de trabajos, y tienen un impacto en todo el mundo de maneras muy distintas.

Eleva la Gran Comisión para que sea la tarea principal

Por último, necesitamos crear una mentalidad que sitúe la Gran Comisión en primer lugar en nuestros corazones y nuestras mentes, que sea el principio que guíe todo lo que hagamos. Permíteme que te sugiera algunas maneras de hacerlo.

Ora por la Gran Comisión

Tener comunión con Dios y presentarle nuestras peticiones es siempre el punto de partida. Las familias necesitan orar juntas cada día; pueden orar por misioneros por nombre, pueden orar por países y crisis. Cualquier cosa que esté sucediendo en los sitios peligrosos del mundo, las familias pueden pedir que se obre la gloria de Dios de alguna manera, a fin de que a su tiempo comencemos a pensar en los acontecimientos que suceden en el mundo encajando en el plan definitivo de Dios, aunque no sepamos de qué manera. Las familias pueden mantenerse informadas de la participación de su iglesia en la Gran Comisión y orar cada día por esos vínculos. Pueden aprovechar las semanas especiales de misiones y las semanas de oración en sus denominaciones. Pueden dar ofrendas y orar por ellos. Nunca debería subestimarse la oración. Dios sigue escuchando, y nuestras oraciones son el apoyo para todo lo que Él va a hacer por medio de nosotros.

Practica la Gran Comisión

A continuación podemos remangarnos e involucrarnos. Hay maneras de proclamar el nombre de Jesús y ministrar en su nombre en la calle, en la ciudad, en distintas culturas e idiomas y cruzando los mares. Necesitamos recordar que quienes están en nuestras familias, en nuestras escuelas y en nuestras comunidades son parte de la Gran Comisión. Podemos comenzar con ellos, aunque nunca deberíamos detenernos en ellos.

Me encanta encontrar maneras de capacitar a familias para que sirvan juntas en la proclamación del evangelio de Cristo. Por ejemplo, en el ministerio anual de *Cross Church* el Día de Acción de Gracias hay familias que ofrecen su día entero para ministrar, servir y evangelizar a miles de familias necesitadas. Eso bendice a Dios, pero cada familia te dirá que ha cosechado una bendición igualmente grande. Dan gracias al igual que las personas necesitadas a las que han ayudado, porque han cambiado como madres, padres, hermanos, hermanas, hijos o abuelos. Tienen un recuerdo familiar que atesorarán y una experiencia sobre la cual edificar. Existen muchas maneras en que tu familia puede seguir la Gran Comisión. ¿Por qué no hacer juntos un viaje misionero? Incluso, si toda la familia no puede ir, envía a algunos. Ninguna experiencia así es más satisfactoria.

Da para la Gran Comisión

Creo en darle a Dios, a través de la iglesia local, la primera décima parte de todo lo que Él le ha dado a nuestra familia. También creo en ofrendar para las misiones especiales muy por encima de ese diezmo. ¿Por qué esperar hasta que haya un llamado a ofrendar para las misiones y decidir entonces si puedes permitírtelo? Te recomiendo que incluyas ofrendas para las misiones en tu presupuesto familiar. Ahorra para eso, y haz que sea un punto importante en tus conversaciones. Te sorprenderá el modo en que tus hijos donarán con libertad de sus ahorros cuando sus corazones hayan sido tocados por la necesidad. Establece el ritmo para tu familia. Da de modo sacrificial. Apoya la obra misionera en otros países, y habla de los resultados en las reuniones familiares.

Muchas iglesias hacen hincapié en las misiones de Navidad. Desde luego, esa es la época en que gastamos más dinero en regalos para los demás. Muchos de nuestros regalos son cosas que no necesitamos en realidad, así que dale la vuelta a la tortilla y realiza una Navidad de la Gran Comisión. He conocido a familias que dan más para las misiones internacionales de lo que deciden gastarse en regalos para otras personas durante esa época. Hay quienes informan que no necesitan ninguna ropa nueva ni accesorios, pero que les gustaría que se hiciera una donación para las misiones en su nombre.

Dar, desde luego, es un asunto a solucionar con Dios cuando oras y después cuando hablas con tu familia. Da como te sientas guiado, pero entiende que la Biblia enseña que dar es una disciplina importante, y Dios la bendice de maneras maravillosas, estando entre ellas el sentimiento de gozo que te produce ese sacrificio. Dios siempre devuelve algo.

Adopta y cuida a huérfanos

No hace mucho tiempo comencé a sentir una profunda convicción con respecto a la crisis de orfandad en nuestro mundo. Según la UNICEF, en el año 2009 había ciento sesenta y tres millones de huérfanos en todo el planeta. Ni siquiera podemos comenzar a imaginar a tantos niños sin padres. Es un problema de proporciones de pandemia.

El corazón del evangelio es la doctrina de la adopción. La Biblia nos dice que hubo un tiempo en que nosotros mismos éramos huérfanos, separados de nuestro Padre celestial, sin esperanza y perdidos. Sin embargo, por medio de Jesús hemos sido adoptados en la familia de Dios y tenemos el privilegio de ser herederos del reino. ¿Cómo, entonces, no nos puede motivar la grave situación de tantos huérfanos? Sin duda, no viviremos olvidando la gran gratitud que deberíamos sentir y expresar a través del servicio piadoso.

Matt Carter, pastor principal de la iglesia *Austin Stone* en Austin, Texas, dice que nuestra mayor barrera para cumplir la Gran Comisión es que ciento sesenta y tres millones de niños no tendrán entendimiento alguno de lo que significa que un padre o una madre le amen de manera incondicional. Si no han visto a un padre visible que sepa cómo amarles, ¿cómo tendrán fe en Aquel a quien no pueden ver?[1] Ese es un pensamiento profundo. Si en verdad nos importa la Gran Comisión, debemos pensar en serio en los huérfanos. Después de todo, la Biblia habla de nuestra responsabilidad hacia ellos a lo largo del Antiguo y el Nuevo Testamento.

¿Qué sucedería si familias cristianas en todas partes comenzaran a intervenir para aliviar la pandemia de los huérfanos? Podrían adoptar, desde luego, pero incluso las donaciones económicas podrían marcar un impacto extraordinario. Podrían ayudar a fomentar la causa, alentando a personas en sus grupos de hogar y clases bíblicas a unirse a ellos para luchar contra el problema.

Mark Richt, entrenador principal de fútbol en la Universidad de Georgia, oyó acerca de la crisis de los huérfanos en su pequeño grupo de estudio bíblico mientras seguía siendo asistente en el estado de la Florida. Él y su esposa decidieron adoptar a un niño de Ucrania. Cuando viajaron allí, terminaron adoptando también a un segundo niño, uno que tenía un defecto facial de nacimiento, porque sintieron con claridad que Dios puso en sus corazones que lo hicieran. Por mucho tiempo, los Richt no le contaron su experiencia al mundo, porque Jesús enseña que deberíamos hacer nuestras buenas obras en secreto. Sin embargo, a su tiempo, decidieron que querían difundir la noticia y alentar a otros para que adoptaran. Poco después de eso, a Richt le ofrecieron el empleo en Georgia y le proporcionaron un escenario mucho mayor para su historia. ESPN emitió un documental especial sobre la historia, y también pasó por la galaxia de *YouTube*, tocando corazones y alentando a personas a que pensaran en la adopción[2].

Imagina a millones de huérfanos siendo adoptados por familias cristianas, educados en amor, y que después se les permitiera participar en la difusión del evangelio. Muchos regresarían a sus países natales, donde les hablarían a otros del evangelio. Esto no es otra cosa que una huella para transformar el mundo.

Como mencioné antes, Dios ha guiado a mi hijo y a mi nuera para que adopten gemelos de Etiopía, y me encanta verlos establecer un estándar para su generación. Creo que las parejas jóvenes en la actualidad serán mucho menos egoístas y tendrán una mentalidad mucho menos enfocada en el mundo si abren sus hogares, participan en viajes misioneros y comienzan a cumplir la Gran Comisión.

Tengo un profundo sentimiento de convicción acerca del egoísmo de mi propia generación, el modo en que alegamos ignorancia de este problema, la manera en que nos centramos en nuestros propios hogares y en nuestras comodidades mientras hay tanta necesidad. Yo le he pedido perdón a Dios por mi propio corazón durante esos años, y he decidido que tendré un enfoque en los huérfanos como componente de mi visión de la Gran Comisión durante el resto de mis días.

Zach y Erin Kennedy son otra pareja que adoptó en Etiopía, en su caso un hijo. Ya tenían tres hijos propios, y podrían haber dicho: «Nuestras manos están llenas. Queremos dar nuestro amor a los hijos que ya tenemos». Sin embargo, en su lugar, escucharon la Escritura y el impulso del Espíritu Santo. Zach nos dijo que un día vio un lugar vacío en la camioneta familiar; había espacio para otro niño más. Este pensamiento conmovió su espíritu: *¿Cómo no podemos adoptar a este pequeño de Etiopía?* Lo hicieron, y al igual que los Richt, uno no fue suficiente. Están en proceso de adoptar a otro huérfano. Es interesante lo que sucede cuando obedecemos a Dios. En lugar de que se convierta en una carga, su obra supone tal gozo que buscamos más servicio.

Se habla mucho acerca de un mundo que se hunde con rapidez, y con razón. No obstante, las jóvenes parejas como Zach y Erin me dan esperanza. En los corazones de nuestros jóvenes está brotando una nueva compasión. Están preparados y anhelantes por servir a Dios en el mundo, hasta el punto de llevar huérfanos a sus hogares. Cuando veo esta tendencia, entiendo que a pesar de todos los problemas de nuestra época, Dios sigue teniendo el control. Él tiene su plan, y yo quiero hacer todo lo que pueda para cooperar en ese plan con Él.

Cross Church también está colaborando con el orfanato *Esther's House* en Malawi, África. Solo es una manera más de hacer algo. Podemos enviar ayuda y aliento a quienes viven en el corazón de la crisis, que se ocupan de los huérfanos y de personas con necesidad. Hay muchas maneras en que tu iglesia puede participar y luchar por el futuro que desea Dios.

De esta manera y de muchas otras formas, no podemos limitarnos tan solo a hacer las cosas como siempre con nuestras familias. Ha pasado el tiempo de eso, aunque nunca debería haber sucedido. Durante todo el tiempo hemos tenido la responsabilidad de educar familias de la Gran Comisión, de decir: «Pero yo y mi familia adoraremos al Señor», y entonces servirle en lo que es más precioso para su corazón (Josué 24:15). Él es un Dios que ordenó la familia desde el principio mismo. En el vínculo de amor que tiene una familia, podemos comenzar a obtener una indicación del amor increíble e incondicional de un Dios que adopta. Ese amor alcanza a un mundo perdido y moribundo, y no nos permitirá que nos centremos en nosotros mismos mientras haya tanto que hacer.

La Gran Comisión está despertando dentro de las familias, cambiándolas para siempre, dándoles un futuro y una esperanza, una grandiosa aventura en la cual participar para siempre. Te desafío a que permitas que eso suceda en tu propia familia.

CAPÍTULO 5

Conquistemos a nuestras comunidades

Viajar transforma. Nuevas vistas expanden nuestras mentes, mostrándonos el mundo que hay más allá de nuestras fronteras de cada día. Cuando visito un lugar donde nunca he estado, siento que hay algo nuevo con respecto a mí cuando me voy de allí.

Aun así, llegué a un lugar en la vida en el que sentía que el mundo no tenía ninguna sorpresa impresionante más para mí. Entonces, llegó un viaje que me cambió por completo. Podría decirse que el mundo transformó mi mundo. En ese viaje, no me alejé mucho en kilómetros, pero hicieron falta doce meses para llegar a mi destino. Y una persona me cambió durante ese período, más de lo que cualquier individuo lo haya hecho jamás en mi vida.

El viaje fue en realidad mi tarea por parte de la Convención Bautista del Sur a fin de estudiar la idea de un resurgimiento de la Gran Comisión. En el primer capítulo de este libro describí lo que significó para mí trabajar con un grupo muy respetado de líderes y pensadores cristianos en misiones durante 2009 y 2010, cuando tuvo lugar el estudio. Fue un viaje a un nuevo modo de pensar, en lugar de ser a un sitio en particular; y fue Jesús el que me habló de manera muy profunda, cambiando para siempre el modo en que me veía a mí mismo y a mi tarea.

Los miembros del grupo de trabajo se esforzaron mucho juntos. Fue un año riguroso y presionado de estudio y de pensamiento antes de realizar nuestro informe y nuestras recomendaciones en la reunión anual de la Convención Bautista del Sur en 2010. Se nos dieron dos horas de presentación y discusión para resumir lo que exploramos durante un año. La sabiduría convencional fue que nuestras recomendaciones nunca pasarían. Muchas personas desconfiaban de cualquier gran nivel de cambio. Sin embargo, nuestras recomendaciones se aprobaron por un margen de tres a uno de representantes de iglesias de todo el país y de todo el mundo. Solo la historia demostrará la sabiduría o la necedad de nuestras conclusiones. No obstante, este es el punto principal: estamos hablando otra vez de la Gran Comisión. Nuestra denominación ha variado sobre su gran eje y se ha posicionado, armándose y creando estrategias para alcanzar al mundo para Cristo y hacer discípulos de todas las naciones.

Desde mis primeros tiempos de predicación, había sentido que sabía lo que significaba tener un corazón para la Gran Comisión. Todas las iglesias que he pastoreado han situado la evangelización y las misiones como la mayor prioridad. En cambio, ahora, con un año entero para centrarme a plenitud en el mayor deseo de nuestro Salvador, lo que había sido un ascua resplandeciente en mi interior se convirtió en un fuego consumidor. Mi transformación fue radical, recargado de nuevo, y recibí una nueva lente para ver un viejo mandato. Vi a Jesús pasar a esa luz más brillante y revelárseme a sí mismo de una nueva manera. Le escuché con más claridad y sentí su corazón con más potencia. Ahora mi camino está claro: Debo seguir en obediencia en todo lo que Él quiera que haga. El resto de mi vida le pertenece a Él y al cumplimiento de la Gran Comisión. La diferencia tiene la magnitud de mi pasión y la urgencia de mi deseo.

Espero que Él siga revelándose cada vez más a medida que necesite conocerlo. No tengo un mapa detallado del futuro; este es un viaje de caminar por la fe. Conozco lo que he aprendido hasta este punto, y sé que lo que veo es nuevo para mí, o al menos que lo veo de nuevas formas.

La tierra de los perdidos

Pienso en un eslogan de la película *El sexto sentido*, en la cual un muchacho revela que ha visto fantasmas. Dice: «Veo muertos». Cuando se le pregunta cuántas veces, responde: «Todo el tiempo». Yo también. Los veo como nunca antes: Estados Unidos, otra tierra de los perdidos. Miro nuestras ciudades, y como he dicho, me encantan las ciudades, y veo oscuridad y muerte en la viva luz. Miro mi rincón de la tierra, el norte de Arkansas, y veo que también aquí es una región de personas perdidas, independientemente de las iglesias que haya per cápita. Es como si Cristo me hubiera proporcionado unas nuevas lentes de contacto. *Señor, ¿cómo pude haber estado tan ciego? ¿Por qué no lo he visto del modo en que lo veo ahora?*

Veo muertos. Todo el tiempo.

Sin embargo, mi mente ha cambiado también. Ahora pienso de modo distinto. Tengo ideas diferentes en cuanto a lo que significa estar perdido, en cuanto a lo que significa ser una nación heterogénea y un mundo heterogéneo. Pienso a cada momento en la necesidad de conocer, de amar y de entender a todos los pueblos que existen, de modo que podamos llevarles las buenas nuevas. Para ser sincero, me obsesiono por eso. Siempre supe que incontables almas se dirigían a una eternidad de castigo, pero ahora siento lo que eso significa. Pienso al respecto, lo visualizo, me entristezco. Dios no desea que nadie perezca, y creo que me estoy acercando más a su corazón en este asunto.

Pensar en estas cosas reordena mi día. Me pregunto: «¿Qué querría Jesús que yo hiciera en este día? ¿Cómo desearía, con exactitud, que lo hiciera? ¿Qué trabajo improductivo necesito apartar del camino para poder atender a lo que se registra en la balanza de la eternidad?». En realidad, ¡quiero la respuesta! Es un anhelo urgente el de emplear mi tiempo y mi energía de modo significativo. *¡Aquí estoy, Señor; ¡envíame a mí!*

Sigo siendo pastor de una iglesia local. Liderar mi iglesia, liderar a mi familia y organizar mi vida personal son componentes de mi misión central. He hecho un pacto para liderar una iglesia de la Gran Comisión, una familia de la Gran Comisión y para tener una vida personal de la Gran Comisión. No hay cubículos, ni hay muros divisorios en los esquemas de mi modo de pensar. Por lo tanto, espero que mi iglesia, mi familia y mi mundo privado se beneficien del tiempo que he pasado con Jesús. Así es siempre con Jesús: todos salen ganando. Aun así, las oraciones más profundas que hago son para que el evangelio se presente en lugares donde aún no ha penetrado.

Todo cambió para mí durante ese viaje con Jesús por más de un año. Se podría decir que por fin comencé a aferrarme de aquello para lo cual Cristo me asió, para expresarlo de modo parecido a Filipenses 3:12. ¡Ese fue el año en el que Él me asió en algo parecido a un candado! Su agarre de mis prioridades es potente, y espero que Él nunca me deje ir. Mis ojos ven con claridad ahora, mis ondas cerebrales se mueven y el mundo es un lugar muy distinto. Desde entonces he descubierto que estoy en buena compañía. Considera, por ejemplo, a ese experimentado viajero del mundo llamado Pablo.

Comienza con lo que ves

Imagina que vas andando por el camino de la antigua Grecia con Pablo de Tarso: fabricante de tiendas, evangelista itinerante y plantador de iglesias. El clima mediterráneo es estupendo; el camino, bien construido por los romanos, está salpicado de viajeros y vendedores ambulantes de muchas naciones. Se entablan increíbles conversaciones a medida que camina la gente. Con el tiempo, tu grupo se da cuenta de que se está acercando a Atenas. Todo se queda en silencio cuando entran en la ciudad. Es el centro intelectual del mundo conocido, la cultura que ha abrumado a todas las demás culturas. Incluso los romanos obtienen sus dioses y sus filosofías de los griegos.

Si eres el tipo de persona al que le encanta el debate animado, has llegado al lugar apropiado. Todos los grandes filósofos formales están en la ciudad. Las nuevas ideas fluyen como el vino por las amplias avenidas de la metrópolis. ¿Religión? También hay mucho de eso, siendo el paganismo el artículo principal. Altares y templos dominan las calles, y en su mayoría se construyeron para dioses paganos.

No obstante, si te han atrapado en el nuevo movimiento conocido como «el Camino» o «cristianismo», Atenas es un lugar que intimida, quizá hasta lo atemorice a uno. Los hombres más eruditos del mundo son capaces de señalar cada una de tus palabras, haciendo nudos a tu lógica a la vez que se ríen todos.

Pablo sonríe con confianza. Él es cristiano, y le encanta el debate; está preparado para enfrentarse a todos los oponentes. Cuando entra en la ciudad, se encamina directamente al Areópago, lugar público de opinión filosófica. Enfrentarse a quienes debaten aquí es como subir al escenario para retar a Eric Clapton a un dúo de guitarra cuando estás a la mitad de tu aprendizaje de los acordes. Sin embargo, Pablo sigue sonriendo. La Biblia recoge la historia:

> Pablo se puso en medio del Areópago y tomó la palabra:
> —¡Ciudadanos atenienses! Observo que ustedes son sumamente religiosos en todo lo que hacen. Al pasar y fijarme en sus lugares sagrados, encontré incluso un altar con esta inscripción: A UN DIOS DESCONOCIDO. Pues bien, eso que ustedes adoran como algo desconocido es lo que yo les anuncio. (Hechos 17:22-23)

Pablo sabe que los expertos de Atenas se toman muy en serio a sí mismos. Suponen que han catalogado a todos los diferentes dioses del universo. Cada uno tiene su propio monumento resplandeciente, y solo como una buena medida, los griegos situaron una inscripción para «un dios desconocido», por si acaso lo han pasado por alto.

Pablo, un extranjero para ellos, se dirige hacia el centro y construye un puente al presentarles sus respetos. Les elogia como conocedores de la religión que son «sumamente religiosos». Entonces, deja caer la bomba. Les dice que tiene la información sobre el dios desconocido al que han estado adorando con un vago homenaje. Este Dios misceláneo es el único Dios, el que creó todas las cosas, y Atenas no tiene un templo que pueda contenerle. Te puedes imaginar el silencio. Las cejas arqueadas; en algún lugar, ladra un perro.

Los viajeros comunes y corrientes observaban la obra maestra que es Atenas. Admiraban los monumentos, la arquitectura soberbia y los imponentes académicos eruditos que lo presiden todo. La mayoría de las personas vería un paisaje próspero, lleno de vida. Pablo mira a su alrededor y ve muerte. Ellos veían un parque temático virtual de dioses. Pablo ve la profunda ausencia de Dios; ve un mundo perdido, a pesar de su arte, su erudición o su reputación. Ve lo que Jesús llamó «sepulcros blanqueados» (Mateo 23:27), que resplandecen por fuera y por dentro son solo oscuridad, muerte y descomposición.

Pablo honra la diversidad de culturas. Dice: «De un solo hombre hizo todas las naciones para que habitaran toda la tierra; y determinó los períodos de su historia y las fronteras de sus territorios» (Hechos 17:26).

Su punto: muchas culturas no necesitan muchos dioses. Solo uno creó el mundo y a su gente. Solo uno es Verdad y Poder. Grecia tiene dioses hechos a imagen del hombre; Pablo habla de hombres hechos a imagen de Dios.

Cuando Pablo capta su atención y comienza su discurso, lo hace con los griegos en el lugar donde están. Hace uso de sus ideas acostumbradas y sus apoyos visuales: sus monumentos. No obstante, dirige el debate desde la casa natal de ellos hacia la de Dios. Se mueve hacia la verdad, revelando quién es Dios en realidad y por qué Él requiere arrepentimiento. Comienza a hablar de la resurrección de los muertos, y atrae su primera burla de parte de alguien en la multitud. Aun así, también comienza a ganar nuevos creyentes.

El modo en que enfoquemos una situación depende de lo que veamos. Pablo ve lo que ven ellos, su pueblo, su cultura, sus ideas, sus impresionantes logros y, al mismo tiempo, a través de los ojos del Espíritu ve personas que son los hijos amados de Dios, pero que se han desviado, se han enredado en su propio pecado y se enfrentarán al castigo por ese pecado. Pablo también ve la urgencia de un intento de rescate, y por eso está dispuesto a arriesgar su propia vida, sin preocuparse por el ridículo. El poderoso y convincente Espíritu de

Dios está hablando por medio de él. Pablo solo necesita ser fiel, defender su postura, abrir su boca y dejar que Dios le dé las palabras.

El Dios desconocido, dice Pablo, ya no es desconocido. Él se revistió de carne humana y caminó entre nosotros, a fin de que pudiéramos ver, oír y tocar al Dios del universo. Para que pudiéramos saber lo que Él nos ama, que nuestra deuda de pecado podía pagarse y que la muerte se derrotó. ¿Quién preferiría un Dios desconocido cuando el conocido es tan asombrosamente maravilloso y está por encima de cualquier cosa que los seres humanos pudieran haber concedido jamás?

Ojos de compasión

No es sorprendente que algunos de los griegos oyeran y creyeran allí mismo. No es sorprendente que dejaran a un lado sus muchos años de filosofía mal dirigida para seguir a Jesús. La Biblia nos dice que aunque algunos se burlaron, unos cuantos dijeron: «Queremos que usted nos hable en otra ocasión sobre este tema» (Hechos 17:32). Sintieron el impulso del Espíritu en sus corazones. Cuando Pablo se fue, algunos de ellos le siguieron. Lucas, el autor de Hechos, da los nombres de los primeros cristianos en Atenas (17:34).

Para que eso sucediera, Pablo tuvo que dejar atrás lo que podía ver en el nivel humano; tuvo que dejar de ser un turista en este mundo y comenzar a mirar con los ojos de Jesucristo. A menudo, los Evangelios mencionan lo que veía Jesús. Por ejemplo, Mateo escribió: «Al ver a las multitudes, tuvo compasión de ellas, porque estaban agobiadas y desamparadas, como ovejas sin pastor» (9:36).

Reaparece una y otra vez la palabra *compasión*; Jesús mira a las personas perdidas como ovejas sin dirección separadas del rebaño, y se conmueve por su estado espiritual. Los discípulos, al igual que turistas ansiosos, tendían a mirar a las mismas personas y ver problemas, dolores y obstáculos en el camino de cualquier ciudad que estuviera en el itinerario. Jesús, en cambio, ve con los ojos del alma, y eso determina el modo en que se relaciona con las personas.

¿Tenemos nosotros esa visión? ¿Podemos mirar a las personas que se postran delante de otros dioses y ver que lo que necesitan de verdad, lo que *deben* tener, es a Jesús? ¿Estamos dispuestos a decirlo en voz alta, aun cuando cause algunas burlas por parte de la multitud? Después de todo, a las personas en la actualidad no les gusta oír que «en ningún otro hay salvación, porque no hay bajo el cielo otro nombre dado a los hombres mediante el cual podamos ser salvos» (Hechos 4:12). Tampoco quieren oír lo que Jesús mismo dijo: «Nadie llega al Padre sino por mí» (Juan 14:6). Entonces, ¿y si esa es la verdad? La Biblia, desde luego, proclama de principio a fin que lo es. Por lo tanto, deberíamos verlo todo y a todos bajo esta luz. Una pregunta, y solo una pregunta, importa: «¿Quién dice la gente que es el Hijo del hombre?» (Mateo 16:13).

Con frecuencia, el problema es que nos sentimos intimidados, tal como Pablo pudo haberse sentido en Atenas. Sentimos que las diferencias culturales, las poderosas y a veces antiguas tradiciones y los mismos números de personas son tremendos obstáculos para el evangelio. Y lo son. Aun así, no hay muro demasiado grande que no pueda derribar el poder de Cristo. Como aprendió Corrie ten Boom de su hermana: «No hay abismo demasiado profundo para el que el amor de Dios no sea más profundo aun»[1]. Moisés se preguntaba cómo el faraón podría tal vez tomarle en serio, pero Dios prometió estar a su lado y capacitarle. Josué se preguntaba cómo sería posible que pudiera seguir un acto como el de Moisés, de modo que Dios le dijo: «Sé fuerte y valiente» (Josué 1:6-7). Él estaría con Josué, y Él le capacitaría. Jeremías dijo: «¡Ah, SEÑOR mi Dios! ¡Soy muy joven, y no sé hablar!» (Jeremías 1:6). Dios le dijo que nunca dijera eso, que nunca tuviera miedo de nadie, porque el Señor Dios estaría allí para librarle.

Todo hombre o mujer que haya servido alguna vez a Dios se ha visto plagado de dudas con respecto a sí mismo. Dios dice: «No se trata de quién eres tú; se trata de quién soy yo. Tan solo mira y ve lo que veo yo; entonces habla y di lo que te diga».

Más profundo en la ciudad

Entonces, ¿qué podemos hacer? La valentía de Pablo ayuda, pero también nosotros necesitamos una estrategia. Pablo y sus compañeros, Bernabé y Silas, y los otros, siempre tenían un plan detallado antes de partir para un viaje misionero. El Espíritu de Dios revelaba el destino, pero ellos no salían sin una estrategia.

Ray Bakke es un profeta urbano de la actualidad y rector de la universidad *Bakke Graduate*, la cual desarrolla líderes centrados en Cristo que trabajan en los negocios y la cultura para cambiar ciudades. Uno de sus libros se titula *A Theology as Big as the City*. Su mensaje es que, cuando entramos en la ciudad, no podemos sencillamente vernos a nosotros mismos como pastores para los fieles; debemos ser capellanes para toda la comunidad. Él dice:

> Cuanto más me adentro en la ciudad de Chicago en la que he vivido y servido, veo con más claridad las líneas de sangre de nuestro pueblo remontándose hasta Polonia, Irlanda, Corea, El Salvador, Mississippi, el África occidental [...] toda la ciudad, no solo mi pueblo, ni mi barrio, debe ser el enfoque del ministerio[2].

Ve más allá de la piel exterior, ve personas en tres dimensiones con distintas historias y características. Bakke quiere que sepamos quiénes son las personas en realidad; después, al verlas, que tengamos compasión como la tiene Jesús. Así que la primera parte de la estrategia es entender el contexto de las personas.

Eso no es lo mismo que la estrategia de mercadotecnia. Ha habido cierta sabiduría convencional en que «Dios los cría y ellos se juntan» y que, por lo tanto, deberíamos intentar alcanzar a una democracia cada vez. En otras palabras, alcanzar a personas que caminan, hablan y se parecen a nosotros, y nuestras iglesias crecerán con más rapidez. El problema es esa mentalidad de ver a las personas como perfiles demográficos en lugar de verlas como son en realidad. Bakke es crítico con respecto al enfoque homogéneo. Nosotros somos la Iglesia, y hablamos el idioma del hambre espiritual, no de las dinámicas de mercadotecnia. Edificamos sobre principios del reino, y no sobre conceptos de la avenida Madison. De modo que debemos sentir el llamado de Dios a la ciudad, no solo a nuestros barrios cómodos y suburbanos.

Durante mi viaje, comencé a pensar en la estrategia de «los que se juntan» a la luz de la perdición de nuestro país. Me hice la pregunta: *¿Esta es la mejor manera?* Comencé a preguntarles a otros: «¿Por qué no enfocamos nuestro propio país del modo en que lo haríamos con cualquier otro en este planeta?». La nuestra es también una nación perdida. Tenemos más personas no salvas que la mayoría de otros países.

Bakke comenzó a ver su ciudad de Chicago desde el punto de vista privilegiado de la Gran Comisión: un «rincón de la tierra» donde debe penetrar el evangelio. Yo comencé a hacer lo mismo, viendo toda mi región en lugar de limitarme a una comunidad y a un grupo demográfico. Comencé a ver a las personas como perdidas y halladas. Mi tarea no es escoger el tipo de persona a la cual alcanzar; es tener un sentimiento de urgencia con respecto a alcanzar a todos, porque cada alma es preciosa para Dios y muchas están perdidas.

En nuestra iglesia, nuestro personal comenzó a marcar estrategias con respecto a alcanzar el norte de Arkansas. Escucharon una diferencia en el contenido de lo que les decía yo. No solo nunca habían oído tales cosas de mí, no habían oído nunca esas cosas. Te diré lo que les dije a ellos: mi estrategia escogida para alcanzar a la gente, en toda su diversidad, para Cristo. Mi plan está edificado en torno a identificar tres factores muy significativos.

Tres controles

Pablo nos ofrece un modelo. En Hechos 17 insiste en ver a los griegos como perdidos, independientemente de otras circunstancias. Sin embargo, también los ve como un pueblo único con su propia perspectiva y tiene una estrategia para acercárseles basada en esa perspectiva. Del mismo modo, nosotros necesitamos identificar (1) pueblos, (2) grupos culturales, y (3) comunidades exclusivas.

Pueblos

La investigación detallada nos ayuda a identificar los diversos pueblos que hay en nuestra ciudad. Entonces, podemos entablar relaciones a través de nuestro mejor entendimiento de las personas. Yo decidí que este era nuestro mejor enfoque para nuestra parte de Arkansas, cuando pusimos delante de nuestras iglesias una visión en cuanto a alcanzar a las personas. Eso significaba que tenía que encontrar a alguien que pudiera ayudarme a entender cuántos pueblos viven en el noroeste de Arkansas. Comenzamos a buscar especialistas para que nos ayudaran a hacer eso. Después de un agotador estudio, supimos que en nuestra región de un poco menos de cuatrocientas mil personas, teníamos un total de sesenta y cinco pueblos distintos. El mayor grupo, desde luego, es el gran grupo de los caucásicos, incluyendo sus muchas subculturas. Otros grupos son bastante grandes; muchos no lo son. Algunos se identifican con zonas geográficas concretas; otros están más extendidos.

Aprendimos todo tipo de cosas nuevas que podríamos haber vivido y muerto sin saber, sin haber sido nunca capaces de servir a Cristo mediante ese conocimiento. Por ejemplo, la mayor reunión del pueblo marshalés, fuera de sus Islas Marshall en el Pacífico, está situada justo aquí en el noroeste de Arkansas. Este conocimiento nos infundió energía debido a la oportunidad que ni siquiera sabíamos que Dios nos había puesto delante. Por primera vez, miré el noroeste de Arkansas como miraría un país al otro lado del océano. ¿Cuál es la diferencia en realidad? Los países «allí» tienen muchos pueblos; «aquí» es lo mismo. En cualquiera de los casos, necesitamos construir puentes hacia esos grupos, intentar ganar personas para Cristo, y por medio de ellos lanzar iglesias sanas y que se multipliquen.

Cuando nuestro grupo de trabajo entendió que estábamos hablando de sesenta y cinco variedades de misiones, supimos que no podíamos hacerlo solos. Eso por sí mismo es una victoria. Lo que podíamos hacer era acudir a nuestra extensa red de pequeños grupos y pedirles que adoptaran a pueblos identificables. Cada uno de ellos tendría un grupo sobre el que aprender, conocer, servir y amar. Se establecerían puentes. Incluso si un grupo podía hacer poco por un pueblo dado, eso era un comienzo. Convierte a las personas de los grupos de estudio bíblico en especialistas de la Gran Comisión, misioneros en su propia tierra.

Es emocionante seguir el progreso de una nueva idea tan radical: nuestra iglesia movilizándose de manera estratégica a través de nuestra membresía para alcanzar el área concreta del noroeste de Arkansas. Una vez que identificamos al pueblo marshalés, acto seguido nuestra iglesia comenzó a construir un puente de amistad hacia ellos.

Comenzamos un estudio bíblico dirigido en concreto a ese grupo, y vimos a personas comenzar a acudir a Cristo de inmediato. Poco después, nos encontramos plantando una iglesia entre los marshaleses del noroeste de Arkansas. *Cross Church Marshallese* se convirtió en la Primera Iglesia Bautista del Sur Marshalesa en toda Norteamérica.

Dios se está moviendo. Se están produciendo milagros. La mayoría de los cristianos quiere ver milagros; sencillamente no se dan cuenta de que esos milagros son comunes cuando pasamos a las primeras líneas por causa de Jesús, entregándonos al trabajo de la Gran Comisión. Si nuestros ojos no se hubieran abierto, nunca habríamos sabido sobre el pueblo de las Islas Marshall que estaba en medio de nosotros. Ahora, algunos de ellos van a ir al cielo con nosotros, y su propia historia como iglesia en el noroeste de Arkansas está solo en su comienzo. Lo mejor no ha llegado aún.

Y los milagros conducen a más milagros. Resultó que la película «JESÚS», que se ha proyectado en muchos países y en diversos idiomas por todo el mundo, se está produciendo en el idioma marshalés por primera vez[3]. ¡Gracias, Dios! Ahora tenemos un recurso increíble para nuestra iglesia marshalesa. No solo eso, sino que también podemos hacer un viaje a las Islas Marshall para predicar el evangelio utilizando esa película. Algunos de los nuevos creyentes de la iglesia que hemos plantado viajarán a su país de origen para ayudar a ganar a su propio pueblo.

¿No te encantaría ser parte de algo como eso? Créanme, no es algo del noroeste de Arkansas; está en todas partes. Dios coopera con personas que están dispuestas a hacer todo lo necesario para cumplir la Gran Comisión.

Grupos culturales

No solo necesitamos identificar los pueblos que hay en nuestras comunidades, sino que necesitamos también mirar los grupos culturales. Con esto nos referimos a grupos de personas que se han reunido debido a la cultura que les identifica y que tienen en común. Por ejemplo, nosotros identificamos una cultura de vaqueros en nuestra región. Esas personas han construido una subcultura basada en esa identidad distintiva. ¿Por qué no plantar una iglesia perfectamente adecuada para vaqueros? ¿Por qué no plantar tres? Eso es justo lo que estamos haciendo en nuestra región, cada una con la meta de ganar y discipular vaqueros para Cristo.

Menos peculiar, quizá, sea la cultura de los negocios. Es una cultura en la que ya hemos penetrado, aunque no hemos pensado en ella como «grupo cultural». Solo sabíamos que necesitábamos acudir a la comunidad de negocios allí donde estaba y ayudar a las personas a aprender a pensar de manera bíblica en cuanto a asuntos del lugar de trabajo. En el primer capítulo describí la Cumbre, un desayuno que tiene lugar en nuestro campus Pinnacle Hills. Se relaciona bien con nuestro nuevo entendimiento de pueblos y grupos culturales. Hasta la fecha, alcanzamos sobre todo a personas que no son miembros de nuestra iglesia. Acuden porque hemos establecido credibilidad, invirtiéndonos nosotros mismos en sus vidas y preocupaciones.

¿Qué tipos de grupos culturales pueden encontrarse en tu comunidad? Hay más de los que podrías esperar. ¿Por qué no comenzar a estudiar tu zona y a identificarlos?

Comunidades especiales

Es esencial que tomemos tiempo para identificar a los pueblos y los grupos culturales que hay en nuestra comunidad. Sin embargo, hay también exclusivas de tu comunidad. Por ejemplo, bien podrías tener un grupo de negocios como tenemos nosotros, pero el tuyo sería peculiar en tu zona. En nuestra comunidad en el noroeste de Arkansas, en Bentonville y Rogers, tenemos lo que se denomina pueblo de vendedores. Es un grupo de al menos mil doscientos vendedores del gigante colectivo conocido como *Walmart*. Casi todos esos vendedores son nacionales o internacionales en su alcance, y están aquí con un propósito: servir a su cuenta con *Walmart*. Esa es una comunidad especial de esta zona. Fayetteville alberga otro: la comunidad que existe en torno a la Universidad de Arkansas. Una universidad grande es un tipo de ciudad en sí misma, y una especial. Los alumnos, la facultad, la administración, los servicios de apoyo, la policía universitaria, los negocios que les dan servicio a los jóvenes: todos crean una especial que podemos denominar «comunidad de la Universidad de Arkansas».

¿Puedes ver la ventaja de ser obedientes a la Gran Comisión cuando le dedicas tiempo a conocer de manera íntima a las personas de una zona, saber quiénes son y cuáles son sus retos? Cuando visitas nuestra iglesia, conoces a personas que tienen pasión por las Islas Marshall, a otras que quieren hablar de un avivamiento entre vaqueros y a otras que te preguntan si has oído como el Espíritu de Dios se está moviendo en la gerencia de la comunidad de negocios.

Puedes ver por qué salí de mi viaje de un año con mi cabeza dando vueltas. Por una parte, vi perdición como nunca antes la había visto. Me entristecí por nuestro mundo y por las inmensas cifras de personas que no conocen a Jesús y que siguen estando en peligro de abandonar esta tierra sin el perdón de sus pecados. Por otra parte, vi la Gran Comisión como nunca antes la había visto: caminos para el Espíritu de Dios que nunca antes había conocido. Para mí, alguien que casi siempre ha sido un apasionado por la Gran Comisión, ese fue un avance extraordinario.

¡Es emocionante! El reto nunca ha sido más imposible, pero las oportunidades nunca han sido mayores. No es la Gran Comisión de tu abuelo, quizá, pero creo que es la Gran Comisión de tu Padre celestial.

Dos claves

Permíteme también sugerir dos claves a tener en mente a medida que planeas captar a tu comunidad para Cristo:

Personalización

Espero que este libro sea un aliento y un recurso, pero lo que ha dado resultado en una parte de Arkansas será diferente de lo que resulte para ti.

Como iglesias, somos propensos a imitarnos unos a otros. Este programa, o este enfoque, le dan resultado a la iglesia X, así que otras cincuenta iglesias lo prueban a la semana siguiente. Es positivo que nos escuchemos y nos ayudemos los unos a los otros, y siempre procuremos servir a Cristo de modo más eficaz. Sin embargo, la imitación es un síntoma de un ministerio del mismo sabor en lugar de ser un ministerio dinámico que acuda a las personas donde están y ministre a sus necesidades. El evangelio es el mismo: un Señor, una fe, un bautismo. Nunca cambiamos el mensaje, pero cambiamos el idioma con el que lo predicamos.

Cristo llega a cada uno de nosotros como individuos. Él no ministra de forma genérica, sino casi de manera genética. Estudia los milagros y las sanidades de Jesús, y descubrirás que tuvieron un proceso diferente con cada individuo basado en la necesidad de ese individuo. De la misma manera, nosotros debemos conocer el ADN de nuestra comunidad. Es momento de que hagamos nuestra tarea, aprendamos lo que tiene relevancia para una comunidad y pensemos en un plan basado en lo que hayamos aprendido.

Un bonito beneficio es que te enamorarás de tu comunidad de nuevo a medida que llegues a conocerla mejor. Eso es lo que Dios hace por las personas que están dispuestas a servirle. Vemos necesidades con claridad de alta definición, nuestro corazón se apodera de nosotros y nada va a detenernos para no satisfacer esas necesidades por medio del poder de Cristo. Cuanto más sabemos sobre el pueblo marshalés, más le amamos; y esto sucede con todos los demás pueblos, grupos y cada zona especial que alcanzamos. Pablo escribió:

Me hice todo para todos, a fin de salvar a algunos por todos los medios posibles. (1 Corintios 9:22)

Ese es el pensamiento de la Gran Comisión.

Sé deliberado

Esto significa ser conscientes de nuestros actos y decididos en cuanto a lo que hacemos. Nunca somos pasivos; siempre vamos al ataque. Tenemos cuidado en ser flexibles en nuestros planes, y dejamos espacio para que actúe el Espíritu Santo. Aun así, tampoco nos quedamos sentados y esperando hasta que sintamos una dirección sobrenatural. La Gran Comisión es siempre la voluntad de Dios. Eso nunca cambia. Si conocemos a personas que están sin Cristo, no necesitamos orar con respecto a si debemos alcanzarlas. Sabemos lo que quiere Dios, y por eso planeamos de forma deliberada. Luego, nos preguntamos cada día: «¿Qué estamos haciendo para alcanzar a ese grupo esta semana? ¿Cómo va esta parte de nuestro plan? ¿Cómo podría ir mejor?». Tenemos que trabajar para mantener nuestro sentimiento de urgencia, a fin de recordar que puede que el tiempo sea muy breve. Por lo tanto, tenemos que utilizar ese tiempo del modo más sabio y eficaz posible. Tenemos que actuar con intención y dinamismo.

Es trabajo duro. Las personas no participan en la estrategia a menos que yo tenga éxito en presentarles la visión y dejar que el

Espíritu implante en ellas un corazón por la Gran Comisión. La mentalidad de misión es una obra de sacrificio constante. Requiere nuestro tiempo y nuestro tesoro, y desde luego, incluye momentos de desánimo y hasta de sufrimiento. Sin embargo, ¿no fue así para Jesús? ¿No tembló Pablo en una cárcel romana, sintiendo a veces que le habían abandonado sus amigos? No cederemos, incluso si nos enfrentamos a graves obstáculos. Aprenderemos a ser duros, como hacen los buenos misioneros. Cuando resistimos al diablo, él huye cada vez. Cuando una nueva iniciativa de alcance no llega a tener éxito, nuestra decepción se contrarrestará por un milagro en algún otro lugar. Además, no siempre vemos el resultado final de las semillas que plantamos. Solo en el cielo conoceremos el impacto que hayamos tenido. Así que le damos nuestro mejor esfuerzo. Hacemos la tarea, conocemos el territorio, adaptamos el plan, actuamos a conciencia todas las veces, y oramos duro por una increíble cosecha. ¡Gloria a Dios en lo alto! Haz que se produzca.

Puntos de discusión

Entendí después de mi año de transformación que quería ser capaz de describir nuestra visión con claridad y sencillez, y ayudar a nuestra congregación a hacer lo mismo. Podía imaginar a alguien preguntándole a un miembro de nuestra iglesia: «¿Qué es *Cross Church* y esto de la comunidad? ¿De qué se trata?». Yo no quería pensar en que las personas pusieran expresión de confusión en sus caras y respondieran: «Bueno, es complicado. No estoy seguro de poder expresarlo con palabras». Tampoco quería imaginar respuestas positivas, pero vagas a la vez como: «Bien, en realidad estamos animados por la Gran Comisión. Ya sabes, las misiones, dar testimonio y todo eso». Quería que cada uno de nuestros miembros fuera capaz de expresar la visión con palabras. La pregunta era: ¿cómo reduciremos este nuevo movimiento a los puntos esenciales de modo que podamos captarlo de modo poderoso y concreto en unas cuantas frases?

Reflexionamos, oramos y conversamos al respecto por un tiempo porque sentíamos que era importante. No estamos donde deberíamos estar como iglesia evangelística, aunque nos han considerado fuertes en esa esfera por muchos años. Estoy seguro de que la mayoría de los pastores te dirá que les gustaría ver grandes mejoras en la eficacia de la evangelización de su iglesia. Por lo tanto, nosotros lo consideramos como nuestra oportunidad para «fijar» en realidad las ideas que se estaban volviendo tan importantes para nosotros.

A los pocos meses, nuestro equipo formuló la siguiente estrategia de evangelización de tres flancos, a fin de alcanzar nuestra comunidad.

Equipamiento personal

Efesios 4:12 habla de equipar a los santos para la obra del ministerio. No podemos enviar a las personas a testificar de su fe sin una buena preparación para la tarea. Necesitan la confianza que llega al entender lo que implica una buena presentación del evangelio. Era el momento de encontrar los recursos apropiados, las lecciones, los instructores, los momentos de formación, con el propósito de equipar a nuestra congregación para hablar de Jesús.

Debido a que esto era de suma importancia, lo situamos como la primera prioridad en nuestro ocupado trabajo de la iglesia. Establecimos recursos para una evangelización más profunda para los especialistas que querían algo más completo, al igual que medios más básicos para la iglesia en general. Nuestra misión era una iglesia llena de personas anhelantes y bien preparadas para testificar de su fe en Jesucristo, con su propio estilo y basándose en sus dones personales y sus amistades. Somos serios al respecto, y aún nos queda mucho por hacer.

Participación en la comunidad

Creemos que debemos participar en nuestra comunidad con compasión y con el evangelio. Buscamos cualquier oportunidad para servir a nuestra comunidad, pero siempre estamos centrados en Cristo y en el evangelio. En otras palabras, puede que haya necesidad de alimentos, ropa, refugio, y satisfaremos esas necesidades físicas. En cada caso, hablamos en el nombre de Jesús y permitimos que su amor llegue por medio de nosotros, de modo que haya el equilibrio adecuado entre ministerio físico y espiritual.

Los pueblos, los grupos culturales y las comunidades especiales, desde luego, desempeñan un papel central en el modo en que participamos en la comunidad. Son los canales para descubrir necesidades concretas que puedan satisfacerse.

Ministerio con varias sedes

Comenzamos en Springdale, y hace una década plantamos un segundo campus en Pinnacle Hills. Ahora estamos situados también en Fayetteville. *Cross Church* es una iglesia con varias sedes, que hace todo lo que puede dondequiera que puede para llegar a cada persona en el noroeste de Arkansas con el evangelio de Jesucristo. Al plantar a menudo nuevas iglesias, podemos ser mucho más eficaces en las zonas que queremos alcanzar; y con la ayuda de Dios y por su poder, lo veremos.

Eso es lo que significa ser el pueblo de Dios. Cuando Jesús dejó la tierra unas semanas después de su resurrección, dio un sencillo mandamiento. Debemos llegar a la conclusión de que fue el mensaje más importante que Él tenía para dejarnos porque lo guardó para ese momento final. Él sabía que serían las palabras que recordarían mejor los presentes.

Jesús quiere que alcancemos a cada persona en este mundo. El Padre no desea que nadie perezca. Nosotros le amamos a Él, y sabemos todo lo que Él ha hecho por nosotros; entonces, ¿cómo podemos hacer otra cosa sino obedecer? Por eso estoy emocionado por nuestra nueva estrategia para cumplir la Gran Comisión en el noroeste de Arkansas. Es un plan, pero no es la Escritura. Optamos por no grabarlo en piedra, sino viajar ligeros con él, aumentando y cambiando el plan a medida que crecemos y cambiamos. Dentro de diez años, nuestras iniciativas pueden verse radicalmente diferentes a como son en el presente. Las visiones son poderosas y sólidas, pero las estrategias deberían ser ligeras y flexibles. Mientras tanto, la Gran Comisión, el evangelio y la necesidad que las almas humanas tienen de perdón y salvación seguirán siendo como son, solo como lo han sido siempre. Y la marcha hacia el cumplimiento de la petición final en la tierra del Hijo de Dios se acercará a quedar completa. He aquí una cosa que no cambiará en absoluto: cualquier cosa que requiera, ¡lo haremos! Seguiremos el viento del impulso del Espíritu y veremos hacia dónde sopla.

La oración que duró un siglo

A principios del siglo XVIII hubo una gran denominación misionera alemana conocida como los moravos. Puede que no conozcas su nombre, pero su fruto está por todo el mundo. Iban muy por delante en el movimiento misionero, solo porque eran obedientes en oración y llevaban a cabo lo que les decía Dios.

En 1722, su líder, el conde Nikolaus von Zirzendorf, estableció un puerto seguro para los creyentes perseguidos, llamado Herrnhut («El cuidado del Señor»). Herrnhut se convirtió en una increíble comunidad de aliento y compañerismo. Cinco años después, produjo una cadena de oración.

¿Has participado alguna vez en una cadena de oración de veinticuatro horas? Es una experiencia estupenda, pero los moravos mantuvieron activa una durante un siglo. Sí, veinticuatro hombres y veinticuatro mujeres hicieron el compromiso de orar durante una hora cada día, queriendo decir que en cualquier momento, un hombre y una mujer estaban orando con sinceridad. Poco después, se les pidió a otros si podían participar, y lo hicieron. El tiempo pasaba, y no había ni un solo momento en el que no hubiera alguien hablando con Dios. Los intercesores estaban organizados, reuniéndose cada semana para alentarse unos a otros, para seguir el progreso de sus peticiones y para apuntar nuevas peticiones por las cuales orar. Pasaron décadas, y los moravos seguían estando de rodillas. Los niños daban por sentada la oración continua y sin interrupción a medida que se convertían en adultos.

A medida que los moravos escuchaban a Dios, descubrieron que sus corazones se dirigían hacia lo que le importa a Él, y planeaban viajes misioneros a lugares lejanos. Es más, durante los seis primeros meses, Zirzendorf desarrolló una carrera por alcanzar a las Antillas, Groenlandia, Turquía y Laponia. Le habló a su congregación al respecto. Al día siguiente, veintiséis voluntarios se estaban preparando para los viajes. Entendían no solo de la oración, sino también de la importancia de actuar en el ahora. Cuando en un servicio especial en la iglesia se comisionaron a los dos primeros misioneros, se cantaron cien himnos. Los moravos no hacían nada a medias.

Solo durante los dos primeros años, murieron veintidós misioneros y encarcelaron a dos; pero otros creyentes se levantaron de inmediato para ocupar sus lugares. Desde un pequeño retiro llamado Herrnhut, con una población de solo seiscientas personas, setenta misioneros predicaron el evangelio en otros países; todo esto en una época en la que ninguna otra persona en ningún lugar realizaba viajes misioneros. Nunca ha habido de nuevo algo parecido en la historia. Mi oración es que las iglesias en todo nuestro país estén a la altura del reto, y hasta lo sobrepasen, de aquellos hermosos cristianos alemanes.

Todo aquel que haya estudiado la historia de las misiones sabe que el «padre de las misiones modernas» es William Carey. No obstante, cuando él salió para predicar el evangelio, trescientos misioneros moravos ya habían estado trabajando llevando a cabo la Gran Comisión.

Una nota más sobre los moravos: un grupo de ellos iba en un barco azotado por una terrible tormenta. La muerte parecía cercana, y un joven pasajero, un misionero en apuros él mismo, estaba deshecho por completo debido al terror. Sin embargo, veía esas personas en el barco cantando y orando, con una confianza completa en su Dios. El joven, que se llamaba Juan Wesley, nunca había visto una fe tan poderosa, una paz tal en medio de un huracán. La experiencia le condujo a un encuentro divino que le convirtió en uno de los mayores hombres en la historia de la Iglesia. Él y su hermano, Carlos, fundaron la Iglesia Metodista. Como ya mencioné, el fruto del servicio de los moravos está en todo el mundo, incluyendo una parte en la obra de los metodistas a lo largo de los años.

Todo comenzó con una cadena de oración, con oración comprometida y perseverante; con oración que escuchaba; con obediencia en la oración[4]. Entonces, ¿oraremos nosotros para que Dios estremezca nuestras vidas? ¿Oraremos para que Él estremezca nuestras iglesias? ¿Oraremos para que Él estremezca el mundo?

CAPÍTULO 6

Habla de Jesús cada día

Fue uno de esos momentos cruciales: el momento en el que uno no reconoce hasta que pasan meses o años. Él era un rostro más en la gran multitud de una conferencia en nuestra iglesia. Aun así, cada rostro es uno al que Dios ama, para el cual ha hecho maravillosos planes desde la fundación del tiempo. Y en este caso, de seguro que Él tenía cociendo algo especial.

El joven asistió a nuestra conferencia y se fue entusiasmado, desbordante de emoción y de una nueva visión. Entonces, se enteró que estábamos buscando un pastor para niños, y entendió que ese era el trabajo de sus sueños. Poco después nos escribió una entusiasta carta, detallando los dones y las cualidades que podía aportar a nuestro personal. El joven lo tenía todo excepto las calificaciones adecuadas. Ese era un puesto clave en la plantilla que, para una iglesia grande, casi siempre requeriría experiencia en el liderazgo de la iglesia. Nuestro entusiasta amigo no tenía eso, y aunque nos encantaba su pasión, tuvimos que dejar a un lado su carta.

Varios meses después, sin embargo, nos sentamos de nuevo y revisamos el montón de currículum vítae que teníamos delante. Había muchas personas buenas, con experiencia y que eran misioneros fructíferos, pero no sentimos la dirección de Dios para contratarlos. A decir verdad, estábamos un poco perplejos de que nos resultara tan difícil ocupar ese puesto.

Un día, mi asistente personal entró en mi oficina y dijo: «Pastor, creo que debería revisar de nuevo uno de los solicitantes anteriores. Él nunca llegó a la lista más corta debido a su falta de experiencia. Eso es comprensible. A pesar de eso, cuando estaba repasando algunos de los archivos, volví a leer su carta y sus palabras parecieron saltar de la página. Sentí una fuerte convicción de que al menos deberíamos escucharle». A mi asistente le conocían por su buen juicio. Repasé de nuevo la carta y estuve de acuerdo en concertar una entrevista, la cual fue excepcionalmente bien. Y poco tiempo después, Dale Hudson, el asistente a la conferencia, era el miembro más joven de nuestra plantilla.

Dale tenía el tipo de cualidades que nos hicieron olvidar las credenciales típicas: una estupenda ética de trabajo, un corazón apasionado por alcanzar a los niños y a sus familias con el evangelio, y el «gran cuadro» de las metas externas que tenemos en nuestros ministerios. Es más, hay ocasiones y situaciones en las que puede ser en verdad una ventaja la falta de formación. Muchos campos están cambiando con tanta rapidez que es mejor no quedar empapado con las técnicas de ayer. Dale lo sabía todo acerca de lo que Jesús denominó «odres nuevos» (Lucas 5:38). El ministerio con niños es uno de esos campos que ha cambiado mucho durante toda mi vida, impulsado por una maravillosa creatividad. Dale era justo el hombre al que Dios había preparado para ayudarnos a ministrar a las familias con hijos pequeños. Nuestro ministerio comenzó a crecer bajo su liderazgo.

Un día, Dale entró en mi oficina con una propuesta reveladora. Quería transformar parte de nuestro espacio actual y convertirlo en algo más nuevo y más contemporáneo para los niños. Me convenció con rapidez. Pude ver el modo en que, si llevábamos a cabo su visión, tendríamos uno de los ministerios para niños más atractivos y eficaces de cualquier lugar.

Planeó realizar una búsqueda nacional para encontrar al diseñador en toda América que Dios quería para el espacio de nuestros niños. Yo le di el visto bueno. Dale buscó en la Internet, hizo llamadas telefónicas y, al final, presentó el nombre de un hombre que sentía que entendía su visión. Dale dijo: «Pastor Floyd, necesita saber que este hombre no es un cristiano nacido de nuevo; y nunca ha diseñado una iglesia. Sin embargo, entiende a los niños y el uso creativo del espacio. Creo que este es el hombre de Dios para ayudarnos a alcanzar a familias que no asisten a la iglesia». Entendí lo que quería decir, y agradecí su modo de pensar fuera del molde. Si contrataba a alguien que estuviera especializado en el trabajo común y corriente de la iglesia, obtendríamos un pensamiento de iglesia como siempre. Sin embargo, nosotros no queríamos alcanzar a «personas de la iglesia» como siempre; queríamos alcanzar a los que no han sido alcanzados, a los que tienen necesidad de Cristo.

Dale había encontrado a un pensador nuevo como él mismo. Ese hombre había trabajado para los estudios *Nickelodeon* y para los diseñadores de interiores de los cafés *Rain Forest*: un lugar innovador y colorido para que las familias compren y coman. Está lleno de animales de movimiento electrónico, el tipo de cosas que uno esperaría en *Disney World*, y a los niños les encanta. Él diseñó el famoso árbol en la juguetería *FAO Schwartz*, y hasta una colorida y animada peluquería para niños. Le dije a Dale: «Haga que venga. Oigamos lo que tiene que decir».

Fue un día profético en 1997 cuando Dale hizo entrar a un hombre llamado Bruce Barry en mi oficina. Bruce no encajaba a la perfección en un ambiente conservador como el nuestro. Tenía el cabello largo, llevaba un arete y vestía pantalones vaqueros. También tenía una sonrisa y una personalidad que daban vida a una habitación de las mismas maneras en que lo hacían sus ideas de diseño. Yo estaba contento, y un poco intrigado, al oír lo que él decía: «No tengo ni idea de por qué estoy aquí, pastor. Nunca he realizado este tipo de trabajo, y Dale dice que hay poco dinero en el presupuesto para el tipo de cosas que abarca mi campo de trabajo. Sin embargo, estoy aquí. No puedo decirle por qué, pero sentí un fuerte impulso de subir al avión y realizar esta entrevista».

Diseño divino

Como habrás imaginado, el diseño de interior de Bruce fue solo un elemento del diseño eterno de Dios. Después de pasar algún tiempo con el diseñador, Dale y yo supimos que íbamos a hacer todo lo necesario para contratarle. Poco después, él estuvo bajo contrato, se estaba recaudando dinero y comenzábamos a sentir la adrenalina. Íbamos a tener la primera iglesia de niños en Estados Unidos de tipo brillante y colorido. Teníamos la visión de una experiencia para los niños que les emocionaría tanto como ir a un parque temático, a la vez que les enseñábamos de modo eficaz los valores del reino de Dios.

Mientras Bruce construía el espacio para los niños, nosotros estábamos construyendo una relación con Bruce. Sin embargo, no es que eso fuera ningún sacrificio, pues era divertido estar al lado de él. De hecho, me gustaría que la mayoría de cristianos a quienes conozco tuvieran el gozo y el espíritu infantil que Bruce aportaba a su vida cotidiana. Sin embargo, él no conocía el gozo definitivo, el verdadero propósito de un espíritu como el de un niño; no conocía a Aquel que es la fuente de toda su alegre creatividad. Nosotros en verdad queríamos llevar a Bruce Barry al cielo con nosotros, y nos encontramos orando para que él invitara a Jesús para que entrara en su corazón. La meta era encontrar la oportunidad adecuada para darle el plan de salvación a Bruce antes de que se fuera de la ciudad. Ayudó el que Bruce era curioso por naturaleza con respecto a todo. Él nunca había pasado tanto tiempo alrededor de una iglesia ni alrededor de personas de la iglesia; ahora tenía la oportunidad de ver cómo eran las personas que amaban a Cristo. A él le conmovía el modo en que todos le trataban: el afecto, la cortesía y la apertura de nuestros miembros y del personal.

Cuando su trabajo se acercaba a su fin, Dale organizó un almuerzo especial con el propósito de darle a Bruce una oportunidad de establecer algunos contactos de negocios entre nuestra gente. He mencionado que tenemos algunos importantes negocios en nuestra zona. Dale, Bruce y yo asistimos a la reunión con varios líderes de negocios. Fue un hermoso almuerzo, pero cuando estábamos terminando la comida y estaban quitando los platos, de repente cierto tipo de nube se mostró en la expresión de Bruce. Algo pesaba en su mente, y comenzó a hablarnos de una situación difícil que había en su familia. Por algún motivo, escogió esa oportunidad para abrir su mundo privado ante nosotros. Sus ojos se llenaron de lágrimas.

Yo sentí ese pequeño impulso del Espíritu Santo que señalaba una oportunidad para el ministerio. Supe que Dios estaba listo para hacer algo, aunque ese no era con exactitud el momento que había anticipado. Era una sala llena de gente, llena de profesionales de alto nivel. Yo había hablado del plan de salvación muchas veces, pero casi de manera inevitable lo había hecho en situaciones más pequeñas: ya fuera uno a uno, o con una o dos personas presentes. Quizá a mí me pareciera contrario a la intuición, pero había aprendido hacía mucho tiempo que Dios siempre sabe lo que es mejor.

Me levanté y me senté mucho más cerca de Bruce, de modo que pudiéramos tener contacto visual. Escuché la tristeza que relataba, y entonces comencé a hablar tranquilamente con él sobre el evangelio. Le expliqué la esperanza que contiene, el significado de ser perdonado y los milagros que Dios puede hacer en las situaciones más difíciles. Le dije a Bruce que también él necesitaba convertirse en un seguidor de Jesús. Imagino que se levantaron algunas cejas por toda la sala, ya que muchos hombres podían escuchar nuestra conversación.

La agenda para ese almuerzo fue una presentación por parte de Bruce, y no para él. No obstante, eso solo era una agenda humana. La mano de un Dios sabio y amoroso había preparado el espíritu de Bruce. Unos minutos después, estábamos arrodillados, con Bruce arrepintiéndose delante de Cristo, pidiendo perdón, reconociendo a un nuevo Señor y Maestro, y estableciendo el cielo como su destino eterno.

Todos en la sala se conmovieron de manera profunda por ser parte de un momento semejante de Dios. Bruce reía y alababa a Dios, sabiendo que en ese preciso instante se había convertido en una nueva criatura en Cristo. Yo le ayudé a comenzar en el camino del discipulado hablando con él después acerca de la experiencia, sugiriendo sus siguientes pasos, incluyendo el bautismo y la importancia de relacionarse con una iglesia fuerte y basada en la Biblia que estuviera cerca de su hogar. Todos se fueron con la emoción de haber estado en una cumbre. Habíamos acudido para hablar de negocios y diseño, y en su lugar hablamos de Jesús. Y como siempre sucede en el plan de las cosas de Dios, otros milagros comenzaron a suceder.

La reacción en cadena

Al día siguiente, Bruce entró en las oficinas con una gran sonrisa en su cara. Me dijo: «Pastor, hice lo que usted me dijo. Llamé a mi esposa anoche y le dije que usted me salvó. Ella estaba tan conmovida por lo que le dije que quería volar hasta aquí este fin de semana para que usted también pudiera salvarla a ella. Podría usted hacer eso; quiero decir, ¿podría usted salvarla también?».

Yo sonreí, puse mi mano sobre sus hombros y le dije: «Bruce, yo no puedo salvar a nadie. No lo salvé a usted; fue Jesús el que lo hizo. La buena noticia es que Él quiere salvar a su esposa, Vivian, tanto como quiso salvarle a usted».

Bruce se sintió un poco avergonzado de haber utilizado la terminología equivocada, pero le aseguré: «No importan las palabras. Es lo que está en su corazón, y Cristo vive ahí ahora».

Ese fin de semana me reuní con Bruce y Vivian, y sentí un profundo gozo cuando ella oró para recibir a Cristo. La pareja estaba sentada en la reunión de nuestra iglesia. Al final del sermón, les hice una invitación a las personas para que acudieran a Cristo, y la joven pareja fue la primera en recorrer el pasillo. No habrás visto a nadie más feliz que a ellos dos. Yo también estaba lleno de gozo, lleno de gratitud y alabanza al ver a Dios una vez más. Esa noche les bauticé, y ellos regresaron a Tampa y se involucraron en una iglesia estupenda.

Sin embargo, este solo fue el comienzo de la historia...

Las iglesias y sus líderes hablaban. Comenzó a circular la noticia sobre el increíble nuevo espacio para niños que había en Springdale, Arkansas, y que numerosas familias acudían a llevar a sus hijos para que fueran parte de ello. El teléfono de Bruce comenzó a sonar sin parar. Bruce, que nunca había trabajado con una iglesia antes de que le conociéramos, poco después trabajaba *más que todo* con iglesias. Había una lista de espera para que él transformara espacios ministeriales, y Bruce estaba muy contento de ser un cristiano joven y a la vez estar en posición de utilizar sus talentos para llevar a los niños y a sus padres a Jesucristo. Ahora, años después, Bruce les ha hecho diseños creativos para muchas de las principales iglesias en nuestro país. Piensa en los cientos de miles de mentes jóvenes e impresionables que han sido impactadas por Cristo debido a los talentos de Bruce.

¿Por qué iba a contar esta historia con tanto detalle aparte del hecho de que es una historia feliz de verdad? Para establecer el punto de que Dios hace obras sorprendentes y grandes cuando demostramos ser lo bastante obedientes para hablar de su nombre, para hablar de Jesús como una prioridad en la vida.

Recuerda que esta historia comienza con lo que el mundo consideraría un rostro en la multitud. Dale era un joven que escuchó la voz de Dios y obedeció. Él sabía lo difícil que una iglesia grande le contratara cuando tenía tan poca experiencia. Nosotros, a su vez, sabíamos que estábamos desafiando la sabiduría convencional al contratarle. Si hubiéramos hecho las cosas a la manera del mundo, nos habríamos perdido algunos milagros inolvidables.

Entonces, desde luego, tuvimos que hablarle de Jesús a una persona no creyente, sin vergüenza, ni temor al rechazo. Un escenario evangelístico no se trata de nuestra evaluación de nuestra oportunidad de éxito. Se trata de hacer lo que Cristo nos dice que hagamos: hablar a todos de Él, hacer discípulos, bautizándoles en el nombre del Padre, del Hijo y del Espíritu Santo. Repito, aunque preparamos a Bruce entablando una amistad, no hubo nada de intuitivo en cuanto a presentar el evangelio en el momento y el lugar donde lo hicimos. No muchos programas de evangelización te dirán que escojas un momento así. En cambio, nosotros tuvimos que estar a la altura para hablar de Jesús en el momento de Dios, y no en el nuestro.

Al final, desde luego, Bruce tuvo que dar una respuesta a la invitación del evangelio, a una oportunidad con su esposa y, por último, al llamado de Dios a cambiar la dirección de su carrera.

En la actualidad, sigue teniendo un próspero ministerio con niños en muchos lugares. Bruce está influyendo en los niños y las familias en todo lugar para Cristo, y Dale Hudson ha pasado a servir a iglesias estupendas en Las Vegas y en el sur de la Florida. Si los tres nos juntáramos para una reunión, tendríamos un milagro tras otro de los cuales hablar, todos sucedidos después de aquel feliz acontecimiento de 1997. Hay mucho progreso del reino en muchos lugares, todo a través de la sencilla obra de hablar de Jesús.

Jesús se acercó a un grupo común y corriente de pescadores y dijo: «Vengan, síganme [...] y los haré pescadores de hombres» (Mateo 4:19). Ellos nunca podrían haberse imaginado el alcance al que llegarían el resto de sus vidas haciendo eso, ni tampoco se podrían haber imaginado la reacción en cadena continuada que se pondría en marcha cuando dejaron sus redes. Nunca sabemos, y por eso debemos ser obedientes en el momento. El futuro espiritual de las naciones podría estar en la balanza de tu decisión de hablar de Jesús o no. Entonces, ¿quién sino Dios puede decirlo?

¿Qué milagros estarían sucediendo en tu vida, y en este mundo, si hablaras de Jesús cada día?

La cosecha invisible

Desde los primeros tiempos de mi ministerio he tenido un fuerte sentimiento de mi obligación de testificar de Jesús a cualquier parte que vaya, persona a persona. Lo hice cuando era un joven con su vista puesta en un llamado al ministerio; lo sigo haciendo dondequiera que esté y siempre que pueda.

Nada en la vida es más satisfactorio que tener parte en ver a otra alma entrar en el reino de Dios, y yo he tenido ese gozo en un gran número de ocasiones. La historia de Bruce es notable, pero podríamos llenar bibliotecas con historias increíbles por igual. Estoy seguro de que entre los otros nuevos creyentes que he conocido, muchos han tenido notables vidas y ministerios nuevos sin que yo haya oído al respecto. Nosotros plantamos las semillas, pero Dios produce la cosecha, y con bastante frecuencia esa cosecha no la veremos en este lado del cielo.

Como ejemplo, consideremos a un maestro de Escuela Dominical llamado Edward Kimball. En 1858, entró en una zapatería en Chicago y le habló de Jesús al joven dependiente que estaba en la clase que él enseñaba. El dependiente entregó su vida a Cristo y llegó a ser uno de los evangelistas más destacados de su generación. Su nombre era Dwight L. Moody, y él tuvo un impacto mundial, que incluía Inglaterra, donde su predicación encendió un fuego bajo un pastor llamado F.B. Meyer, el que, al final, produjo un gran fruto.

Meyer, a su vez, viajó a Estados Unidos, visitó un campus universitario y llevó a Cristo a un alumno llamado J. Wilbur Chapman.

A través del trabajo de YMCA [Asociación Cristiana de Hombres Jóvenes], Chapman contrató a una estrella del béisbol llamada Billy Sunday para que hablara de Cristo. Sunday, el evangelista más conocido de su época, llevó a cabo un avivamiento en Charlotte, Carolina del Norte. La predicación produjo interés en un grupo de hombres locales, que contrataron a un evangelista llamado Mordecai Ham para que acudiera allí y hablara de Jesús más extensamente. Cuando llegó Mordecai Ham, guió a un joven llamado Billy Graham a Cristo. No es necesario que diga mucho sobre el fruto de Billy Graham. Este hombre ha hecho su parte en la Gran Comisión, predicando el evangelio a dos mil doscientos millones de personas[1].

Ahora debo preguntarte: ¿crees que el mundo considera que Edward Kimball sea una persona muy importante en el gran plan de las cosas? ¿Habías oído alguna vez su nombre? Con todo y eso, fue una de las piezas de dominó de Dios que cayeron, una a una. Desde luego, alguien tuvo que alcanzar también a Kimball, y podríamos seguir esas piezas del dominó hasta el primer siglo. ¿Dejarás que la reacción en cadena, que cruzó incontables generaciones hasta que el increíble evangelio te alcanzó y te rescató, termine contigo? Esa es una pregunta seria que todo cristiano debería considerar.

Yo he tomado las decisiones equivocadas en ciertos momentos, haciendo a un lado los impulsos que sentía. A veces, mis propias percepciones o mis planes se han interpuesto en el camino, y he escuchado la voz engañosa. Sin embargo, ¿qué podría haber sucedido si yo hubiera decidido que el momento no era el apropiado para mi amigo Bruce durante ese almuerzo? Aquella era una cita divina, ¿y si yo no hubiera aparecido para participar? Me gustaría pensar que Dios habría alcanzado a Bruce de alguna otra manera, pero no me es dado a mí saberlo. Solo alabo a Dios por haberse mostrado ese día y por el hecho de que ninguno de nosotros se interpuso en el camino. Y que el Señor perdone mi egoísta desobediencia cuando fracaso en el momento de la decisión.

Necesitamos grabar en nuestro cerebro las palabras de Pablo en su carta a los Romanos. Él lo dijo a la perfección y con mucha urgencia:

> Porque «todo el que invoque el nombre del Señor será salvo».
> Ahora bien, ¿cómo invocarán a aquel en quien no han creído? ¿Y
> cómo creerán en aquel de quien no han oído? ¿Y cómo oirán si
> no hay quien les predique? (Romanos 10:13-14)

Todos tienen la promesa de salvación, con solo invocar el nombre del Señor. Esto supone arrepentimiento y pedir perdón por los pecados. Es una promesa universal, pero implica un problema: las personas deben oír el nombre de Jesús a fin de poder invocarle. En otras palabras, hay algo que Dios tiene que hacer y algo que tú y yo tenemos que hacer. Él levanta todo el peso: como le dije a Bruce, solo el Señor puede salvar. Aun así, a nosotros nos corresponde ir, buscar a los perdidos y hablarles del nombre de Jesús. Es un enorme privilegio al igual que una profunda responsabilidad. Si nuestros vecinos no escuchan, si nunca entienden lo que Jesús puede hacer por ellos, nosotros tenemos la responsabilidad de sus almas.

Puede que eso parezca imperioso, igual que el viaje de culpabilidad de otro predicador, pero recuerda que se nos pide hablar de *Jesús* cada día. Si en verdad nos correspondiera a nosotros salvar a las personas, tendríamos algo por lo que estar nerviosos y asustados. Nosotros solo somos los mensajeros, los que muestran el gozo, los llamados a hablar de algo que debería ser muy natural y hasta irresistible.

El factor de ser novato

Todas las personas pueden ser salvas invocando el nombre de Jesús. A pesar de eso, no lo invocarán si no creen. Y no creerán si no se les han persuadido con amor. ¿Y cómo pueden ser persuadidas con amor si tú y yo decidimos que tenemos cosas mejores que hacer que rescatar a los que perecen? Este es un indicador muy serio del modo en que la mayoría de nosotros vive la vida, y el darnos cuenta de esto debería motivarnos a hacer un mejor trabajo a la hora de testificar de nuestra fe.

No obstante, hay más razones emocionantes para estar motivados. Una de ellas podríamos llamarla el factor de ser novato. Los que frecuentan la Internet, y en la actualidad es casi todo el mundo, saben que *novato* es una palabra en la Internet para alguien que acaba de comenzar. Las normas tienden a confundir a los novatos, necesitan mucha ayuda y entienden mal la terminología. Bruce demostró ser un novato en el reino de Dios cuando me preguntó si yo podía salvar a su esposa. Sencillamente nos reímos acerca de eso cuando le hice entender cómo expresar esa idea.

Sin embargo, hay otra verdad con respecto a los novatos: son los mejores evangelistas del mundo. Cuando descubrimos algo que nos emociona, un restaurante, un libro, un destino de viaje, le hablamos al respecto a todo el que conocemos. Los novatos son evangelistas naturales. Los «viejos» son los que tienden a estar más inmersos en la cultura, de modo que se vuelven complacientes y nunca les testifican a los no creyentes. Algunos ni siquiera conocen a personas que están perdidas. Bruce, por otro lado, empleó unas tres o cuatro horas para hacerlo. Le habló a su esposa, y no se detuvo ahí. Hablaba de Jesús en cualquier parte que iba. Su carrera, desde luego, le permite contar la vieja historia de manera nueva y creativa. Estoy seguro de que él ha guiado a muchas personas a Cristo y que ahora es el abuelo y bisabuelo espiritual para nuevos creyentes en lugares lejanos.

Es un hecho que muchos de nosotros no podemos recordar lo que era estar sin Cristo. Muchos de nosotros nos criamos en hogares cristianos y no sabemos lo que es estar perdido. Aun así, debemos sentir la urgencia espiritual de quienes necesitan el evangelio. No podemos tener la actitud de así como viene se va con los destinos eternos de las personas. Los nuevos creyentes lo entienden. El antes y el después de su estado espiritual está fresco para ellos. Saben que es la transformación más hermosa e increíble que hubieran podido experimentar jamás, ¡y nada podría evitar que se lo digan a otros!

Jesús sanó a un ciego, y los fariseos estaban furiosos porque no se produjo de manera estricta según sus normas. Señalaron todo acerca de Jesús que pudieran torcer y convertir en negatividad, pero el joven dijo: «Lo único que sé es que yo era ciego y ahora veo» (Juan 9:25). Él iba diciendo a todos que veía, aunque eso puso a su familia en riesgo ante la clase dirigente.

La gente entiende la diferencia entre oscuridad y luz; ¿cómo pueden evitar hablar de esto? Como lo expresa el viejo himno:

La paz de Cristo renueva mi corazón,
Una fuente siempre brotando;
Todas las cosas son mías desde que suyo soy,
¿Cómo puedo dejar de cantarlo?[2]

Por eso yo predico del evangelio. Me ha transformado, y quiero que haya tantas personas como sea posible que tengan esa misma experiencia. Si no lo hiciera, ¿qué diría eso de mí? En este mundo oscuro y pecador, las mejores personas que conozco siguen siendo pecadoras. Yo mismo soy uno. Existen problemas en todas partes, pero hay un lugar perfecto de manera absoluta en mi mundo, y es el lugar donde Jesucristo tiene su hogar en mi corazón.

Cuando miro alrededor y veo tanta oscuridad, tantas personas gritando de dolor y desesperación, quiero que conozcan a la Luz del mundo. Y la soberana manera de primera es ayudarles a conocer esa luz es al hablar de *Jesús*. Hablamos de todo un poco. Hablamos acerca del fútbol y hablamos de lo que sucedió en el programa de baile de celebridades la noche anterior. Hablamos de política, hablamos del tiempo y hablamos de la economía. Sin embargo, Jesús, que nos ha rescatado del sufrimiento eterno, que se supone que sea el Señor de nuestras vidas, sobre Él nos quedamos en silencio. Necesitamos aprender a hablar de Jesús de manera que sea apasionada, atractiva y fascinante para quienes nos rodean. Y cada uno de nosotros necesita estar al día en la conversación.

Deben llegar cambios

Es momento de que pasemos a una nueva plataforma desde la cual presentar la mayor obra de esta vida, una plataforma desde la cual Dios pueda utilizarnos a fin de lograr la meta que a Él le importa más que ninguna otra, y que, por lo tanto, debería importarnos más a nosotros. Entonces, ¿cómo llegamos hasta allí?

La gente debe cambiar su forma de pensar

Necesitamos reconocer que hemos permitido que la Gran Comisión se convierta en un pecado de omisión. El pecado no solo llega mediante palabras, sino también a través del silencio. Y esta es la cuestión: no es solo que haya personas «allí en algún lugar» que se estén enfrentando al castigo eterno. En realidad, tenemos amigos, familiares y vecinos, rostros queridos cercanos, que no conocen a Jesús. Vivimos en un estado de negación como si eso no importara mucho, como si no fuera nuestro problema. Relegamos el cristianismo a una «decisión de estilo de vida», en lugar de ser una decisión de destino eterno. Conocemos la verdad; sencillamente estamos en negación.

La negación tiene que terminar. Necesitamos confesarle a Cristo nuestra ceguera deliberada. Entonces, debemos arrepentirnos y comenzar a hablar de Jesús con gozo y esperanza. Arrepentirse no significa intentarlo y mejorar; significa reconocer y repudiar nuestra posición, denominarla el pecado que es y dar un giro de ciento ochenta grados para caminar en dirección contraria. Cada día deberíamos levantarnos de la cama y susurrar:

Señor: Tú me has dado el maravilloso regalo de otro día. Te entrego mi vida durante este nuevo día. Dirige mis pasos a los lugares donde tú me necesitas. Guía mis labios para hablar las palabras que necesita escuchar la gente. Estaré dispuesto por completo a tu dirección. Oiré tu voz. Soy tuyo para este día.

Haz eso y créeme: comenzarás una nueva aventura. Las bendiciones empezarán a fluir a medida que Dios te use en las vidas de otros. ¿Carga? ¿Obligación? Te encantará cada momento.

Habla de Jesús de manera sensible y respetuosa, sin presionar jamás. Sé un buen amigo, ganándote el derecho a que te escuchen cuando tu amigo tenga la necesidad. Nuestro Dios es el Señor del tiempo, y Él te llevará al momento adecuado. Solo escúchale a Él y mantente dispuesto.

Las iglesias deben cambiar su cultura

El viejo estereotipo de la iglesia como un club de campo espiritual, un educado y confortable refugio del mundo, debe descartarse. Somos un faro, una misión de rescate que se moviliza para subir a las rocas y sacar a los heridos del naufragio de una cultura caída.

Para comenzar a hacer que suceda eso, tenemos que reinventar la vida de la iglesia de modo que gire en torno a la discusión, la planificación y la ejecución de testificar de la fe. Podemos comenzar reflexionando en nuestras conversaciones, nuestros sermones, nuestros grupos pequeños y nuestros programas sobre la prioridad central de nuestra existencia. Cuando alguien acude a Cristo, necesitamos poner de manifiesto cómo sucedió y distinguirlo como un ejemplo y modelo. Las personas necesitan entender que las flores nunca llegan a menos que se planten semillas, y que los creyentes son los que deben esparcir las semillas. Mi observación es que las iglesias que destacan el cambio de vida tienen más cambio de vida.

La mayoría de las iglesias obtiene nuevos creyentes y bautismos solo mediante nacimientos entre miembros ya existentes. Otras solo esperan aprovechar algún traslado de miembros de otras iglesias al otro lado de la ciudad o cuando las personas se mudan a ese barrio. Para todo intento y propósito, su estrategia es que no impedirán que nadie acuda a Cristo, y le abren las puertas a cualquiera que quiera llegar y unírseles, pero no tienen ningún plan de salir y hacer discípulos. En esas congregaciones estancadas, las caras siguen siendo las mismas de un año al siguiente, con algunos nuevos recién nacidos, algunos matrimonios y algunos funerales. Esas iglesias van flotando en sus comunidades como si fueran botes salvavidas en las aguas que rodean al hundido *Titanic*, medio llenos o menos, que se alejan remando mientras las personas que se ahogan a su alrededor gritan pidiendo que las rescaten.

Algunas iglesias construyen «mejores trampas para ratones». Construyen edificios más atractivos y quizá bonitos gimnasios para encajar en la comunidad. Esperan comenzar a alcanzar a las personas para Cristo una vez que los de la localidad estén en el campus. Entonces, llegan sus vecinos, disfrutan del ejercicio y regresan de nuevo a sus casas. ¿Por qué no deberían hacerlo? No les hemos hablado de Jesús. Les hemos invitado a las instalaciones y no hemos dado el siguiente paso. Nuestra emocionante zona para niños habría sido inútil si no hubiéramos hablado de Jesús cuando llegaban las familias.

Cada iglesia se sitúa en un inmenso campo misionero maduro. Cada una de ellas está rodeada por todas partes de personas que necesitan a Jesús. Muy pocas son las iglesias cuyos miembros abren sus ojos para ver la necesidad, abren sus oídos para escuchar los gritos de dolor y desesperación, y salen para hacer algo al respecto.

Podemos envolver el paquete con todo tipo de lazos brillantes, pero nunca ganaremos discípulos hasta que le hablemos a la gente de Jesús. Podemos gastar mucho dinero, podemos construir edificios mayores, podemos tener sesiones de capacitación, pero aún nos falta comenzar conversaciones con personas perdidas y enfrentarlas con los asuntos eternos. Para que eso suceda, las iglesias tienen que arrepentirse de su silencio, crear culturas de ganar almas, como antes lo denominábamos, y enviar a las personas a testificar de su fe.

¿Cómo podemos evitar el nombre de Jesús cuando solo Él puede perdonar el pecado? Él es el único que puede cambiar a alguien de adentro hacia afuera. ¿Por qué no podemos hacerlo? Hagamos un inventario de nuestros recursos y veamos lo que nos falta:

- *Medios*. Tenemos al Espíritu de Cristo habitando en nuestro interior.
- *Mensaje*. Tenemos la Palabra de Dios, tan cortante como una espada de dos filos.
- *Mercado*. Estamos rodeados de personas que necesitan nuestro mensaje.
- *Métodos*. Tenemos dones espirituales que juntos hacen que seamos el cuerpo de Cristo.

Tenemos todo lo que necesitamos, aparte de la voluntad de ser obedientes. Es momento de arrepentirnos, cambiar nuestras actitudes y cambiar la cultura de nuestra congregación.

Nueve acciones que podemos emprender para hablar de Jesús cada día

¡Podemos alcanzar este mundo! Puede hacerse. Podemos alcanzar las naciones, pero debemos hacerlo alma por alma. La salvación llega a los individuos. Podemos ir a un grupo de personas, pero al final debemos presentarles el evangelio a las almas por separado.

Se trata de miles de millones de decisiones personales, pero en Cristo todo es posible. Nosotros solo tenemos la responsabilidad de nuestra propia obediencia y disponibilidad. He aquí nueve puntos de acción para aprender a hablar de Jesús de modo que el mundo pueda conocerlo.

Establece prioridades

No es difícil descubrir las prioridades de una persona. Puedes leer dos libros que te muestran la verdad: su chequera y su agenda. El dinero y el tiempo son los mayores tesoros de esta época, y el modo en que los empleamos lo dice todo acerca de lo que nos importa. Donde esté nuestro tesoro, allí también estará nuestro corazón (Mateo 6:21; Lucas 12:34). Muchos de nosotros estamos obsesionados por nuestra carrera, pero Jesús enseñó en Mateo 6 que no deberíamos preocuparnos por lo que vamos a comer ni a vestir más de lo que se preocupan las aves o las flores. Dios las cuida; ¿acaso cuidará menos de nosotros? Jesús dijo que si buscamos su reino y su justicia, las demás cosas nos serán añadidas.

En pocas palabras, Él diseñó nuestro mundo de modo que funcione solo cuando establecemos nuestras prioridades según el diseño de Él. Cuando ponemos en primer lugar su reino, todo lo demás encaja en su lugar. Cuando buscamos la salvación de los demás, de repente vemos nuestros propios problemas con el tamaño que tienen en verdad: no muy grandes.

¿Cuándo fue la última vez que participaste en un servicio: un hogar para los desamparados, un viaje misionero, un proyecto de limpieza? ¿Recuerdas lo bien que uno se siente cuando hace algo para Dios y para otros? Ese buen sentimiento llegó porque Dios te creó de ese modo. Establece la prioridad de alcanzar a las personas y servir en el reino de Dios, y tu vida será lo que siempre tuvo que ser. ¿Cuánto de nuestro tiempo y dinero están dedicados a Cristo, quien lo entregó todo por nosotros? ¿Cuánto es puramente egoísta? Las prioridades corregidas conducen a un mayor costo en la vida, al igual que al conocimiento de que estamos siguiendo a Cristo en obediencia.

Ora por las oportunidades

A lo largo de los años he tenido el método de estar abierto a las oportunidades de Dios. Durante los dos últimos años, sin embargo, he sido más intrépido en ese método: le he pedido a Dios oportunidades para hablar de Jesús a alguien cada día. He orado: «Señor, permite que le testifique del evangelio a alguien hoy. ¡Estoy aquí y preparado! Dame el momento y la persona». En cuanto comencé a orar esas palabras con regularidad, mi vida fue diferente. Tuve muchas más oportunidades que nunca antes de testificar del glorioso evangelio de Jesucristo.

En primer lugar, sé que esta es una oración que Dios responderá siempre, porque es el latido mismo de su corazón en lo que nos implicamos. Si eres padre o madre, imagina cómo te sientes cuando tu hijo acude a ti y dice: «¿Cómo puedo ser un mejor hijo? ¿Qué puedo hacer por mi hermano y mi hermana?».

En segundo lugar, esta oración es reveladora para mí en particular. Enfoca mi mente cada día en la razón por la que estoy aquí, de modo que la prioridad de hablar de mi fe no queda relegada a la parte trasera de algún lugar de mi mente, y entre otras cosas menores que ocupen su lugar.

Una vez que comienzo mi vida con una oración por oportunidades, soy consciente de que en algún lugar, en algún momento, Dios va a abrir alguna puerta. Cuando sabemos que algo va a suceder, estamos alertas. Es como escuchar el sonido de un auto que se aproxima cuando sabes que un buen amigo llega a tu casa. Sé que Dios está acomodando algo para mí, de modo que mi antena espiritual está sintonizada dondequiera que voy, con cada conversación que mantengo. «¿Qué me dices de esta cajera en el supermercado, Señor? ¿Qué te parece el hombre que trabaja en la gasolinera? ¿Qué me dices de ese vecino con el que me cruzo cuando doy un paseo?».

La batalla por una vida cambiada siempre comienza en la mente. Yo he reorientado la mía hacia el servicio en el reino, y lo recomiendo de manera encarecida a todo creyente.

Ora por nombre

Yo tengo una lista de oración. Llámame anticuado, pero fue lo bastante bueno para Jorge Müller.

Müller comenzó orfanatos para niños en Inglaterra durante el siglo XIX, y alimentó y les dio cobijo a muchos miles de niños, financiando décadas de operación sobre ninguna otra cosa, sino la oración a Dios para satisfacer sus necesidades. Nunca salió a pedir dinero; solo vivía como un notable guerrero de oración.

En 1897, un año antes de su muerte, escribió en su diario de oración que había recibido cientos de miles de respuestas a la oración en el mismo día, ¡o incluso en la misma hora en que había orado! Y aun así, admitió: «He estado orando durante cincuenta y dos años, cada día, por dos hombres, hijos de un amigo de mi juventud. Aún no se han convertido, ¡pero se convertirán! ¿Cómo podría ser de otro modo? Esa es la inmutable promesa de Jehová, y en eso descanso»[3].

Uno de los dos hombres se convirtió antes de que muriera Müller; el otro, unos años después[4]. Müller oró y siguió orando, incluso cuando las respuestas no parecían llegar con rapidez. El resultado fue cincuenta y dos años de ministerio poderoso y victorioso. ¿Te interesas lo suficiente por alguien para orar por esa persona a fin de que entre en el reino de Dios ya sea que tome días o décadas? En mi propia lista, oro por toda clase de personas y toda clase de necesidades. Al principio de la lista están los que no conocen a Jesucristo, y oro por ellos cada día por nombre. A veces comienzo enumerando a personas que conozco, y otras veces los nombres me vienen a la mente mientras estoy orando. Oro para que Dios abra sus corazones de modo que puedan sentir el peso de su pecado y su necesidad de salvación. Oro para que Dios dirija los caminos de sus vidas hacia una cita divina. Y oro para que Dios me ponga justo en el punto de intersección entre esa persona y la eternidad.

La oración intercesora es el otro lado de la moneda de la oración. Una cara es lo que oramos por nosotros mismos, que podamos tener la oportunidad; la otra es lo que oramos por individuos concretos, que nosotros u otro creyente obediente le testifiquemos con éxito del evangelio a esa persona.

Al igual que Jorge Müller, mi confianza ha crecido en las respuestas de Dios a la oración, solo por su historial en responder mis peticiones. Si te sientes incómodo con la idea de testificar de tu fe, mi consejo para ti es que comiences a orar cada día por todas las personas incrédulas que conozcas. Descubrirás que se disipa el temor, para ser sustituido por una pasión por la evangelización.

Prepárate de manera personal y práctica

El horno que le da poder a mi vida es el tiempo que paso con Jesús en su Palabra cada mañana. A decir verdad, no puedo imaginar el comienzo de mi día si no es de esta manera. Es probable que ya hayas escuchado esta sugerencia. Puede que te resulte conocida, pero eso no evita que sea esencial. Necesitas tener una cita diaria con Cristo para alimentar tu espíritu, al igual que necesitas comer todos los días para alimentar tu cuerpo. Ese tiempo a solas con Dios, con las Escrituras y con un espíritu tranquilo me preparan para el día como ninguna otra cosa podría hacerlo. Quiero ser transformado por la renovación de mi mente, lo cual no se produce de una vez, sino poco a poco, día tras día, a medida que crezco en su Palabra para llegar a ser un poco más semejante a Cristo que ayer (Romanos 12:2).

Sucede también algo más durante este tiempo: me preparo de forma espiritual. Cuando se produce ese encuentro ordenado por Dios, estaré al máximo. Una vez tras otra, me doy cuenta de que he leído justo el pasaje de la Escritura que necesito tener en mi mente antes de esa experiencia. Habré orado, y seré más fuerte y estaré más preparado. Estaré preparado para la victoria.

También es importante prepararnos en cuestiones prácticas. Eso significa equiparnos para hablar del evangelio. Una vez más, no es necesario contar con una exhaustiva comprensión teológica a nivel de seminario para hablar de Jesús. Sin embargo, nos hace falta conocer los puntos básicos de la historia del evangelio y cómo comunicarlos de manera poderosa y eficaz. Necesitamos prepararnos considerando las preguntas que las personas podrían hacer y las objeciones que podrían plantear.

¿Puedes dar un fuerte testimonio? Los puntos básicos son los siguientes: (1) tu vida antes de conocer a Cristo, (2) cómo conociste a Cristo y comenzaste a seguirle, y (3) cómo tu vida es diferente. Si nunca has dado tu testimonio, comienza escribiéndolo. Practica con un amigo. Haz que sea conciso, directo y convincente; y pídele al Espíritu de Dios que lo utilice como su recurso.

Prepara tus relaciones

El testimonio más eficaz llega mediante una poderosa relación. Necesitamos preparar a nuestros amigos para ese momento que dispuso Dios. Esto fue lo que nos capacitó para hablarle del evangelio a nuestro amigo Bruce. Entablamos una estupenda amistad; Bruce sabía que nos interesábamos de verdad por él como ser humano mucho antes de que habláramos siquiera con él acerca de entregar su vida a Cristo.

Isaías, el profeta del Antiguo Testamento, habló de preparar un camino para el Señor en el desierto, de enderezar una senda (26:7). Esta fue una profecía de Juan el Bautista, quien preparó a las personas de su época para oír a Jesús. «Enderezar una senda» es eliminar obstáculos, suavizar el terreno para un viaje eficaz. Todos somos Juan el Bautista, por así decirlo. Creamos una senda entre Cristo y alguien que le necesita. Procuramos eliminar cualquier obstáculo que le impida a esa persona escuchar su mensaje. El mundo, desde luego, pone una gran cantidad de basura en el camino. Nosotros somos los obreros que llegan antes para quitar todas las otras cosas de modo que Cristo pueda viajar sin problemas hasta la atención de esa persona.

No hace falta decir que todo lo que hacemos y decimos en el contexto de una relación es un reflejo de nuestro Señor. Habrás escuchado historias sobre personas que conducen de manera desconsiderada, incluso peligrosa, a la vez que llevan una pegatina en su auto que dice: «Toca el claxon si conoces a Jesús». Parte de nuestra oración diaria necesita ser que nos guíen en los senderos de justicia por causa de su nombre. En realidad, podemos crear obstáculos para el evangelio en lugar de eliminarlos, de modo que es importante que invirtamos nuestro tiempo en personas que necesitan a Cristo. Cuando hacemos eso, casi no podremos evitar tener discípulos. Cuando ellos saben que nos interesamos, les interesará lo que sabemos nosotros.

Presenta el evangelio

La evangelización por amistad es una idea estupenda, a excepción de cuando todo es amistad y nada de evangelización. Debe llegar un momento de presentar las buenas nuevas, de presentarlas con claridad y bien, y de pedirle a nuestro amigo que tome la decisión más importante de su vida.

La idea de hacer esto, por supuesto, causa temor en los corazones de la mayoría de los cristianos. Preguntan con ojos abiertos como platos: «¿Yo? ¡No sabría qué decir! Me quedaría helado». Eso podría ser verdad si estuviéramos haciendo la obra del mundo. En realidad, ese es un momento de Dios. Cualquiera que testifica del evangelio hablará de cómo las palabras llegan con facilidad, de cómo el Espíritu de Dios dirige la conversación. En Hechos 1:8, Jesús nos dice: «Pero cuando venga el Espíritu Santo sobre ustedes, recibirán poder y serán mis testigos». Jesús establece en Mateo 28:18-20 que se le ha dado toda autoridad en los cielos y en la tierra, y que Él estará con nosotros siempre. ¿Has considerado que tal poder y tal autoridad te respaldan cada vez que les hablas a las personas de Jesús? Si estás hablando debido a tu amor por Cristo, y si el evangelio es el centro de tu mensaje, tienes ese poder y esa autoridad. Dios honrará tu presentación y la llenará, al igual que una mano llena un guante. Sin embargo, el mejor vendedor del mundo no logrará nada si no habla en el poder y la presencia de Cristo. Este individuo será como un barco sin viento que empuje sus velas.

Esa es la esencia de lo que hacemos. No es tu capacidad de hablar lo que cambia a las personas. Es la conversación inspirada lo que cambia a las personas. Necesitamos testificar del evangelio en el poder del evangelio y por causa del evangelio. Si estamos dispuestos a estar disponibles para Dios, Él proporcionará el poder. Nosotros podemos esparcir las semillas, pero solo Dios puede hacer que esa semilla salga del terreno y se convierta en un árbol fuerte. Necesitamos sazonar nuestras conversaciones presentando el evangelio. Los pastores deben confeccionar sus calendarios de sermones en torno a la presentación del evangelio; demasiada predicación en la actualidad deja fuera al único mensaje que puede salvar almas. Los líderes de la Escuela Dominical y del estudio bíblico necesitan presentar el evangelio con regularidad.

Yo quiero que mi vida, desde ahora hasta el día en que muera, sea una presentación prolongada del evangelio al mundo. Si solo pudiera ser un cartel eficaz que les indique a las personas el cielo, no podría pedir nada más en la vida.

Proporciona el momento para recibir a Cristo

¿Puedes imaginarte invitando amigos a cenar, darles unos ligeros aperitivos y mantener una hora o dos de conversación mientras huelen maravillosos aromas provenientes de la cocina, pero sin sentarte a la mesa para cenar? No hacer la invitación es como una broma sin gracia o una novela de misterio sin solución. Necesitamos crear con intención el momento de pedir con claridad una decisión. Podemos darles de comer buenos aperitivos y entablar una bonita conversación, quizá nuestros amigos olerán el maravilloso aroma de la piedad, pero al final tenemos que preguntar: «¿Te gustaría recibir a Jesús en tu corazón y saber que si murieras dentro de cinco minutos pasarías la eternidad con Él?».

En cuanto a la iglesia, nuestros sermones y nuestra enseñanza deben ir al grano de manera clara, explícita e inevitable. Ya sea un llamado al altar o que se escriba una decisión en una tarjeta, o algún otro medio, debe haber ese momento en que se plantee la pregunta, y debe haber la oportunidad para que se decida la respuesta.

Posición para el futuro

Un Dios todopoderoso atrae a las personas a Él mismo; nosotros, sus siervos, hablamos del evangelio. Aun así, las personas pueden declinar la invitación por varias razones. Como es natural, nosotros experimentaremos un gran sentido de descontento cuando suceda eso, pero recuerda a Müller, que oró por los mismos dos hombres durante muchos años. Debemos tener en cuenta el calendario de Dios.

Cuando las personas no aceptan el evangelio, necesitamos ser cuidadosos en respetar sus deseos, por mucho que estemos en desacuerdo con ellas. La peor estrategia posible sería presionar, creando tensión y hasta hostilidad. Cuando sucede eso, no solo minamos nuestros futuros esfuerzos, sino también los de otras personas. ¿Has conocido alguna vez a alguien que se sintió herido por intentos mal guiados y demasiado persistentes para que se convirtiera? No necesitamos obstáculos extra; en cambio, debemos pensar en posicionarnos nosotros mismos para el futuro. Las semillas se plantaron; ahora podemos enfocarnos en la amistad y esperar que Dios haga algo. Puede que incluso le corresponda a otro guiar de modo eficaz a esa persona hacia el reino de Dios.

Amamos a las personas, incluso cuando no amemos sus decisiones. Así se siente Dios con respecto a nosotros, ¿no es cierto? Cuando sienten que les aceptamos de modo incondicional, lo agradecen, y estarán más dispuestos para otras conversaciones en el futuro.

Pon tu confianza en Dios

Suceda lo que suceda, alaba a Dios y sigue confiando. Nuestra responsabilidad termina en la obediencia. Nuestra tarea es proporcionar una presentación del evangelio eficaz y dirigida por el Espíritu. Cualquier cosa más allá de ese asunto queda entre la persona y Dios.

Por consiguiente, nosotros también debemos descansar. Esto significa persistir en la oración, llamar con suavidad, no golpear, a las puertas del cielo con nuestro deseo de ver a alguien acudir al Señor. Recuerda que también ese es siempre el deseo del Señor. Como dice el viejo himno «Obedecer, y confiar en Jesús», nosotros obedecemos y confiamos porque no hay otra manera. Ocuparnos de los asuntos por nosotros mismos, mediante la manipulación o forzando el asunto, sería el curso de acción equivocado. No podemos saber lo que Dios tiene preparado; quizá más adelante Él será mucho más glorificado por el modo en que esa persona llegue a aceptar el evangelio. Tal vez Dios quiera que tú aprendas la perseverancia en la oración. Descansa en el conocimiento de que todo está en las manos de Dios y que tú has sido fiel; entonces, sigue hablándole del evangelio a todo aquel que no conozca a Cristo. Cuanto más pase el tiempo, mayor será tu gozo y más abundante será el fruto que des para Él.

Todo se reduce a algo muy simple: hablar de Jesús cada día, de todas las maneras.

CAPÍTULO 7

Deséalo de manera profunda

Echemos un vistazo al futuro a través de una pequeña parábola de lo que podría ser.

La parábola de Operación Bob

Bob era el tipo de hombre que se deslizaba dentro y fuera de las habitaciones sin que lo notara nadie. Era un hombre tranquilo, en el proceso de ir quedándose calvo, con gafas y que, casi siempre, se sentaba en el último banco de la iglesia. Solo era otro contable profesional que le encantaban los domingos... hasta una mañana en particular de un otoño en particular de un año en particular.

El pastor anunció una nueva serie de sermones sobre la administración bíblica, fingiendo no escuchar los ahogados quejidos por toda la sala.

Es una lástima, pensó Bob. *A las personas parecen no gustarles los sermones que hablan de finanzas. Sin embargo, es una parte muy importante de la vida.*

Bob se puso de pie y se aclaró la garganta; el pastor miró hacia él con sorpresa.

—¿Podría decir unas palabras? —preguntó Bob.

—Uf... por favor, haga como le plazca —respondió el pastor con nerviosismo.

—Me parece que estamos enfocando este tema del modo equivocado —dijo Bob—. En lugar de hablar de lo que podemos ver para así dar, deberíamos estar hablando de lo que daríamos para después ver.

—Bien, Bob —dijo el pastor frunciendo el ceño—. ¿Pero podría explicar cuál es el asunto...?

—El asunto es *qué* —interrumpió Bob—. Me gustaría pedirles a todos que pensaran durante un momento. ¿Qué podríamos hacer si llegáramos a la iglesia un domingo en la mañana, abriéramos las puertas y descubriéramos que Dios nos dejó un cheque de ochenta y seis mil millones de dólares?

Algunas risitas, un resoplido y varias voces impacientes se escucharon desde el lateral izquierdo.

—Deje hablar al hombre, Wendell... usted también, Myra June —dijo el pastor con firmeza.

—Trabajen en esto conmigo, amigos —continuó Bob—. Tenemos un cheque de ochenta y seis mil millones de dólares y podemos utilizarlo como queramos.

—¡Podríamos construir el parque temático "Jesús" más sensacional de la galaxia! —gritó un adolescente.

—Eso sería egoísta, Eugene —dijo su espantada mamá haciendo callar al muchacho—. Creo que desearíamos hacer algo para ayudar a las personas con ese dinero.

—Eso es —dijo otra persona—. Podríamos alimentar a muchas personas que tienen hambre. Y mientras estuvieran disfrutando de sus comidas y ayudándonos, podríamos plantarles huertos de verduras a fin de que no pasen hambre al mes siguiente... bien, apuesto a que nos escucharían cuando les habláramos de Jesús, de Aquel por quien lo estábamos haciendo.

Hubo muchos oh y ah por ese comentario; incluso uno o dos extraños «amén». ¡Tales respuestas no tenían precedente en conversaciones sobre administración!

—Podríamos contratar médicos, enviar medicinas, cavar pozos, construir escuelas —dijo otra persona.

—¡Misioneros! —exclamó una joven—. ¡Pensemos en los misioneros! Podríamos enviar ejércitos de misioneros bien preparados de verdad, quienes podrían ir con los recursos para ayudar, sanar...

—¡Para alimentar y predicar! —continuó otra persona—. ¿Pueden imaginar la presencia cristiana que tendríamos *en todas partes*?

Fue entonces cuando la gente comenzó a aplaudir y a proclamar sus propias ideas. Sin embargo, Fred, quien había dado el resoplido, habló por encima de la creciente ovación:

—Qué malo es que sea un sueño imposible. No he escuchado que últimamente Dios haya rellenado ningún cheque de ochenta y seis mil millones de dólares. ¿Y ustedes? A decir verdad, lo último que oí es que su método era que paguemos todas las facturas.

A Fred lo conocían como un aguafiestas. Aun así, tenía razón, y la conversación se detuvo por un instante... hasta que Bob preguntó:

—¿Qué cantidad de esa *es* tu propio dinero, Fred?

Fred tartamudeó un poco, y después se quedó callado. Bob continuó:

—Quizá sea solo yo, pero por lo que *leo* en la Biblia, *todo* le pertenece a Dios. "Dar" es "devolver" en realidad.

Se oyeron algunos «sí» y «tiene razón». (El pastor ya había tomado asiento, metiendo con sumo cuidado su bosquejo del sermón en su Biblia).

—Y según lo que leo en algunas estadísticas recientes —continuó Bob—, podríamos devolver con facilidad ochenta y seis mil millones de dólares. De ahí saqué la cifra de ese cheque... en un artículo de la Internet. Ese dinero está en nuestros bolsillos en este momento, amigos: ochenta y seis mil millones es lo que conseguiríamos al dar el diez por ciento, el diezmo, de cada miembro de las iglesias en Estados Unidos de América. Y esas personas han sacado las cifras y han pensado que podríamos erradicar el hambre y la mayoría de las enfermedades con ese tipo de presupuesto, a la vez que predicaríamos el evangelio de Jesucristo.

Hubo silencio durante varios momentos, mientras las personas permitían que la idea calase en ellas.

—Lo que yo daría por ver eso —dijo al final el pastor con un profundo suspiro.

—¡Esa es precisamente mi idea! —dijo Bob—. No es lo que debiéramos dar. Es lo que *no daríamos* para ver a Dios hacer tales maravillas. Gracias.

Y con esas palabras, Bob se sentó para dejar que continuara el servicio.

Solo que no continuó. No podía continuar. Nadie podía quitarse las imágenes de su mente: imágenes de cosas, maravillosas cosas, que sucedían debido a que los cristianos obedecían en realidad a Dios y le honraban con el primer diez por ciento de todo lo que les había confiado Él. Una mujer que era respetada por todos se puso de pie y dijo:

—Creo que quizá Dios interviniera hoy. Propongo que pasemos diez minutos, o todos los necesarios, para orar y decidir como individuos lo que debiéramos hacer con respecto a todo esto.

Diez minutos después, comenzó: las personas se ponían de pie en sus asientos para anunciar que nunca habían honrado a Dios con el primer diez por ciento de todo, pero que sabían que era momento de comenzar a hacerlo. Hubo algunas lágrimas, algunos estallidos de aplausos y silbidos. Estaba comenzando a parecerse a un mitin político.

Es cierto que unos cuantos pensaron que todo eso era una locura y se fueron; pero fueron contrarrestados por muchas personas que estaban tan emocionadas que se comprometieron a dar extra para compensar a esos que no podían o no querían dar.

En las siguientes semanas el dinero comenzó a entrar, por manos propias, por correo, por transferencia. Algunas eran compromisos firmados para dar, pero hubo otras notables ofrendas de «primeros frutos» también. Las personas vendieron autos de lujo, joyería, propiedades. Dos familias pasaron adelante para decir que irían a cualquier lugar, donde se les necesitara, para predicar el evangelio ellas mismas. Siete adolescentes anunciaron llamados para estudiar en el seminario y después ir a las misiones; varios adultos solteros consideraban hacer viajes al extranjero.

Los rumores se iban difundiendo con las noticias de aquel loco domingo. La gente llamaba al pastor, y él solo sonreía y les refería a Bob. Poco después, Bob mismo estaba relatando la historia una y otra vez, delante de otras iglesias y organizaciones misioneras cuyos miembros escuchaban sentados boquiabiertos.

El testimonio de Bob en *YouTube* se convirtió en viral. Y con bastante naturalidad, todos querían participar. La idea prendió fuego como un incendio; y justo en medio de una recesión económica. Las personas solo lo denominaban «cumplir la Gran Comisión», pero los medios de comunicación, que no tenían muy clara la terminología bíblica, comenzaron a hablar de «Operación Bob». Prácticamente se rascaban la cabeza sin parar, intentando entender qué tenía Bob que pudiera desencadenar un movimiento así. Bob solo se encogía de hombros y decía que él no tenía que ver nada en absoluto. Entonces les preguntaba si les gustaría tener un ejemplar del Nuevo Testamento.

Los cálculos fueron que si «Operación Bob» hubiera sido una organización con un presupuesto único, ese presupuesto habría sobrepasado los cien mil millones de dólares. Aun cuando algunos se negaban a dar, otros daban el treinta, el cuarenta o el cincuenta por ciento, y el resultado fue un auge económico cuando tanto capital se hizo efectivo.

De una manera que nadie esperaba, los estadounidenses estaban exportando bienes, trabajo y personas otra vez... *en el nombre de Jesucristo*. ¿Quién lo sabía?

Se trata del acontecimiento más revolucionario desde alrededor del año 30 d. C.

• • •

¿Qué darías tú, o que *no* darías, para ver surgir la revolución por todo el planeta? ¿Para ver la Iglesia de Dios pasar a la ofensiva, predicando el evangelio con la suprema urgencia y el compromiso total?

Bienvenido a mi sueño.

¿Puedes imaginar la cadena de acontecimientos si todos los seguidores de Jesucristo se tomaran en serio emprender su obra? ¿Si todos nos uniéramos y comenzáramos algo nuevo basado en la proposición de que Dios posee todo y que deberíamos hacer que venga su reino al devolver? Ese sería un hermoso punto de partida. Entonces, a medida que ese dar se pareciera a lo que siempre debería haber sido, ¿qué pasaría si las iglesias decidieran enfocar sus presupuestos en cumplir la Gran Comisión, tanto en dar como en enviar a personas? Solo el pensarlo me da escalofríos.

Sin embargo, lo siguiente es lo que veo cuando me despierto de mis visiones de las buenas nuevas y leo las noticias reales. Veo afirmaciones como la siguiente en un reciente ejemplar de *USA Today*:

«El diezmo está en declive», dijo el Rvdo. William Hull, profesor e investigador de la Universidad Samford y ministro bautista. «A la generación más mayor se le enseñó a diezmar. Eso ya no se enseña mucho»[1].

Esas no son buenas noticias en absoluto.

John y Sylvia Ronsvalle, fundadores de *Empty Tomb, Inc.*, en Champaign, Illinois, han sugerido que ochenta y seis mil millones de dólares, la cifra que Bob citó en nuestra parábola, sería el resultado de que cada miembro de las iglesias aumentara su donativo hasta el diez por ciento[2]. Eso supone una *suma* de ochenta y seis mil millones de dólares; en otras palabras, por encima de lo que ya estamos dando. Así que nuestros salarios, nuestros programas y nuestros presupuestos para el mantenimiento de la iglesia no se verían afectados, a excepción de agarrar el inevitable desbordamiento de la bendición de Dios.

Eso es lo que sucede cuando somos obedientes a Él. Las ondas comenzarían a extenderse hacia fuera en todas direcciones, al igual que cuando lanzamos una piedra al agua. Sucederían cosas buenas en el crecimiento económico, se reducirían los delitos, habría mejor salud física y mental y todo lo demás que puedas imaginar. En realidad, todo eso comenzaría a suceder porque nosotros estaríamos muy ocupados obedeciendo a Dios, y Él estaría muy ocupado cumpliendo las promesas que nos ha dado en la Escritura.

Los Ronsvalle han escrito que con ochenta y seis mil millones de dólares podríamos satisfacer las necesidades físicas esenciales de las personas en cada país del Tercer Mundo. Podríamos financiar soluciones eficaces para agua potable, higiene, cuidado infantil, alimentos, educación, vacunaciones y un serio ataque a la pobreza[3]. Y, desde luego, nuestras redes estarían rebosando a medida que nos convirtiéramos en pescadores de hombres y mujeres.

El gran cuadro

La Gran Comisión, como ves, es una idea global. No es algo que hacemos nosotros. Está en el corazón de todo lo que hacemos. No es una tarea que vamos a algún lugar para cumplir; es algo que hacemos allí donde nos ha plantado Dios, comenzando con la persona perdida que está más próxima en cualquier momento dado. No solo se trata de necesidades espirituales, sino también de necesidades físicas; no solo se trata del alma, sino también de todo el cuerpo. Eso significa ministrar a las necesidades físicas, mentales y espirituales dondequiera que las encontremos.

Necesitamos dejar de dividir en compartimentos las ideas de nuestra fe y comenzar a ver las cosas de manera integral. Es probable que a estas alturas hayas descubierto que estoy a favor por completo de la iglesia local, al igual que estoy a favor por completo de la Gran Comisión. No hay dicotomía entre las dos. Me siento frustrado cuando escucho a personas decir cosas como: «Cruzar el océano para ir a otro lugar está bien y es bueno, pero deberíamos comenzar con este barrio. ¡Tenemos muchas necesidades justo aquí!». Jesús no utilizó la palabra *o* en la Gran Comisión. Él habló de «Jerusalén, en toda Judea, en Samaria, *y* hasta lo último de la tierra» (Hechos 1:8, RV-60, énfasis añadido). No es una pregunta con una sola respuesta, sino una lista de cosas por hacer.

Creo que las iglesias que no están ganando a los perdidos en sus propios barrios necesitan arrepentirse, aun cuando estén enviando muchos fondos al extranjero para la obra misionera. No limpiamos el interior de la casa o el exterior; los limpiamos a los dos. Tú tienes que dar tu voz en las elecciones locales y las elecciones federales. Tienes que amar a tu vecino de al lado y a tu vecino del otro lado del mundo lo suficiente para conducir a cada uno de ellos a Cristo.

Nuestra tarea está aquí, allí y en todas partes. Implica predicar, enseñar y ministrar necesidades. Es *inmensa*. Se deduce que será costosa, en todos los sentidos de esa palabra. No obstante, ¿es incluso posible predicar el evangelio en todas partes? ¿Hacer discípulos de todas las naciones? Claro que lo es. Los números al comienzo de este capítulo muestran que es más que posible. El dar de modo básico, como prescribe la Biblia, haría que se realizara más que bien la tarea, al igual que unos cuantos panes y pescados alimentaron a cinco mil personas quedando sobras suficientes para el almuerzo del día siguiente.

Lo que esas cifras consideran siquiera, desde luego, es que el grupo actual de creyentes cristianos no supondría todos los donativos que se producirían. ¿Por qué? Porque las personas que fueran alcanzadas comenzarían también a dar desde el corazón. Los nuevos creyentes son los mejores evangelistas. Los nuevos creyentes ofrecen su tiempo y su pasión como ninguna otra persona. Cuando los alcanzamos, cosechamos el torbellino de expresión llena del Espíritu que proviene de su gozo.

Si los cristianos existentes solo caminaran la primera milla y dieran el primer diezmo, comenzaría un derramamiento (no solo de dinero, desde luego) que cambiaría el mundo para siempre y apresuraría el regreso de Cristo. Sería algo parecido a los grandes avivamientos de la historia de los últimos tres siglos, pero con resultados exponenciales.

El potencial existe. Siempre ha existido. Sin embargo, comienza con el corazón que se interesa y da. Por eso hemos llegado al punto difícil, en estos dos próximos capítulos, de enfrentarnos a uno de los mayores problemas prácticos en esta tarea: el dar. Aun así, dar no es el verdadero reto, sino quererlo lo suficiente. Si tienes diez dólares en tu cartera, no es ningún reto comprar un objeto que cueste diez dólares o menos; lo único que necesitas es el deseo de comprarlo.

Tenemos todos los recursos en este momento. El problema no está en la riqueza, sino en la voluntad.

Ser un discípulo de Jesucristo significa que Él es dueño de ti, hasta del bolsillo o de la cartera donde reside tu chequera. Él es dueño de tu calendario, y es dueño de tu cuenta bancaria. Él es dueño de tus relaciones, tus talentos, tu trabajo, tus oportunidades. Tú solo eres un cuidador, un administrador de todo eso. Es más, no eres dueño de nada, y Dios es dueño absolutamente de todo.

No te ofendas por aprender de repente que no eres dueño de nada. Eso no significa que seamos personas sin un céntimo que se refugian en el polvo fuera del palacio. No, las puertas del castillo se nos abrieron de par en par. Nosotros somos los «herederos del reino que ha prometido a los que le aman» (Santiago 2:5, RV-60), no campesinos, sino de la realeza. Él nos ha otorgado libre acceso a su trono y todos los privilegios de la realeza. Al mismo tiempo, también es cierto que todo está sujeto a su señorío. ¡Es mucho mejor que vivir en el polvo!

Para decirlo con sencillez, *Dios es el dueño de todo*. Y ese es un punto de alabanza, porque solo Él puede gobernar con sabiduría la espesura de las posesiones y las finanzas. Es una profunda y abundante bendición entregarle nuestras posesiones a Dios. Si no lo hacemos, no seremos dueños de ellas, sino que nos poseerán. En cambio, las ponemos todas delante de su trono. Entonces, al buscar su reino por encima de todo lo demás, descubrimos que todas esas cosas nos son añadidas (Mateo 6:33).

De modo que eso es lo que somos: hijos perdidos que los adoptó un Rey que entregó a su propio Hijo, a fin de adoptarnos en su casa. Él nos ha dado gozo, paz, amor y todo lo que necesitamos, llamándonos a su adopción como hijos amados.

Al entender esto, nos quedamos sin palabras por la emoción y la gratitud. Vamos delante de su trono y decimos: «¡Padre, estamos abrumados por todo lo que has hecho por nosotros! ¿Qué podríamos hacer para servirte? ¡Debemos corresponder a tu amor de algún modo!».

Y entonces, una mirada de determinación se muestra en su brillante y majestuoso aspecto. Sus ojos parecen alcanzar la distancia, mirar más allá del horizonte, a tierras no descubiertas aún. Él dice:

—Ve y trae a casa a los demás. A mis otros hijos. ¡Hay muchos de ellos! Ve y busca a tus hermanas y hermanos perdidos y dispersos, dondequiera que hayan ido. Venda sus heridas, dales algo de comer y háblales de mí. Háblales de nuestro reino. ¡Tráelos a casa!

—¿Pero cómo? —preguntamos nosotros.

—Yo te daré cada palabra que necesites y mucho más. Te doy autoridad y poder del reino, de modo que las puertas del infierno no puedan prevalecer contra ti. A veces, sentirás que vas hacia ahí. Sin embargo, no importa. Esta es una batalla que ya se ganó, aunque muchos de mis hijos no lo han escuchado o, al escucharlo, no lo han entendido aún. Por eso debes ir y traerlos a casa.

Eso, amigos míos, es un cuadro de quiénes somos y de nuestra tarea. ¿Por qué, entonces, creemos que es económicamente imposible? No se trata de dinero, sino de deseo. ¿Lo queremos lo suficiente? ¿Tenemos en verdad la gratitud para agradar a Dios en lo que más desea Él?

Echemos un vistazo a nuestra misión de rescate desde el punto de vista de los recursos.

La palabra con D

Como pastor, he sabido por mucho tiempo lo que saben todos los líderes cristianos:

1. El dinero es el tema del que Jesús habló más que de cualquier otro.

2. El dinero es el tema que sus seguidores evitan más que cualquier otro.

Las personas se ponen tensas cuando se plantea el asunto. Descubrí muy pronto en mi ministerio que podía hablar casi acerca de todo lo demás desde el púlpito, pero en el instante en que mencionaba las finanzas, la temperatura de la sala descendía en picado. Los miembros de la iglesia preferían que su pastor se limitara a los temas del cielo y el infierno, aunque Jesús en realidad tuvo menos cosas que decir sobre esos asuntos que con respecto al modo en que debemos manejar nuestras posesiones. Este fenómeno se extiende a otras esferas aparte del santuario. ¿Qué es lo que causa la mayor discordia en el matrimonio? El dinero. ¿Por qué luchan todos en la política? ¿En los negocios? Por el dinero.

Para la mayoría de las personas en una sociedad, el dinero es el eje que hace girar las ruedas del mundo. Es el modo en que anotamos la puntuación. La Biblia, desde luego, dice otra cosa distinta (razón por la cual las personas prefieren no predicar al respecto); pero las personas se evalúan a sí mismas y las unas a los otros sobre la base del dinero por igual. Dinero es poder. Es estatus; es la llave maestra (así lo creen) que abre todas las puertas. Por eso las personas lo protegen, lo planifican, hacen complot, se preocupan, lo codician, engañan y sueñan despiertos con él más que con ninguna otra cosa.

Hace muchos años, durante mis estudios, descubrí que me atraían las teologías de la administración, los donativos, las misiones y el Espíritu Santo. Pasé mucho tiempo estudiando y reflexionando en los temas de darle al césar, al Salvador y a uno mismo. Me volví muy motivado, muy impulsado a comunicar lo que escuchaba a Dios decir sobre un tema tan crucial.

Jesús dijo que los corazones de las personas gravitarían hacia donde estuviera su tesoro. Si quería cambiar los corazones de las personas, necesitaba atravesar ese cofre del tesoro del mundo que se interponía en el camino. Quería que las personas aprendieran el significado de la palabra *administración*: el manejo sabio y adecuado de todo lo que Dios nos ha confiado, ya sea tiempo, talento, cosas o cualquier otro asunto. Nuestra administración nunca puede ser mayor que nuestra perspectiva de Dios.

Es más, la relación existente entre las dos cosas es estrecha. Es imposible ser piadoso y avaricioso. Las dos cosas se niegan a coexistir; Jesús estableció el punto cuando dijo que no podíamos servir a Dios y al dinero. Amar a uno, dijo Él, nos hará aborrecer al otro (Mateo 6:24). Por lo tanto, debemos escoger. ¿A qué amo seguiremos? ¿Cuál debemos dejar atrás?

Para mí, no es demasiado complicado; uno de los dos me amará, me bendecirá y me dará la vida eterna; el otro no hará otra cosa sino esclavizarme, conduciéndome por una búsqueda de toda la vida que nunca produce satisfacción. Además, no es ni siquiera una pregunta en realidad. Muy por encima de la preocupación por mi persona, el hecho sigue siendo que hay un Dios, y Él es dueño de toda la riqueza y de todo lo demás. Adorar cualquier otra cosa o persona aparte del Dios todopoderoso es en última instancia un acto de irracionalidad, de lógica absurda.

El enfoque bíblico de la vida es reconocer que no poseemos nada y que Él lo posee todo. Él nos ha confiado muchas cosas, y nos hará rendir cuentas por el modo en que las hayamos administrado. ¿Cómo hacemos uso de este tiempo? ¿Cómo hacemos uso de este salario? ¿De esta oportunidad? ¿De esta relación? ¿De esta salud? Todas estas cosas son un préstamo del cielo, se nos han dado para el servicio de Él. Cada una tiene un brillo satisfactorio cuando se utiliza como es debido o está corrupta y pervertida cuando se usurpa.

Entonces, ¿cuáles son los propósitos celestiales a los que sirven estos recursos? Jesús nos lo dice en Mateo 28:19, y nos lo vuelve a decir cuando estamos delante de su trono: *Vayan y hagan discípulos. Hagan discípulos a todos los pueblos del mundo.* Por lo tanto, ofrendo dinero para cualquier causa que haga discípulos de todas las naciones. Utilizo mis relaciones personales para restaurarles y para ayudar a otros a que lo hagan. Invierto mi tiempo en estrategias para ganarles. Descubro cómo encajan mis talentos en la Gran Comisión, de modo que contribuyan a restaurarles. Trato mi cuerpo como templo de Dios, de modo que pueda ser un mensajero eficiente para esos hijos. En otras palabras, soy un servidor, un administrador. No poseo nada, aunque todo lo que Él tiene está a mi disposición. Organizo mi vida en torno a llevar a cabo esta misión de dos mil años de antigüedad que Él nos ha asignado a mí y a cada persona que conozco.

Bajo una nueva administración

Kevin Miller, editor y ejecutivo en *Christianity Today*, describe las historias que escuchó de su padre cuando era niño. El Sr. Miller idolatraba a hombres de negocios ricos y exitosos durante su época. Las historias sobre esos titanes comerciales llevaban el mensaje de que si uno tenía suficiente dinero, tendría verdadero poder. Podría hacer todo lo que quisiera.

Sin embargo, un día fue a la iglesia con su esposa y su hijo. Algo en el sermón tocó su corazón de manera que nunca había anticipado, y le entregó su vida a Jesucristo ese día. Desde entonces, fue un dedicado discípulo de su Señor. Leía una Biblia muy manoseada y le hablaba a su hijo de todas las cosas que estaba aprendiendo. Le decía con una sonrisa: «He comenzado a diezmar, Kevin. Es toda una aventura».

Cuando murió el padre de Kevin, hubo muchas personas en el funeral. Una mujer se le acercó a Kevin y le dijo: «Es probable que no me conozca, pero en una ocasión yo estaba en un matrimonio terrible y abusivo. Tenía que escapar o no seguiría con vida. Su padre pagó para que yo fuera a la universidad y aprendiera a ser dentista. Nadie sabía nada, pero él lo pago todo. Ahora soy feliz y tengo paz, y eso nunca habría sucedido si su papá no me hubiera salvado la vida».

Kevin miró de nuevo al ataúd abierto y pensó en el día en que su padre comenzó a seguir a Jesucristo. ¿Qué habría ocurrido de otro modo? Quizá él habría acumulado mucho dinero, intentando parecerse más a sus viejos héroes, los hombres de dinero. Tal vez habría buscado poder. En ese momento, dentro de aquel ataúd, ni el dinero ni el poder le habrían hecho ningún bien en absoluto. En su lugar, había intercambiado gran parte de ese dinero por actos de amorosa bondad, y esas cosas son eternas[4]. Nos siguen hasta el mundo siguiente, donde el Señor nos espera y dice: «¡Hiciste bien, siervo bueno y fiel!» (Mateo 25:21, 23).

La historia y nuestras propias experiencias están llenas de relatos acerca de personas como el padre de Kevin Miller, cuyos valores cambiaron porque cambiaron sus corazones. No es cuestión de una resolución de Año Nuevo ni un esfuerzo rechinando los dientes para ser más generoso; tenemos que cambiar de dentro hacia fuera. Lo que suceda en el corazón determinará lo que sale de la mano.

Debe llegar un momento en el que escuchemos un susurro divino, asintamos con la cabeza y digamos: «Sí, Señor, es todo tuyo. Nada es mío ni nunca lo ha sido. Mis ojos se están abriendo ahora a lo que ha sido cierto desde el principio. Soy un cuidador al servicio del Señor del universo y no el dueño de ninguna propiedad grande o pequeña. Soy mucho más rico por ser tu administrador de lo que sería jamás siendo el rey más rico del mundo. Desde ahora en adelante, tú me guiarás en el uso de todo lo que tengo». Y cuando llegamos al lugar en el que podamos decir eso, sentimos su radiante sonrisa y escuchamos la tranquila voz del Espíritu diciéndonos: «Bien, hijo mío. Entonces comienza la aventura. Vas a experimentar más gozo y más contentamiento del que nunca pensaste que fuera posible».

Con el concepto de *mío* eliminado de nuestros procesos de pensamiento, es como si estuviéramos mirando al mundo con un nuevo par de ojos. Miramos un auto y ya no lo vemos como un símbolo de estatus, algo que nos hace parecer a la última y acomodados delante de los demás; vemos un vehículo para llevarnos a lugares donde Dios nos necesita. Ya no miramos una casa y vemos un lugar de lujo y perezosa comodidad; vemos un lugar para el ministerio, un sitio donde entablar relaciones que servirán a Dios. Ya no vemos el dinero como algo que acumular y desear; lo vemos como una semilla para plantarla y obtener una cosecha en el huerto del reino de Dios. Tiempo, relaciones, oportunidades, carreras; todas estas cosas adoptan nuevos y eternos significados. Las cosas más pequeñas ahora tienen valor, porque son parte del tejido de la obra de Dios; cosas que antes parecían muy importantes ahora son solo medios hacia una pasión global de servir al Señor.

También están esas cosas maravillosas de las que el mundo nunca nos habló: la alegría de dar, por ejemplo. El mundo siempre nos está diciendo que dar es una carga, algo que evitar. Nunca nos dice que no solo es más bienaventurado dar que recibir, sino que agrada mucho más. El mundo nos dice que «busquemos ser el número uno», pero nunca nos dice quién es en verdad el Número Uno. Nunca nos habla del costo del servicio ni de la paz del sencillo contentamiento. El mundo presenta placeres superficiales e ilusorios, brillantes y tentadores, pero vacíos al final. Oculta la verdad acerca de todo lo bueno. ¿Has encendido alguna vez la televisión y has visto un anuncio que te dice que no necesitabas ningún producto más en absoluto, que «gran ganancia es la piedad acompañada de contentamiento» (1 Timoteo 6:6, RV-60)?

El espíritu de dar

¿De dónde proviene ese «deseo» tan importante? Los versículos finales de Hechos 4 nos dicen cómo era la primera generación de la cristiandad cuando descubrió el poder de un corazón que da. Dejaron de preocuparse mucho por las cosas y empezaron a interesarse los unos por los otros y por el mundo que les rodeaba. Comenzaron a compartir sus posesiones, ayudando a los pobres. En estos versículos escuchamos por primera vez acerca de Bernabé, cuyo nombre significa «hijo de consolación». Se siente tan consolado que vende un campo que posee y pone las ganancias a los pies de los discípulos. Solo puedo oírle decir: «Este terreno solo estaba produciendo una cosecha de poco grano. Quiero ver una cosecha de almas eternas».

El espíritu de dar con generosidad siempre está vinculado con la Gran Comisión, con alcanzar a nuevas personas. Lucas, quien escribió Hechos, nos dice que los creyentes estaban experimentando a Dios de una nueva manera. «Los apóstoles, a su vez, con gran poder seguían dando testimonio de la resurrección del Señor Jesús. La gracia de Dios se derramaba abundantemente sobre todos ellos» (4:33).

El Espíritu Santo es el que abre nuestros corazones y nuestras manos, de modo que queremos dar. Sin embargo, las cosas que más queremos dar no son las finanzas, sino que queremos mostrar la fe. Un campo podría producir un poco de pan para Bernabé, pero ese pan se consumiría y desaparecería. El Pan de vida, por otro lado, nos consume. Jesús nos da un gozo que no se puede sujetar ni acaparar; se le debe expresar a todo el mundo. Necesitamos un poderoso derramamiento del Espíritu Santo sobre nuestras vidas y nuestras iglesias, pues sin Él nunca aprenderemos estas lecciones. Podemos leerlas en la Biblia, podemos oírlas en nuestras iglesias, podemos instar a otros a que las sigan; pero sin Él, nunca gobernarán nuestros corazones. Jesús dijo: «Cuando venga el Espíritu de la verdad, él los guiará a toda la verdad» (Juan 16:13).

Necesitamos esa dirección en la actualidad; es nuestra gran esperanza final.

A principios de los años ochenta, comencé a encajar las piezas del rompecabezas de la administración, las misiones, el dar y la persona del Espíritu Santo. Se produjo una conclusión en mi interior, y nunca he perdido mi impulso para seguir sus implicaciones. La conclusión es en sí la siguiente: Dios nos ha dado nuestras vidas, nuestras iglesias y nuestros recursos como medios para asegurarnos de que cada persona en este mundo pueda escuchar el evangelio y convertirse en un discípulo. Esa creencia ha sido la brújula que ha guiado mi vida y mi ministerio durante más de tres décadas. No siempre la he seguido a la perfección; mis pies se han desviado del camino en varios sitios, pero cuando me he dado cuenta de que me he desviado y he apartado mi vista del cumplimiento de la Gran Comisión, me he arrepentido, he sentido la renovación del perdón de Dios y he regresado a la búsqueda con mayor resolución. Después de eso, he vuelto a mirar cada cosa con los ojos de la Gran Comisión, viendo el modo en que todo en este mundo está englobado en nuestro propósito de alcanzar las naciones y hacer discípulos. He escuchado un poco mejor la voz del Espíritu Santo y he tenido más cuidado de apropiarme de su poder para sus propósitos.

Somos ciudadanos del cielo que estamos aquí para propósitos de reclutamiento. Solo tenemos ciertos años en este mundo, y debemos utilizar ese tiempo para asegurarnos de que cuando nos vayamos, nos llevemos con nosotros tantas personas como podamos. No obstante, aun cuando vemos las cosas con un filtro celestial, tenemos que tratar realidades de este mundo. Este es territorio hostil. Hay muchas personas que se opondrán con aspereza al propósito que nosotros queremos servir. No solo eso, sino que para lograr inmensas metas, necesitamos inmensos recursos financieros. Veamos las dos realidades críticas de los retos del mundo real.

La misión es costosa

En primer lugar, para cumplir la Gran Comisión necesitamos dinero y mucho. Ahí está; ¡lo hemos dicho! Y como Bob observa en la parábola de este capítulo, las personas en realidad no quieren oír sobre dinero al hablar acerca de Dios. Podrían preguntar de manera razonable: «¿Por qué no buscar metas espirituales mediante medios espirituales?». «No será por la fuerza ni por ningún poder, sino por mi Espíritu» (Zacarías 4:6). Ese es un buen versículo; entonces, ¿por qué no hace Dios que todo se haga de manera milagrosa? ¿Por qué necesitamos dinero humano en realidad, cuando el Dios todopoderoso tiene el poder de hacer lo que quiera?

La respuesta es que Él decide ganar a sus hijos perdidos por medio de los que ha encontrado. Él es glorificado cuando nosotros vamos, cuando nos esforzamos, cuando sudamos para servirle. Él sabe dónde están con frecuencia nuestros tesoros, en lugar de dónde deberían estar, de modo que nos prueba pidiéndonos que los pongamos delante de Él sobre el altar del sacrificio.

Nosotros queremos decir: «Señor, tú lo posees todo y puedes hacerlo todo. ¿Por qué no lo haces?».

En cambio, Él respondería: «Porque quiero que tú lo experimentes conmigo. Por lo tanto, lo he puesto en tus manos, eso que poseo, el poder que tengo, de modo que puedas experimentar el abundante gozo de alcanzar al mundo». Esa es nuestra tarea. Andamos por fe, mediante dificultades y pruebas, y eso permite que los hijos perdidos le acepten a Él por fe... en lugar del espectáculo de que tú o yo caminemos sobre el agua.

Como padres y madres de nuestros propios hijos, no los seguimos hasta la escuela y hacemos sus exámenes en su lugar. Sabemos que crecerán saliendo al mundo y enfrentándose a retos. A veces, incluso podemos permitir que tropiecen, sabiendo que es necesario si quieren caminar con fortaleza. De la misma manera, Dios quiere que hagamos la obra de traer a casa a sus hijos. Él quiere que recaudemos el dinero y decidamos la manera más sabia de utilizarlo. Él está con nosotros en todo el camino, hablándonos, alentándonos, capacitándonos. Suceden los milagros.

Seguimos andando por fe, y eso incluye aprender a tener fe en Dios con respecto a nuestras finanzas. Nuestro mundo está tan perdido, nuestras ciudades, nuestro país, nuestras naciones vecinas, que la tarea es casi impensable. Es una visión inmensa y abrumadora que requerirá finanzas inmensas y abrumadoras. Y sabemos que si el dinero es limitado, también lo será la visión. Se quedará corta, como ha sucedido durante demasiados siglos.

Desde un punto de vista económico, vivimos en una época de gran duda. Nuestros padres sobrevivieron a la Gran Depresión, y nuestra generación está comenzando a salir de la Gran Fusión. Se están estableciendo nuevas normas a medida que hablamos. Las personas ven de nuevas maneras el mundo, y en especial su riqueza. Un futuro próspero ya no es algo que se da por sentado. Las personas han visto su mayor y más aterrador destello de una vida sin seguridad económica, una vida de elecciones difíciles. Desaparecieron los ahorros; los planes de jubilación no tienen control.

En esta misma situación, nosotros damos un paso adelante para pedirles a las personas que sean sabias administradoras de los recursos de Dios; les recordamos que Él tiene un propósito para todo. Por aterrador que pueda ser su futuro financiero, mucho más aterrador es el futuro de millones de personas que mueren sin oír el evangelio de salvación. Por lo tanto, les pedimos a todos los seguidores de Cristo que honren a Dios con el primer diez por ciento de todo lo que tienen, al igual que sobrepasar esa cantidad de modo sacrificial y generoso.

Como pastor, puedo entender por qué muchos de nuestros líderes cristianos le temen a dar este mensaje. Dicen: «Quizá no sea el momento adecuado. Mi congregación está cansada de manera emocional y económica después de lo que ha pasado. Están comenzando de nuevo desde cero, rehaciendo los fondos para la universidad de sus hijos, sus planes de jubilación. No quieren oírme pidiéndoles que financien la Gran Comisión». Sin embargo, eso es lo que Dios nos llama a hacer con exactitud. El momento de hacerlo, a pesar de cómo pueda parecer, no es otra cosa sino la prueba de nuestra fe. ¿Seremos obedientes? ¿Nos aferraremos a la visión de Él de lo que es más importante en esta vida? ¿O fallará nuestra visión de modo que nos conformemos una vez más con las metas baratas que llamamos visiones?

No, no podemos endulzarlo. La Gran Comisión requiere sacrificio económico; requiere una fe extraordinaria y discipulado. Tenemos que quererlo; tenemos que quererlo desde lo más profundo.

La misión es expansiva

¿Recuerdas lo que era ser un niño y pensar que se demoraba demasiado el crecimiento?

Yo jugaba al fútbol americano en nuestro patio. Cuando ninguno de mis amigos estaba por allí, yo jugaba solo; con el estadio, los aficionados, los anunciantes, las bandas tocando y las coloridas camisetas, todo en mi imaginación. Yo era el equipo completo de los

Dallas Cowboys. Como defensa, lanzaba la bola al aire; me transformada en el receptor y la agarraba. Tenía un récord perfecto en esos partidos imaginarios. Ni una sola vez estaba en el equipo perdedor.

A veces, me sentaba después de un rato, ponía la bola entre mis piernas y pensaba: *Me gustaría que fuera cierto. Me gustaría ser mayor y jugar de verdad en la televisión para un gran equipo.* A la mañana siguiente, me levantaba de la cama, me miraba en el espejo y veía que tenía el mismo tamaño y peso que cuando me fui a la cama la noche anterior. Los demás me decían que estaba creciendo, ¡pero yo sabía lo que veía!

Descubrí que la vida no tiene un botón de aceleración. Si lo tuviera, me hubiera perdido muchos recuerdos maravillosos de la niñez y la adolescencia. Habrían pasado deprisa muchos meses solo para llegar a la mañana de Navidad, año tras año; ¿recuerdas que pasaba mucho tiempo hasta que llegaba la Navidad?

Sin embargo, el crecimiento es un proceso. Creo que Dios lo hizo de ese modo porque el proceso significa cambio, y el cambio significa crecimiento. Todo es un viaje de un destino a otro. Jesús iba de camino a Jerusalén y a una colina con forma de calavera y una fea cruz. Pablo estaba en el camino de Damasco, y desde allí al resto del mundo mediterráneo. Tú y yo estamos en nuestros propios caminos: caminos de carrera, caminos de familia, caminos de edad, caminos de crecimiento espiritual. El viaje es expansivo.

Cuando me convertí en cristiano, pensaba que había llegado a la zona final, por así decirlo. ¡Era salvo! *¡Touchdown!* ¿Qué más podría decirse? Bueno, como después descubrí, había mucho más que decir, mucho más que vivir. El discipulado es un proceso, y a veces es un proceso doloroso. Hay partes malas en el camino donde Dios parece que se ha quedado en silencio. Hay pruebas, cumbres de montañas y valles sombríos.

Dios me dice:

—Sigue caminando. Con cada paso, vas siendo un poco más maduro. La fe se trata del viaje; deja el destino en mis manos.

—Quiero cumplir la Gran Comisión, Señor, ¡tal como tú ordenaste! —le digo—. Estoy impaciente para que suceda. Eso es algo bueno, ¿no es así?

—Es otro viaje. Sí, no es malo ser un poco impaciente; eso es mucho mejor que no interesarse. Con todo, en esto también debes seguir caminando.

A veces, hago que el viaje sea más largo de lo que necesita ser. No sigo el camino angosto que establece Jesús; me desvío. Tomo la ruta del paisaje en lugar de seguir adelante sin desviarme. Eso se llama pecado. En el cielo, ya no será un problema; pero por ahora, tenemos que batallar con esto cada día, y esa es una parte importante del viaje.

El crecimiento espiritual nos mantiene en la tarea, desde luego. Si no creciéramos, nos alejaríamos tanto que nos olvidaríamos de hacia dónde teníamos intención de ir. Pasaríamos de una moda espiritual a otra, siguiendo cada luz efímera y brillante. El crecimiento espiritual nos equilibra, nos hace ser más sabios y, al final, nos hace caminar con más brío. Cuanto más tiempo pasamos con Dios y más leemos su Palabra, mayor es nuestro deseo de agradarle. Comenzamos a tener ese deseo, el «querer» que es tan importante. Empezamos a caminar porque Él quiere que lo hagamos, y a caminar donde quiere que vayamos; es un gran día cuando descubrimos que estamos caminando porque eso es lo que nosotros queremos también.

Descubrimos que el camino se vuelve cada vez más peligroso. Aumentan las pruebas, las trampas y los obstáculos. El cielo se oscurece, y experimentamos esas dudas de que el destino sea incluso alcanzable. El crecimiento espiritual es el combustible interior que nos persuade, aun en los momentos difíciles, para seguir adelante.

Hebreos 11 habla de los grandes personajes del Antiguo Testamento (Abraham, Jacob y Moisés) que obedecieron a Dios sin ver el cumplimiento del Cristo que vendría, y mucho menos la meta de alcanzar y discipular al mundo. Ellos siguieron caminando por fe y no por vista.

> Todos ellos vivieron por la fe, y murieron sin haber recibido las cosas prometidas; más bien, las reconocieron a lo lejos, y confesaron que eran extranjeros y peregrinos en la tierra. Al expresarse así, claramente dieron a entender que andaban en busca de una patria. Si hubieran estado pensando en aquella patria de donde habían emigrado, habrían tenido oportunidad de regresar a ella. Antes bien, anhelaban una patria mejor, es decir, la celestial. Por lo tanto, Dios no se avergonzó de ser llamado su Dios, y les preparó una ciudad. (Hebreos 11:13-16)

En otras palabras, esas fueron las personas que entendieron el viaje. Vieron desde la distancia que Dios estaba haciendo algo extraordinario, y obedecieron aunque no llegaría a cumplirse en su tiempo libre en la tierra. «Dios no se avergonzó de ser llamado su Dios». No puedo imaginar un elogio más profundo.

Quiero ver que llegue el objetivo final. Quiero ver que la Gran Comisión se cumpla durante mi vida. Quiero ver el triunfante y glorioso regreso de Cristo. Tengo que quererlo desde lo más profundo, por encima de cualquier otra cosa. Tengo que quererlo más que la moda espiritual efímera del presente. Tengo que seguir queriéndolo cuando la iglesia cambie de tema, cuando el mundo desvíe mi atención, cuando el diablo plantee resistencia, cuando envejezca y esté un poco más cansado. Tengo que quererlo más

que ninguna otra cosa en la tierra, excepto conocer a Dios mismo.
Tengo que quererlo de tal manera que ni siquiera se trate de lo que
llegue a ver, al igual que no sucedió para Abraham, Moisés o David.
Tenemos que quererlo. Tenemos que desearlo con intensidad.

¿Cuán profundo es tu deseo de ser la clase de persona de la que
Dios no se avergüenza de dirigir? Se trata de nuestra gran esperanza
final.

La conquista de una ciudad

¿**C**ómo conquistas tu comunidad cuando contiene millones de personas?

He aquí lo que hemos probado en el pasado: *huir.*

Después de la Segunda Guerra Mundial, Estados Unidos vio un fenómeno de personas de clase media, personas asistentes a la iglesia, que escapaban del centro de las ciudades. No era difícil entender el motivo. Los padres querían comunidades seguras y sanas para sus hijos, a medida que se dirigían hacia el perímetro para construir una masiva infraestructura suburbana. Escuelas, centros comerciales, negocios; todo estaba cerca.

El problema era, y sigue siendo, que dejamos atrás un desastre. En realidad, la Biblia habla bastante sobre las ciudades y nuestra responsabilidad de ministrar allí. La Iglesia en la actualidad necesita arrepentirse del pecado de haber abandonado demasiado al pueblo de Dios en la desolación del centro de las ciudades.

La buena noticia es que parece estar soplando una nueva brisa. Puedo sentirla: una nueva generación de discípulos urbanos preparados para seguir a Jesús a la metrópolis.

La ciudad de Nueva York es solo una de las asombrosas tareas que tenemos por delante. Nos sentimos en gran parte como los espías de Moisés en Canaán: «El pueblo que la habita es poderoso y sus ciudades son grandes y fortificadas. ¡Hasta vimos gigantes allí, los descendientes de Anac!» (Números 13:28, NTV). Las necesidades son tan altas como las torres, el pecado tan negro como el hollín, los números asombrosos.

Hubo un hombre llamado Jeremiah Lanphier que vivió en la ciudad de Nueva York durante la década de 1850. Esos fueron años de tensión, en los que la sombra de la guerra se cernía sobre Estados Unidos. Había huelgas, depresiones, bancos que caían en la bancarrota, largas líneas de desempleados y un ambiente de violencia en ciernes. En ese ambiente, Lanphier aceptó un llamado como evangelista a tiempo completo en la ciudad. Recorría las calles, llamaba a las puertas, ponía carteles y oraba sin cesar; todo sin algún resultado visible.

A medida que aumentaba su desaliento, Lanphier buscaba alguna clase de nueva idea, alguna posibilidad para avanzar. Nueva York era una ciudad de negocios; quizá los hombres acudirían a un almuerzo. Así que colgó sus carteles, anunciando un almuerzo al mediodía en la iglesia *Old Dutch* en la calle Fulton. Cuando llegó la hora, se sentó y esperó hasta que por fin llegó un solo visitante. Varios minutos después, un par de rezagados asomaron por la puerta. El pequeño grupo tuvo un buen almuerzo.

Lanphier le dio otra oportunidad a su idea la semana siguiente. Asistieron veinte hombres; al menos era un comienzo. Entonces, en la tercera semana llegaron cuarenta. Para entonces, los hombres estaban comenzando a conocerse, y uno de ellos sugirió que estaría dispuesto a acudir para almorzar y orar *cada* día. Lanphier pensó que esa era una buena señal, y aumentó sus esfuerzos para realizar un almuerzo y tiempo de oración cada día.

Poco después, el edificio estaba a rebosar. Hubo que trasladar el almuerzo una y otra vez, debido a la alta demanda. El elemento más intrigante del «Avivamiento de la Calle Fulton», como denominaron al fenómeno, fue el efecto en cadena. Las oficinas comenzaron a cerrar para orar al mediodía. Los periódicos eran amigables, ya que había clientes centralizados a los que buscar, y comenzaron a escribir sobre el avivamiento. La calle Fulton era la conversación en la ciudad, con hombres que enviaban telegramas de peticiones y noticias de oración entre la ciudad de Nueva York y otras ciudades; sí, otras ciudades habían comenzado sus propias franquicias; se estaban promoviendo otras reuniones piadosas en Nueva York.

El centro de la reunión era la oración, y no había problemas con llegar tarde o irse temprano, tal como fuera necesario. Se cantaban himnos en voz alta; los hombres se ponían de pie y daban testimonios. Tampoco era un lugar para los predicadores muy conocidos de la época; se trataba de la clase trabajadora, hombres de negocios que querían hablar de las cosas de Dios. Algunos historiadores llegaron al extremo de referirse al Avivamiento de la Calle Fulton como el Tercer Gran Avivamiento, porque duró dos años y vio hasta un millón de decisiones por Cristo. Dada la influencia de la ciudad de Nueva York, nadie podía calcular el impacto nacional e internacional que se difundió desde los sencillos almuerzos de Jeremiah Lanphier. Es bien sabido, sin embargo, que se recaudaron grandes fondos para cumplir la Gran Comisión. Lo divertido es el modo en que esa idea sale con rapidez a la superficie durante todo gran movimiento histórico del Espíritu Santo.

En la actualidad, la ciudad de Nueva York necesita otro milagro. Podría comenzar en la calle Fulton o en cualquier otro lugar. No necesariamente necesitamos un anzuelo ni un programa. Cuando cubrimos todo en oración, sabemos que la manera mejor y más permanente de poder alcanzar cualquier ciudad es identificar pueblos y comenzar miles de nuevas iglesias dirigidas a alcanzarles. A Pablo de Antioquía le dio resultados, y lo hace todavía.

Como he indicado, creo que por fin estamos despertando a esa tarea. Danos los imperios humanos, oh Señor. Ven, Espíritu Santo, guíanos en el laberinto, llevando nuestra luz. Muéstranos lo necesario para conquistar una ciudad.

CAPÍTULO 8

Evalúalo todo de manera económica

William Colgate estaba preparado e inquieto. Quería dejar su marca en el mundo. A los dieciséis años de edad, se fue de casa para buscar su fortuna. En realidad, se llevó un montón de todas sus posesiones encima de su hombro. Joven ambicioso, sin ninguna herencia en particular ni posibilidades en el horizonte, comenzó ese camino a principios del siglo XIX.

Colgate era británico. Sabía cómo hacer velas y jabón, pero ninguna de esas habilidades sugerían ninguna oportunidad verdadera. Mientras sus cansados pies avanzaban hacia Londres, sin embargo, reconoció a un hombre mayor, un amigo de la familia, que tenía un pequeño barco y conocía algo del mundo. Cuando vio que Colgate tenía grandes sueños pero le faltaban planes, tomó al joven a su lado y le dijo: «Si me lo permites, me gustaría orar por ti, y quizá ofrecerte una amable sugerencia».

Los dos se arrodillaron y oraron al lado del camino, el adolescente y el hombre mayor. William Colgate tuvo una sensación de paz; quizá no fuera un vagabundo sin dirección. Dios podría tenerle reservado un plan. El hombre mayor le dijo: «¿Has pensado en ir a Estados Unidos? Es una nación joven, pero está comenzando a prosperar; es una tierra de oportunidades. Puede que el jabón no sea un producto tan común como lo es aquí. Alguien en Nueva York podría abrir una fábrica y meter un pie en el mercado. ¿Por qué no podrías ser tú?».

Colgate quedó encantado con la idea. Entonces, el capitán de la barca puso una amable mano sobre su hombro y le dijo: «Sé un buen hombre, hijo. Entrégale a Cristo tu corazón y tu vida a su cuidado. Como la Biblia nos enseña, aparta el primer diez por ciento de todo lo que recibas como ofrenda de acción de gracias a Él. Haz un buen producto, y hazlo con honestidad y una vida recta. Si haces estas cosas, será difícil que no tengas éxito como comerciante y como hombre».

Colgate atesoró cada palabra de lo que sabía que era un consejo poderoso. Compró un pasaje en un barco y se dirigió al Nuevo Mundo.

La parte de «felices para siempre» no comenzó de inmediato. Colgate tuvo problemas para encontrar una posición cuando llegó a la ciudad de Nueva York, pero decidió vivir según cada una de las sabias palabras que salieron de la boca del viejo capitán. Si ganaba cincuenta centavos en algunos días, cinco centavos de esa cantidad estaban reservados para Dios. Entonces, a medida que se fue abriendo paso poco a poco, estableciendo una reputación y comenzando su propio negocio, diez centavos de dólar no parecía tanto sacrificio como lo fue en los viejos tiempos de economizar. Así que intentó doblar su ofrenda al veinte por ciento.

Pasaron los años, y también lo hizo el desafío: treinta por ciento.

Aun así, sentía que no estaba dando de manera sacrificial: cuarenta por ciento.

¿Por qué no mitad y mitad? Él daba el cincuenta por ciento.

Mientras tanto, su negocio seguía prosperando. Su nombre comenzó a sonar en los círculos más elevados de la comunidad de negocios de la ciudad de Nueva York. Colgate le daba el crédito a Dios por cada oportunidad de buena fortuna que caía sobre él. Al final, como un hombre de edad y rico con la diversificación de una cartera de negocios, entregaba *todos* sus ingresos (sí, el cien por ciento) a la obra de Dios. ¿Por qué no? Al fin y al cabo, el Señor era el dueño de todo y podía hacer mucho más con eso que Colgate. El viejo empresario ya no necesitaba más posesiones materiales.

La empresa Colgate (más adelante Colgate-Palmolive) fabricaba jabón, y después un producto con el cual el nombre se relaciona con más facilidad: la pasta de dientes. Su familia ofrendaba tanto, y de modo tan generoso, que a su tiempo la Universidad Colgate (fundada primero como seminario bautista) tenía un nombre respetado.

Colgate tenía un tremendo espíritu de la Gran Comisión. Patrocinó por completo a un misionero en el extranjero, a la vez que hacía incontables donaciones económicas a la Unión Misionera Bautista para que el evangelio se pudiera predicar en cada país y pudieran hacerse discípulos[1].

Cuánto hubiera deseado que todos hubiéramos recibido el tipo de consejo que recibió William Colgate. Qué bueno si lo pusiéramos en práctica incluso ahora:

- Amar y obedecer al Señor.
- Devolverle el primer diez por ciento de los beneficios.
- Ser honesto y hacer buenas obras.

¿Puede ser así de sencillo en realidad? ¿Cómo puede un camino así recibir en verdad los argumentos en contra, cuando tan rara vez se ha probado?

Colgate evaluó todo con atención; entonces, hizo la obra más honesta y permaneció fiel a la promesa que le hizo a Dios. A medida que seguía evaluando sus finanzas, decidió que era apropiado dar mayores donativos.

Necesitamos querer en lo profundo el reino de Dios, pero el deseo no es suficiente para cumplir la Gran Comisión. Esa obra requiere recursos, de modo que debemos evaluarlo todo de manera económica.

Dónde comenzamos

Conozco a muchas personas buenas y fieles seguidoras de Jesucristo, que tienen las mejores intenciones del mundo. Quieren hacer las cosas que le agradan a Él. Sin embargo, de algún modo la vida les aleja de eso, y les resulta imposible servir a Dios como habían querido. ¿A qué se debe eso?

Se debe a que no han evaluado sus planes desde el comienzo. Nos resulta demasiado fácil ir flotando por la vida, tomando las cosas tal como vienen, sin establecer metas ni rendir cuentas, a veces no somos nada intencionados con respecto a lo que es más importante para nosotros.

Por ejemplo, el capítulo 7 exploró lo que podría suceder si todos los cristianos pusieran su dinero donde está su boca. Podríamos resolver la mayoría de los problemas físicos del mundo, lo cual nos daría un gran impulso para atacar los verdaderos problemas de pecado de la humanidad. Podríamos enviar misioneros a todas partes. Y a medida que hiciéramos muchos creyentes, nuestra obra solo sería más fructífera. Podríamos hacer eso si al menos fuéramos comprometidos y deliberados en nuestras ofrendas. He aquí lo que sucede en su lugar: según cifras del año 2009, el miembro de la iglesia promedio solo da el 2,56% de sus ingresos a una iglesia u organización benéfica[2]. Si has aprendido algo de este libro, es que nuestra tarea es inmensa y que necesitamos despertar y enfrentarnos a la realidad. Sin duda, no podemos lograr metas inmensas con unos donativos tan insignificantes.

Con frecuencia he dicho que me sorprende el egoísmo del pueblo de Dios. Sin embargo, ¿podría ser que parte de esto sea simple desorganización? ¿Sin evaluarlo todo en lo económico, basándonos en los valores por los que deberíamos estar organizando nuestra vida?

Hay un camino hacia delante, un claro y simple comienzo que podemos establecer basándonos en la acción positiva y obediente. Examinemos cuáles serían esas acciones.

Primera acción: Da al menos el primer diez por ciento de tus ingresos a la iglesia local

Malaquías 3:10 ofrece la provisión de Dios y su promesa:

«Traigan íntegro el diezmo para los fondos del templo, y así habrá alimento en mi casa. Pruébenme en esto —dice el SEÑOR Todopoderoso—, y vean si no abro las compuertas del cielo y derramo sobre ustedes bendición hasta que sobreabunde».

Estoy seguro de que la mayoría de los cristianos habrá oído citar este versículo. Aun así, no es la primera vez que vemos la idea del diezmo en la Escritura. En Génesis, Abraham tuvo un encuentro con el Señor y le dio un diez por ciento de todo lo que tenía (Génesis 14:20). En el Nuevo Testamento, Jesús denunció a los líderes religiosos por fallar en la justicia, la misericordia y la fidelidad, y dijo que estas obligaciones espirituales deberían atenderse sin descuidar el diezmo (Mateo 23:23). En otras palabras, no es cuestión de servicio contra dar. *Ambas* cosas son un mandamiento. La Biblia, desde el Antiguo Testamento hasta el Nuevo, nos llama con regularidad a entender dos cosas respecto a esto: (1) Dios es el dueño de todo, y (2) debemos dar el primer diez por ciento de todo, como acto de obediencia, acción de gracias y recuerdo.

Malaquías 3:10 habla de llevar el primer diez por ciento al templo. Eso era el tesoro del templo, y de ahí se obtenían los fondos para el trabajo de los sacerdotes y otros servicios. En la actualidad, desde luego, la Iglesia cumple esas funciones. Es la sucesora del templo como casa de Dios y llevamos nuestros diezmos allí.

Para la Iglesia como la comunidad del pueblo de Dios, seguimos comenzando con el primer diez por ciento. Pablo le aconseja a la iglesia en Corinto: «El primer día de la semana, cada uno de ustedes aparte y guarde algún dinero conforme a sus ingresos» (1 Corintios 16:2).

Notemos que el primer diez por ciento se da el primer día. De ese modo, estamos siempre viviendo el recordatorio de que el Señor está en primer lugar en todo lo que hacemos, en todo lo que somos.

Sin embargo, nuestros estudios muestran que estamos dando apenas una cuarta parte del donativo esencial. Quizá sea ahí donde Dios comienza en el corazón y la prioridad del cristiano promedio: alrededor de una cuarta parte de una décima parte de un compromiso completo con Dios. Cuando pensamos en esa posibilidad, no viene a la mente ninguna otra palabra sino *arrepentimiento*. Debemos despertar a la realidad de donde estamos, entender hasta dónde hemos caído, confesar nuestros pecados, recibir nuestro perdón y comenzar a servir a Dios con todo el corazón.

En defensa de las personas laicas, reconozcamos que no escuchamos suficientes sermones sobre este tema. En realidad, muchos creyentes no entienden lo que se espera de ellos. No han recibido ninguna exhortación fuerte a dar con gozo y sacrificio, ni tampoco han oído inspiradores testimonios de cómo puede ser la vida victoriosa cuando damos como gozosa obediencia a Dios. Pastores y líderes de iglesia, evalúen todos sus calendarios y planes. ¿Predicarán sobre el dar? ¿Equipararán a su congregación a través de clases y grupos pequeños? Nadie debería tener temor a la reacción. Si lo analizamos más de cerca, siempre descubriremos que quienes se quejan de la enseñanza sobre la administración son las mismas personas que dan poco o nada. Sigan sin enseñarles, y ellos continuarán viviendo de la misma manera.

Oramos por avivamiento, oramos por milagros y para que Cristo regrese, y oramos por muchas otras cosas. No obstante, hay también un momento para la acción, un momento para oír a Dios decir: «¿Por qué me piden? Yo les he dado sus indicaciones. ¡Salgan y llévenlas a cabo!». Necesitamos ser obedientes en el dar, porque estamos apagando la obra de Dios a través de nuestros estrechos y cerrados hábitos de financiar su obra.

Entonces, ¿qué me dices de una economía que batalla con un alto índice de desempleo? Esas cosas nunca entran en la cuestión. La obediencia es una línea de conducta para todos los momentos.

Richard Wurmbrand escribió un pequeño libro titulado *Torturado por la causa de Cristo*, que se ha leído en todo el mundo. En él dice que, cuando estaba cautivo en Rumanía detrás de la Cortina de Hierro, los prisioneros políticos diezmaban su única rebanada de pan y un plato de sucia sopa a la semana. Era todo lo que tenían, punto, y aun así aplicaban los principios bíblicos de dar. Los prisioneros tomaban la décima parte de su pan y la entregaban a quien estuviera sufriendo más. El décimo día, Wurmbrand regalaba su plato de sopa. Si hombres hambrientos podían hacer eso para honrar al Señor mientras pasaban hambre en la cárcel, ¿qué excusa tenemos tú y yo en realidad?[3]

El diezmo no es un método de conveniencia, ni una opción a considerar, ni un ejercicio para la gente muy espiritual. Es para todos, en cada momento, al igual que lo son las bendiciones que llegan al ofrecerlo. Recuerda que la Palabra de Dios es mayor que la tuya; tú nunca darás más que Él.

Da más del primer diez por ciento de tus ingresos

Ahora que hemos recorrido la primera milla, miremos el camino y pensemos en la segunda. Si hemos recorrido una milla, podríamos recorrer dos, ¿no es cierto?

Dios no nos da de modo condicional ni proporcionado. Sus misericordias son nuevas cada mañana. Se desbordan. Si pasáramos el resto de nuestras vidas comprobándolas, no podríamos contarlas todas. En ocasiones, somos sabios creyentes que llegan a entender ese hecho, sabios creyentes como el Sr. Colgate, que comienzan a desbordarse un poco de sí mismos. Recuerda: nos estamos transformando a la imagen de Cristo en lugar de conformarnos a este mundo. Cada día deberíamos reflejarle a Él un poco más. Si eso sucede, no hay manera en que no comencemos a reflejar su gran generosidad.

En 2 Corintios 9:6 leemos sobre la ley de la siembra y la cosecha: dar un poco, obtener un poco. Invertir mucho, y el beneficio es similar. Sería maravilloso si las inversiones humanas funcionaran de este modo, ¿verdad? Las personas ponen mucho dinero en la bolsa de valores sin ninguna seguridad absoluta de recuperar sus inversiones. Nuestra economía recibió un terrible golpe debido a este principio. Hay acciones conservadoras y acciones de alto riesgo, pero ninguna fija. La economía de Dios funciona de manera un poco distinta. Cosechamos justo lo que sembramos.

El mundo dice que ahorremos, acumulemos e invirtamos con mucho cuidado. La Palabra de Dios dice que demos con generosidad, al igual que amamos de manera generosa. Jesús dice: «Den, y se les dará: se les echará en el regazo una medida llena, apretada, sacudida y desbordante. Porque con la medida que midan a otros, se les medirá a ustedes» (Lucas 6:38).

Damos muy por encima de lo que se espera porque vemos que Dios nos ha dado a nosotros muy por encima. ¿Quién podría haber esperado que Él ofreciera a su único Hijo, sabiendo lo que nosotros le haríamos a su Hijo?

Asimismo, llegamos a entender cómo funciona este principio de la economía piadosa. Cuanto más damos, más bendecida es la vida para nosotros. C.S. Lewis ofrece las siguientes palabras sabias sobre el dar:

No creo que se pueda establecer cuánto es lo que debamos dar. Temo que la única regla segura es dar o compartir algo más de lo que nos sobre. En otras palabras, si lo que gastamos en comodidades, lujos, diversiones, etc., es el promedio común entre los que tienen las mismas entradas que nosotros, con toda probabilidad estamos dando muy poco. Si lo que gastamos en obras de caridad no nos afecta del todo, diríamos que estamos dando muy poco. Debe haber cosas que quisiéramos hacer porque lo que destinamos a gastos de caridad nos lo impide[4].

En otras palabras, el dar debiera ser sacrificial. Al igual que el corredor que mejora y descubre que una sola milla no es un reto suficiente y que no le hace sudar, el creyente maduro quiere recorrer la segunda milla. Quiere sentir su ofrenda a Dios, saber que esa costosa ofrenda es un olor fragante delante del Señor.

Deja un legado de al menos el diez por ciento de tu propiedad a tu iglesia local

Si le podemos dar nuestras vidas a Cristo, también le podemos dar nuestras muertes.

Hace algunos años, se les preguntó a cincuenta personas, todas de al menos noventa y cinco años de edad, qué harían de modo diferente si volviesen a vivir otra vez. Una de sus tres respuestas más frecuentes fue: «Me gustaría hacer más cosas que perduraran después de mi vida»[5]. Eso se puede arreglar, y de modo muy fácil. Es maravilloso saber, en el otoño de nuestra vida, que seguiremos influyendo en este mundo. ¿Cuánta riqueza podría darse a los propósitos de Dios si todos los creyentes escribieran otra vez sus testamentos para reflejar esta prioridad? Una breve cita con el abogado, un sencillo testamento, y puede lograrse.

No difiere si tu propiedad tiene un valor de veinte mil dólares, de doscientos mil dólares o de doscientos millones de dólares, o incluso mucho más que eso. El capital es menos importante que el principio. En la parábola del rico insensato (Lucas 12:13-21), la mayor preocupación del hombre era construir graneros mayores en esta vida, comer, beber y divertirse. ¿Y si hubiera pensado aunque fuera un poco en el hecho de que hay una vida después de esta, una vida eterna, que hace que esta parezca un abrir y cerrar de ojos? En la parábola, no apartó nada para la obra de Dios, ni tampoco hizo ninguna provisión para las cosas que le sucedieron esa misma noche: su muerte. Todo el grano que había en sus graneros se pudrió al final, cuando gran parte de él podría haberse convertido en capital que podría haber servido al reino de Dios.

Las iglesias locales necesitan tener libertad económica para poder hacer todo lo que deberían en nombre de Dios. El cuerpo de Cristo nunca debería tener presión por el dinero, cuando su Señor es dueño de todas las galaxias. Las iglesias no deberían tener que utilizar los diezmos de su congregación para saldar deudas, cuando ese dinero podría estar en acción en las misiones. Podemos asegurar algo mejor en el futuro mediante nuestros testamentos y legados.

Desde luego, hay organizaciones, seguros, universidades y otras instituciones que hacen la misma petición. Muchas son dignas y encomiables. No obstante, la iglesia local, la iglesia que es la casa de tu comunión, tu adoración y tu ministerio, está en un plano más elevado que cualquier otra institución visible. Todas las demás pasarán. Las mejores universidades, los hospitales más respetados, los museos: todos algún día no estarán. Sin embargo, la Iglesia es el reino de Dios en la tierra y nunca morirá. Si estoy intentando decidir dónde invertir mi dinero, quiero hacerlo en lo que perdurará. La Iglesia gana.

Amamos a nuestros hijos y queremos proveerles. Aun así, ¿qué mejor testimonio dejarles que la lección de dar desde más allá del sepulcro? ¿Qué mensaje más profundo puedes enviar que el de que la verdad de la obra de Dios es lo más importante en tu vida y también en tu muerte? Lo diré incluso con más valentía. Los recursos se te entregaron a ti y no a tus hijos. Dios te hace rendir cuentas del modo en que los utilizas.

W.A. Criswell, pastor de la Primera Iglesia Bautista de Dallas, solía contar una historia sobre un personaje llamado John Rascus, que puso trescientos dólares en el plato de las ofrendas y les susurró: «Les veré en el cielo».

Los que estaban en los bancos cercanos se sonrieron los unos a los otros; el viejo John se estaba volviendo un poco excéntrico a su edad. Todos sabían que no podía llevárselo con él. Habría calles de oro en la otra vida, pero ningún billete de color verde.

Mientras sonreían, el plato de las ofrendas seguía pasando. El fajo de billetes de John Rascus se sacó y se colocó en la tesorería. Parte de esa cantidad se utilizó la mañana siguiente para pagar la factura de la luz. Otra parte pudo proporcionar gasolina para el auto del pastor. Otra parte más se dedicó a la educación en el seminario para los alumnos, y una buena parte fue al extranjero para necesidades misioneras.

John Rascus, como el hombre en la parábola de Jesús, murió mientras dormía una fría noche. Se despertó para encontrarse de pie ante las puertas del cielo, y un joven con una gran sonrisa se acercaba para darle la bienvenida. «Gracias, hermano John», le dijo el extraño. «Yo tenía frío, estaba solo y perdido en la oscuridad. Vi las luces de su iglesia y escuché la maravillosa música de un servicio de la tarde. Solo entré para calentarme, pero lo que encontré fue a Jesús».

En ese momento, otro extraño se les unió. Le dijo: «Yo estaba poniendo gasolina en mi auto en una gasolinera; lo mismo hacía su pastor, John. Entablamos una conversación casual desde nuestros autos, y la charla siguió cierta dirección, y antes de darme cuenta, estaba de rodillas pidiéndole a Jesús que entrara en mi corazón».

Entonces había ya todo un grupo de personas. Llegaron corriendo y gritando todos al mismo tiempo: «¡Gracias!». John, perplejo, les pidió que hablaran uno a uno. Resultó que todos escucharon sermones de personas que estudiaron en el seminario que sostenía el donativo de John. Detrás de ellos había multitud de personas de todas las naciones, aunque ahora, en el cielo, no había barreras de idioma. Una gran lágrima rodó por la mejilla de John Rascus mientras escuchaba sobre los misioneros a los que él ayudó a sostener con sus trescientos dólares. Esos misioneros le hablaron a la gente del amor y del perdón de Jesucristo, y esas personas se lo dijeron a otras. Los ojos de John recorrían la multitud de personas reunidas. Nunca en sus más locos sueños podría haberse imaginado que habría tantas personas tocadas por su pequeño donativo. ¡Solo deseaba haber dado incluso más!

Cuando John Rascus atravesó la puerta y entró en el gozo eterno de su hogar final, los ángeles hablaban entre sí. Uno de ellos dijo: «Ah, cómo envidio a estos seres humanos».

Otro preguntó por qué, y el ángel dijo: «Ellos saben lo que es estar perdido y ser hallado; estar manchado por el pecado y después ser lavado en la sangre salvadora de Cristo. No solo eso, sino que también pueden hacer algo que nosotros no podemos: pueden tomar cosas temporales y decadentes de la tierra y transformarlas en tesoro celestial. Eso es algo que ni siquiera nosotros los ángeles podemos hacer»[6].

No querrías perderte una oportunidad tan magnífica. No verás tus finanzas de nuevo en el cielo, pero verás algo mucho más rico: el fruto eterno que esas finanzas han llevado al cielo. Evalúalo todo de manera económica, incluyendo el acontecimiento de tu fallecimiento.

Deja un legado de al menos el cinco por ciento de tu propiedad a la Gran Comisión

Aquí está la oportunidad de dar «muy por encima» en la muerte.

Puedes diezmarle tu propiedad a tu iglesia local, y entonces dejar un cinco por ciento *adicional* directamente al cumplimiento de la Gran Comisión, mediante la obra de tu iglesia local. Consulta con tu pastor y tus representantes de misiones, ocupándote de especificar cómo debería emplearse tu donativo: para ministerios misioneros con sana doctrina, dirigidos a la evangelización y a hacer discípulos, en todo el mundo.

Una alternativa es dejar ese cinco por ciento en forma directa a una junta misionera. Considera la Junta de Misiones Internacionales, la Junta de Misiones Norteamericanas, una combinación de las dos o incluso otra junta misionera comprometida en la finalización de la tarea. Pregúntale a Dios cómo le gustaría que situaras tu legado económico hacia la Gran Comisión en todo el mundo.

Las universidades cristianas, y en especial los seminarios teológicos, son opciones estratégicas, pues equipan ministros y misioneros para difundir el evangelio. Asegúrate de estar conectado con instituciones evangélicas comprometidas con la infalible Palabra de Dios, que estén comprometidas con la Gran Comisión.

Evalúalo todo

En esa encuesta realizada a personas mayores, otra de las tres cosas principales que harían, si pudieran hacer las cosas de modo diferente, era reflexionar más. El mundo solo siguió un ritmo demasiado rápido. No nos detenemos a pensar, reflexionar, ni a evaluar dónde hemos estado y hacia dónde vamos[7].

Ora todos los días. Entierra tu corazón en la Palabra de Dios. Entonces piensa sobre tu vida, tu tiempo, todos tus recursos y el modo en que los estás empleando. Todos son preciosos y finitos, el tiempo en particular, y algún día entendemos que se terminaron. Necesitas establecer un poco de margen en tu vida, un poco de tiempo para disminuir la velocidad y pensar.

Evalúa todo lo relacionado con las finanzas. Evalúa todo lo concerniente al Espíritu. Evalúa tu salud, tus planes, tus sueños.

Es una buena idea pulsar el botón de pausa cuando termina un año y comienza otro, retirarse a un lugar tranquilo, como sabemos que hacía Jesús, a fin de reconectarte con Dios y reevaluar tu vida. Si quieres ser más intencionado en cuanto a la vida, tienes que ser intencionado con respecto a ser intencionado. Eso significa establecer un tiempo para evaluar viejas metas y establecer otras nuevas. Podría hacerse al final de un año o en algún momento durante el verano, cuando la vida parece disminuir la velocidad de su ritmo y dar un profundo respiro. Es muy fácil olvidarse por completo de lo que estamos haciendo en este planeta y por qué estamos aquí. Creo, en lo profundo de mi alma, que estamos aquí para hacer lo que nos mandó Jesús antes de irse de esta tierra en la ascensión. Sin embargo, hay tanta inercia en mi vida, tanta, que puedo perder con mucha facilidad mi intención con respecto a lo que más me importa. Necesito seguir evaluando, mantener la vigilancia sobre mi espíritu. Y tú también necesitas hacerlo.

Dejemos que el mundo nos enseñe

Bill y Melinda Gates, junto con Warren Buffet, les pidieron a los multimillonarios del país que se comprometieran a donar al menos la mitad de sus ingresos a organizaciones benéficas. Su reto era hacerlo durante su tiempo de vida, mediante un legado, o una combinación de ambas cosas. De inmediato, treinta y ocho de las cuatrocientas personas más ricas de Estados Unidos dieron un paso al frente para comprometerse a hacerlo: la mitad de sus ingresos a organizaciones benéficas.

Es un objetivo impresionante y yo lo aplaudo. Lo que sí me preocupa es lo que le sucede a una cantidad tan grande de dinero. En el pasado hemos visto que inmensos conciertos de rock para el hambre en el mundo, por ejemplo, han recaudado cantidades sorprendentes, y entonces se han encontrado con canales que tienen goteras a la hora de llevarles la ayuda a los necesitados. Una reciente entrada de miles de millones de dólares, donados por un grupo de multimillonarios a escuelas en los barrios bajos de las ciudades de Estados Unidos, también obtuvieron resultados muy mezclados, según la revista *Newsweek*[8]. Una vez más, solo en la economía de

Dios cosechamos de verdad lo que sembramos. Sabemos que no tendremos resultados mezclados; tendremos milagros.

Sin embargo, es bueno ver a personas exitosas examinando sus fortunas económicas y buscando maneras de invertir en el futuro. Este es un elevado nivel de visión que los seguidores de Cristo deberían observar. Es un campo en el que podemos permitir que el mundo nos enseñe la lección de que nosotros deberíamos ser quienes la enseñan. Quizá haya menos creyentes cristianos que tengan miles de millones de dólares. No obstante, ¿qué me dices si los cien seguidores de Jesús más ricos dejaran la mitad de sus ingresos a la Gran Comisión? ¡El diablo tendría que huir ante el ejército que podríamos levantar!

¿Por qué descartar esos pensamientos considerándolos sueños vacíos? Podría suceder. Debería suceder. Nosotros, que tenemos corazones avivados por el Espíritu Santo, que sabemos amar como solo pueden amar los piadosos, deberíamos ser los donantes más increíbles e inspirados del mundo. Los no creyentes deberían mirarnos y pensar de inmediato en palabras como *generosidad, compasión* y *amor*. No sé por qué no está sucediendo de ese modo. Solo sé que en Cristo podemos hacer lo imposible. Al menos, aprendamos una lección del mundo acerca de la filantropía expansiva y abundante.

Permitamos que las iglesias se evalúen a sí mismas

En nuestras iglesias, podemos evaluarlo todo de forma económica. Yo sugiero cuatro cursos de acción.

Descarta los gastos innecesarios

Digo que es momento de que las iglesias se sienten y echen una larga y profunda mirada a las cosas donde se emplea el dinero.

Cada iglesia es abundante en buenas obras, pero casi todos nosotros también somos abundantes en usos cuestionables del tiempo y los recursos. Antes de comenzar o continuar cualquier programa, necesitamos hacer las preguntas difíciles acerca del intercambio de tiempo, energía y fondos para algo. ¿Hace eso avanzar el evangelio de Jesucristo? Si no es así, ¿por qué lo estamos haciendo?

Alguien dice: «Bien, un venerable santo de nuestra congregación comenzó esta tradición, y somos sentimentales al respecto». Entiendo eso. La tradición es importante en la iglesia. Honramos a las personas que han honrado nuestra congregación. Aun así, necesitamos educar a nuestras congregaciones en cuanto a la razón de nuestra existencia. Repasemos la declaración de visión. ¿Tiene una tu iglesia? ¿Es concisa y clara? Debería decir algo sobre la evangelización y el hacer discípulos. Y cada programa, cada ministerio, debe evaluarse sobre la base del fruto o los objetivos en esa declaración de misión.

A veces tenemos que sacar las tijeras de podar. Jesús habló de dar fruto y de que las ramas que no dan fruto se podrían cortar (Lucas 13:9). Es posible que algunas personas piensen que eso parece frío y despiadado, pero necesitan llevarlo delante de Jesús. Él es muy serio con respecto a este asunto de dar fruto. Él relató una parábola tras otra sobre rendir cuentas, sobre la inversión del tiempo y los recursos. Además, dejó muy claro lo que debe ser el fruto y cómo debemos cultivarlo.

Si el personal de cada iglesia se sentara mañana y ejercitara la disciplina con respecto a su presupuesto y el uso de su tiempo, personas, fondos y otros recursos, liberaríamos de inmediato muchos millones de dólares para hacer lo que Cristo quiere que hagamos.

En nuestra iglesia, les pedí a nuestros líderes que estudiaran nuestra conservación de energía. En nuestros primeros treinta y un meses de buscar ser mejores administradores al respecto, mediante ayuda, planificación y diligencia, hemos ahorrado setecientos cincuenta mil dólares y hemos utilizado un veintinueve por ciento menos de energía. Con un ajuste en un aspecto que tendemos a dar por sentado, los gastos en energía, encontramos un modo de dedicar setecientos cincuenta mil dólares para la obra del ministerio en lugar de hacerlo para costos de las instalaciones.

Lo prometo, ¡estaremos haciendo más cosas como esa! Me emociono solo con pensar en los fondos extra que podemos conseguir para hacer avanzar el evangelio de Jesucristo. Espero que tu iglesia esté haciendo lo mismo.

Reduce la deuda

Piensa en los millones de dólares en intereses que nosotros, el pueblo de Dios, pagamos para mantener niveles de deuda en nuestra iglesia cada año. Debe de haber una mejor manera de que seamos administradores del dinero de Dios.

La nueva economía ha sido una estridente llamada en una mañana oscura y tormentosa. Nos recuerda que la deuda puede significar el desastre. Tenemos que pagar nuestra deuda e intentar eliminarla mucho antes de lo establecido. Se construyen impresionantes instalaciones con las mejores intenciones, pero necesitamos ser sabios y cuidadosos en las maneras en que manejamos el dinero que Dios pone a nuestra disposición. Se están plantando nuevas iglesias y se están abriendo nuevos campus, sin siquiera hacer caras inversiones en propiedades. Las personas están haciendo cosas creativas para evitar este tipo de deuda, y utilizan todos los fondos posibles para alcanzar a la gente. Si pudiéramos eliminar la deuda, podríamos liberar millones y millones de dólares para cumplir la Gran Comisión.

Reubica los recursos

Nuestra iglesia estuvo televisando sus servicios por veinte años, gran parte de ese tiempo a escala internacional. Como la mayoría de los pastores, lo consideraba una manera estratégica de predicar el evangelio a grandes números de personas. Sin embargo, con el paso del tiempo, comencé a estar plagado de dudas. Sentí la convicción de considerar el costo de una estrategia de emisión.

La sabiduría convencional, desde luego, era que sin televisión uno predicaba a una sala. Con la misma, el alcance podía ser exponencial. Recibíamos cartas de personas de todo el mundo asegurándonos que Dios estaba utilizando nuestras retransmisiones para ministrarles.

No había duda de que estábamos dando fruto, pero esa no era la cuestión. La cuestión era: ¿estábamos dando el mayor fruto por los dólares gastados?

Yo batallaba con Dios sobre este asunto. Durante mi viaje de un año de estar dedicado por completo a estudiar la Gran Comisión, esa lucha se volvió más intensa que nunca. Sabía que tenía que rendirle cuentas a Dios, no por algún fruto, sino por «mucho fruto» (Juan 15:8). Al final, tomamos la decisión de reubicar los dólares de la televisión nacional e internacional hacia ministerios de la Gran Comisión que se enfocan en movilizar más misioneros, equipar a ministros de la siguiente generación y hacer avanzar el evangelio a nivel nacional e internacional. Estaba seguro de que mis buenos amigos en otros países podrían encontrar maravillosas retransmisiones de predicación del evangelio, y ese dinero podría multiplicarse como una inversión directa en misiones para alcanzar y discipular a no creyentes.

Le dije a nuestra gente que algún día, quizá nos sentiríamos guiados a tener de nuevo un ministerio de retransmisión. Por ahora, teníamos que ser obedientes a lo que Dios nos estaba diciendo que hiciéramos. Puedes seguir encontrándonos en la televisión en nuestra región y en nuestro estado. Al mismo tiempo, la Internet hace posible que las personas adoren con nosotros en cualquier momento, en cualquier lugar, incluso sin un televisor. Así que con el cambio de paradigma era momento de evaluar todo de nuevo.

Es interesante que ministerios en todo Estados Unidos estén comenzando a tomar nuestras retransmisiones y pasarlas a otras regiones... libre de cargos. Es siempre interesante ver el modo en que Dios honra la obediencia.

Ten una mentalidad de futuro

Los cambios que la Internet ha producido presentan un buen ejemplo del modo en que el futuro sigue cambiando lo que hacemos para alcanzar a las personas. El evangelio nunca cambia, pero sí lo hacen el mundo y sus medios de comunicación. Necesitamos hacer un trabajo mucho mejor a la hora de mantener un ojo vigilante sobre la vanguardia, anticipando, lo mejor que podamos, la dirección que nuestra cultura está adoptando. Dejar libres nuestras finanzas, desde luego, es la mejor manera de ser flexibles y estar preparados para el cambio.

Los líderes cristianos necesitan leer más, escuchar mejor y mantener las conversaciones con lo que está sucediendo a su alrededor. Cuando vemos a las personas utilizar sus teléfonos de maneras nuevas, algo que no podríamos haber anticipado hace una o dos décadas, necesitamos preguntarnos: «¿Cómo puede el evangelio retransmitirse a través de los teléfonos inteligentes?». Cuando las tabletas hacen furor, necesitamos preguntarnos: «¿Qué tipos de aplicaciones harán que el evangelio cobre vida en una tecnología de presentación portátil y colorida?».

Algunas de las personas más creativas de nuestra iglesia están trabajando hacia el cumplimiento de la Gran Comisión en todo el mundo... desde las salas de su casa. Están utilizando la tecnología de la Web más avanzada para componer páginas increíbles y atractivas que lleguen a todas las culturas y cuenten la historia de Jesús.

Evalúenlo todo, incluyendo los cambios que trae cada año. Tengan una fe preparada para el futuro.

Haz que la iglesia sea más eficiente

En todo el mundo cristiano encontramos congregaciones maravillosas y honorables que han servido al reino de Dios por muchas generaciones. Tengo un profundo afecto por ellas en mi corazón, y también sé que muchas de esas iglesias necesitan volver a arrancar.

¿No es esto una simple cuestión de ser realista? La vida funciona de esa manera. El interior de nuestra casa no tiene el mismo aspecto que tenía cuando nos casamos. Con el tiempo, hemos aprendido a modernizarla para que se ajuste a nuestras necesidades como familia. En el mundo de los negocios, nadie funciona con el esquema empresarial que se utilizaba en el año de 1990. Las empresas que sobreviven son las que se han adaptado.

Cuando era joven, un sociólogo llamado Alvin Toffler escribió un libro titulado *Future Shock*[9]. Dado que se publicó en los años setenta, era muy profético. Toffler decía que el mundo y sus estructuras estaban entrando en un ciclo definido solo por el cambio; y que el mundo que conocíamos evolucionaría con tanta rapidez que cada década haría que fuera irreconocible desde la época anterior.

Las iglesias que crucen la línea de meta, que lleven la corona del vencedor cuando Cristo regrese, serán las que se nieguen a ungir la tradición por causa de la tradición. Habrán establecido la disciplina de podar las ramas que no den fruto, cortar ministerios y departamentos que no lleven a nuevos creyentes al reino de Dios. Estoy seguro de que cada pastor sabe con exactitud de lo que hablo. «Hemos tenido este ministerio por años; empleamos todo el otoño haciendo los preparativos». Ese es el problema: todo el tiempo y la energía en el otoño debería emplearse haciendo lo que el Rey quiere que hagamos.

Las iglesias deben hacer que sus estructuras *sean eficaces*. Tiene que haber reuniones difíciles, sinceras y amorosas entre los líderes y el personal, definiendo por qué existe la iglesia y lo que podemos hacer para ayudarla a lograr su propósito y nada más que su propósito. Sí, es una buena manera de perder algunos amigos. Puede incluso ser una buena manera de encontrarnos a nosotros mismos buscando otro puesto. No obstante, si ese es el caso, bien podríamos estar sirviendo en iglesias que están muy lejos de realizar la transición.

Este es un punto muy serio, y espero que los que amen de verdad la iglesia local no le resten importancia. A veces, lo más amoroso que podemos hacer por alguien a quien amamos es programar una operación... es doloroso, pero necesario.

¡Adelante!

Mencioné dos de las tres respuestas más populares de las personas de noventa y cinco años de edad cuando se les preguntó lo que harían de modo distinto si volvieran a vivir de nuevo. Una era reflexionar más, y otra era hacer más cosas que perduraran después de la muerte.

La tercera fue arriesgar más. Llega un momento de dejar de jugar a lo seguro, en la vida y en el ministerio. Se han logrado grandes cosas para Dios cuando las personas caminaron en fe y corrieron riesgos. Permíteme dar un ejemplo de la experiencia de mi iglesia.

Tenemos una visión de tres años llamada *Greater Things*. Una parte de la visión es movilizar a mil personas en el año 2012 en una experiencia misionera transcultural fuera de nuestras cómodas fronteras en el noroeste de Arkansas; en algún lugar en Norteamérica y al otro lado del planeta. Dejemos que eso cale por un momento: mil personas de nuestra iglesia.

Movilizamos a cientos de personas en la localidad cada año, pero nunca hemos tenido más de doscientas cuarenta personas implicadas en misiones fuera de nuestra propia zona en un solo año. Hay una iglesia que admiro, una de las iglesias de misión global más fuertes del mundo, que nunca ha movilizado a más de trescientas personas en un solo año. Nosotros apuntamos a mil. Es visionario, y es imposible, a menos que Dios haga algo milagroso

Jesús hizo una promesa bastante sorprendente. Dijo que si permanecemos en Él (interesándonos por las cosas que le interesan a Él), podemos pedir cualquier cosa en su nombre. Eso es lo que nosotros estamos pidiendo, y nos sentimos seguros de que Él lo quiere también. De modo que hemos echado nuestras redes, por así decirlo. Nos hemos arriesgado.

Cuando estaba orando al respecto, Dios intervino un día en nuestra conferencia para hombres. Dios está siempre con nosotros, desde luego, pero hay momentos en que Él hace algo asombroso de verdad. Aquel fue uno de esos momentos.

Dios movilizó, en un período dado de veinticuatro horas, al menos dos mil personas de nuestra congregación. Eso sucedió sin ninguna presión por mi parte. Dos mil personas se han entregado y han escrito sus nombres en la línea de puntos, para unirse a nosotros en una experiencia misionera transcultural fuera de nuestra zona, en algún lugar en Norteamérica y alrededor del mundo. Al mismo tiempo, hubo personas de otras iglesias que quisieron tomar parte también de esa acción. Enviarán al menos a trescientas cincuenta personas. Solo Dios sabe cuántas personas irán en realidad, pero nuestra iglesia y otras movilizaremos a más personas que nunca antes en nuestra historia.

Ahora avanzamos hacia el año 2012 con cierto impulso, después de ver una visión y de pedirle a Dios algo imposible. Estamos contando con más de dos mil personas que salgan en el nombre de Cristo y pongan una buena marca en la Gran Comisión. Y solo es el principio. Después de tal acontecimiento, no seremos los mismos, nuestra congregación no será la misma, y los lugares donde hayan estado cambiarán para siempre también.

Plantemos nuevas iglesias

El resultado más emocionante y milagroso de cualquier inversión de tiempo y de recursos de la iglesia está en plantar nuevas iglesias. Como ya hemos descubierto, no podemos satisfacer las necesidades que tenemos delante con el equipo que existe en la actualidad. Necesitamos que se planten muchos miles de nuevas iglesias, y las necesitamos de inmediato.

Una de las muchas cosas bellas de esta empresa es que es muy práctica. Creo que cualquier iglesia existente puede proponerse el negocio de plantar nuevas congregaciones que se reúnan en casas, en auditorios, en cines o en cafeterías de escuelas. Ya hemos visto suceder eso por todo nuestro país, y con impresionantes resultados en cuanto a alcanzar personas perdidas. Necesitamos creyentes llenos del Espíritu y comprometidos que estén preparados para la aventura de toda una vida. Por eso estoy desafiando a las iglesias en todo lugar a dejar de pensar de manera antigua y exclusivista, y comenzar a verse a sí mismas como células que se reproducen una y otra vez con resultados exponenciales. Las necesidades son exponenciales, y nuestra estrategia también debe serlo. Las iglesias del evangelio plantan iglesias del evangelio que a su vez plantarán más iglesias del evangelio.

Pídele grandes cosas a Dios. Intenta grandes cosas para Dios. Corre algunos riesgos santificados.

Permitamos que las denominaciones y las redes se evalúen a sí mismas

Las denominaciones y las redes sirven a la voluntad de las iglesias locales. Como nuestras iglesias ahora están comenzando a hacer las preguntas económicas difíciles, en especial con respecto a la Gran Comisión, nuestras iglesias van a esperar lo mismo por parte de sus denominaciones o redes.

Quiero sugerir cinco acciones económicas que tu denominación o red de iglesias debería considerar. Piensa en cada una, porque creo que pasarlas por alto en la actualidad significaría arrepentirnos de ello en el futuro.

Busca de manera exclusiva los ministerios de la Gran Comisión

Si un ministerio no ayuda a presentarle el evangelio de Jesucristo a cada persona del mundo, o da como resultado hacer discípulos de todas las naciones, elimínalo. ¿Es lo bastante sencillo?

Las denominaciones no tienen que escoger entre el bien y el mal. Sus decisiones más difíciles son entre lo que es bueno y lo que es mejor. Necesitamos dejar de intentar hacerlo todo. Necesitamos hacer que nuestras finanzas sean eficaces para el avance del evangelio. Nuestras iglesias no dan dinero a denominaciones o redes para ninguna otra cosa que no sean ministerios de la Gran Comisión. Queremos ver avanzar el evangelio, y escogemos hacerlo con otras iglesias, no mantener tradicionalmente ministerios buenos, sino maximizar en forma global la eficacia de la Gran Comisión.

Gasta menos dinero en estructura

Las iglesias nunca sitúan su dinero en denominaciones y redes para mantener la estructura. Eso debería decirnos que deberíamos gastar menos dinero en esa dirección. Estas entidades necesitan oír este llamado, provenientes de las iglesias, a menos que quieran que las iglesias comiencen a considerarlas irrelevantes y con poca respuesta, e indignas de recibir apoyo económico.

Las iglesias mismas están simplificando sus estructuras, ajustándose y respondiendo a un mundo más rápido y cambiante. Miran sus organizaciones afiliadas y no esperan menos de ellas. Creen que menos es más, y en el futuro apoyarán a una denominación o una red que no esté cargada por una estructura excesiva, sino por una que sea adecuada y eficiente.

Integra sistemas y estrategias

Las denominaciones necesitan evaluar con regularidad todos los sistemas y las estrategias. Se deben eliminar las duplicaciones y las triplicaciones. Empleamos demasiado tiempo reinventando la rueda. La respuesta es que entidades regionales, estatales, nacionales e internacionales integren sus sistemas y estrategias. Si no se ajustan, las iglesias una vez más considerarán esas bendiciones del pasado como irrelevantes para el presente y el futuro. No hay razón alguna para que permitamos que suceda eso.

Dedica tiempo para integrar sistemas y estrategias. Elimina lo que no funcione. *¡Que se mantenga sencillo, administradores!* La integración puede ayudar a que eso suceda. Yo espero que nuestros empleados en las denominaciones y las redes no le tengan temor al cambio, sino que lo consideren un estímulo para hacer cosas nuevas y emocionantes, dejando atrás los viejos odres.

Enfócate en las misiones

Las iglesias responderán con generosidad cuando las juntas misioneras planteen su propio compromiso con la Gran Comisión. Incluso, esas juntas tienen que ganarse el respeto y el dinero de las iglesias locales en la actualidad. Hace años, la «etiqueta de misión» era suficiente; esa época, sin embargo, ya pasó. Debido a la globalización de nuestra sociedad, las juntas misioneras de las denominaciones ahora necesitan saturar sus juntas y sus empleados de pastores que provengan directamente de iglesias locales.

La Web ha cambiado el mundo y ha localizado el planeta en todas nuestras vidas. Podemos comunicarnos con todo el mundo en cualquier momento, en cualquier lugar y con cualquiera. Por lo tanto, juntas misioneras: ¡sigan el ritmo! Utilicen la tecnología para simplificar su trabajo y maximizar el dinero. El desarrollo de un centro de comunicaciones para el evangelio puede cambiar tus propias juntas y su relación con las iglesias locales. Es más, podría acelerar de modo extraordinario la Gran Comisión.

Reubica más dinero para las juntas misioneras

Cuando las denominaciones y las redes comiencen a hacer las cosas que he delineado antes, comenzará la animación. A todo el mundo le gusta una historia de éxito; anhelamos operar en una organización eficiente en lugar de una burocracia frustrante. Las personas y las iglesias responderán con más recursos cuando vean que el dinero se reduce al mínimo para el uso estructural y se incrementa al máximo hacia las juntas misioneras y la movilización misionera.

Necesitamos más misioneros en Norteamérica y más misioneros en todo el planeta. Necesitamos más dinero para que esos misioneros lo utilicen para el avance del evangelio, para plantar iglesias y para la planificación futura a fin de terminar la tarea. Necesitamos proclamar el llamado a las personas: entreguen su vida para ir al mundo; ¡nosotros estamos preparados para enviarles!

Estoy convencido de que el día de las denominaciones no ha terminado si estas reubican más dinero hacia las juntas misioneras. Las iglesias quieren sostener misioneros, plantar iglesias y avanzar el evangelio en todo el mundo. Los grupos que escuchan estas palabras serán los que prosperen en el futuro. Mientras que la arrogancia conducirá a las denominaciones a la irrelevancia, el cambio radical para la Gran Comisión trazará un futuro emocionante.

Por favor, escucha lo que dice mi corazón. Debemos evaluar todo de forma económica a fin de que

- podamos hacer más para la Gran Comisión como individuos;
- podamos hacer más para la Gran Comisión como iglesias; y
- podamos hacer más para la Gran Comisión como denominaciones y redes.

¿He sugerido algo que no pueda hacerse? En Cristo, para la gloria de Dios y para la gloria de la Gran Comisión que le da a Él la mayor gloria de todas, ¿hay algo que Él no nos capacite para hacer? Evalúa eso.

CAPÍTULO 9

Actúa ahora

L es pedí a mis amigos de la Junta de Misiones Internacionales la mejor información disponible sobre la población mundial y el grado de su perdición. Lo que recibí fue como café bien cargado para el alma: un momento real para despertar.

Me enviaron un esquema basado en la Web con un «reloj de población». Habrás visto las señales de la población de las ciudades con cifras que aumentan de forma lenta, pero segura. Este esquema era parecido, con cifras que aumentaban basadas en un algoritmo que combina los índices actuales de crecimiento. Podía ver la población del mundo aumentar delante de mis propios ojos, un cálculo, pero confiable. Lo fundamental: la población del mundo crecía aproximadamente en tres seres humanos por segundo.

Otra línea calculaba el número de personas que viven en la actualidad y que «oyen, pero no creen el evangelio». Vi crecer esa cifra a un ritmo de apenas una persona por segundo. Así, cada minuto, nacen ciento ochenta personas, donde sesenta de ellas tienen la probabilidad de oír, pero de rechazar el evangelio, según las tendencias actuales que esperamos revertir.

Una tercera línea que identificaba a las «personas que no tienen una adecuada oportunidad de oír el evangelio» aumentaba a un índice de dos personas por segundo: ciento veinte nuevas personas por minuto sin ningún cambio realista de oír la mejor noticia de la tierra. Sin embargo, había una cuarta línea: «personas que oyen y creen el evangelio». Al principio, para mi horror, la cifra parecía estar atascada. *¿Están dormidos todos nuestros misioneros?* Entonces, observé que alrededor de cada cuatro segundos, el total aumentaba en uno. Al parecer, podíamos esperar quince nuevas personas por minuto que podrían oír y creer el evangelio; quince personas con la probabilidad de nacer de nuevo, ciento sesenta y cinco con la probabilidad de morir para siempre.

Yo no aplasté esas cifras, ellas me aplastaron a mí. Me resultaba difícil dormir después de haberlas visto. Ahí estaba una representación gráfica de una población que explota, que implicaba una pelea: perdición contra salvación. *La perdición está ganando,* y reafirmando su liderazgo cada segundo. Más que nunca, sentí un intenso sentimiento de urgencia. ¿Cómo podemos revertir esa tendencia? Necesitamos detener la hemorragia, ¡ahora!

Entonces, unos días después, mientras trabajaba en este libro, leí que la población mundial, en realidad, había sobrepasado otra marca. Ahora hay siete mil millones de personas ocupando este planeta (repito, como un cauteloso cálculo). La cifra era de seis mil millones novecientos mil cuando estaba viendo el reloj de población. *Siete mil millones.* Cuando piensas en esa cifra, considera los miles de años que hemos ocupado el planeta tierra. ¿Sabes cuándo sobrepasamos la marca de los mil millones? Los expertos dan una fecha aproximada en 1804, hace más de doscientos años, el parpadeo de los ojos de Dios. Duplicamos esa cifra en 1927, y de nuevo (hasta cuatro mil millones) en 1974, y hoy en día añadimos mil millones de personas cada doce años[1].

Una cifra más para ti: ocho de cada diez jóvenes del mundo viven en África y Asia². En países postindustriales, la población es bastante estable, pero sigue creciendo en el mundo en desarrollo. Recuerda: la mitad de la población de este planeta por ahora es accesible para nosotros en nuestros esfuerzos por testificar de Jesús y hacer discípulos de todas las naciones. Son personas que viven entre pueblos con menos de un dos por ciento de su población identificada como cristiano evangélico. Tendrías derecho a suponer que muchos de ellos viven en África y Asia, justo los lugares con poblaciones que aumentan con rapidez.

Para que no pensemos que todo el trabajo está en el extranjero, dirijamos nuestros ojos otra vez a la ciudad de Nueva York. Hace poco estuve allí, viajando, hablando y echando una ojeada de primera mano al estado de la ciudad. Necesitamos *miles* de nuevas iglesias plantadas solo en la Gran Manzana. Ten cuidado de no pensar como piensa el mundo, porque entonces te sentirás desesperado. Dirás: «Diez mil iglesias en la ciudad de Nueva York, ¿en un solo lugar? ¿Y qué me dices de las otras ciudades de este país, perdidas por igual? ¿Y qué te parece el campo, que aún necesita a Jesús? ¿Qué hay con el resto del mundo, donde mil millones de almas puede que estén con nosotros aproximadamente en una década, a menos que Cristo regrese? Como mínimo estaremos fuera de peligro entonces».

Un momento. Regresemos por un minuto. «A menos que Cristo regrese». Echemos un vistazo más de cerca al significado de ese acontecimiento.

Aguas infestadas de tiburones

Puedes señalar que el regreso de Cristo mejorará las cosas, y por supuesto que tienes razón en cuanto a eso. Jesús regresará, ¡aleluya!

En ese momento, todo estará bien. Será un día en la playa, en el momento en que el salvavidas se levanta, hace sonar su silbato y da instrucciones a todos para que salgan del agua. No tendremos que preocuparnos por este asunto de la Gran Comisión entonces, ¿verdad? Nos secaremos, iremos a la comida al aire libre en los cielos y pondremos la música de fiesta.

Agudicemos esa analogía, ya que implica los planes mortalmente serios de Dios. Metáfora de la natación, toma dos:

El salvavidas se levanta, hace sonar su silbato, y todo aquel que puede oírlo y entiende su instrucción, la cual resulta que es: «¡Hay tiburones en el agua! ¡Salgan ahora!», puede correr hasta la playa y salvarse. Tú y yo hemos sido bastante afortunados para haber sabido sobre la peligrosa realidad de los tiburones, así que salimos de allí con rapidez. Sin embargo, en esta metáfora, muchos nadadores no salen del agua. Quizá no hayan tenido esa lección de los tiburones. Quizá no sepan que el silbato tiene una potente autoridad. Quizá no hablen el idioma del salvavidas. Sin importar cuál sea la excusa, no ven ninguna buena razón para salir de la comodidad del agua.

Para hacer que la metáfora siga siendo coherente por completo con lo que representa, los tiburones no atacarán a uno o dos nadadores. Ese tipo de tiburones ataca *a todos* los que queden en el agua. Mira, la paga del pecado es muerte, no para algunos, sino para todos los que no han lidiado con sus problemas de pecado. Quizá un tiburón no pueda ser tan minucioso, pero el juicio de Dios sí puede serlo.

¿Y si Jesús regresara hoy? Hay varios cálculos de qué por ciento de la población mundial recibiría castigo eterno. Solo Dios conoce el estado del alma de alguien. No obstante, si las personas del mundo estuvieran nadando juntas en la playa, nuestro cálculo más cuidadoso y conservador sugiere que casi nueve de cada diez estarían condenadas en ese mismo momento. Se calcula que entre los siete mil millones, hay setecientos setenta millones de cristianos evangélicos.

Desde luego, necesitamos definir nuestros términos con cuidado. Hay un cálculo estimado de dos mil millones cien mil de personas en el mundo que realmente se denominan a sí mismos cristianos; la cifra más pequeña de setecientos setenta millones indica a los que testificarían que han rendido sus vidas a Jesucristo como Señor, dando como resultado que sus vidas han sido cambiadas por el Señor. Repito, solo Dios conoce el estado del alma de alguien.

Por lo tanto, para completar nuestra metáfora, tú caminarías descalzo en la arena y encontrarías tu toalla a la vez que escuchas los gritos, algunos de ellos de personas que estaban bromeando y jugando solo momentos antes.

En ese escenario, yo estaría hablándoles a las personas de los tiburones. ¿Y tú? Haría todo lo que estuviera a mi alcance para advertirles. Podría gritar frenéticas advertencias, aunque pareciera grosero. Podría arrastrarles por los brazos, empujándolos hacia fuera, incluso si eso no fuera políticamente correcto entre otros nadadores. Les suplicaría, cualquier cosa para hacerles salir a la arena, porque no desearía cargar en mi propia conciencia que yo conocía la verdad que les habría salvado, pero que no dije nada al respecto. Eso significaría ser dueño de su destino, o al menos de cierta fracción de responsabilidad por eso, ¿cierto? Yo no quiero estar delante de Dios con la sangre de nadie en mis manos.

Entonces, ¿te sientes incómodo? ¿Es morbosa la historia de los tiburones? ¿Es de mal gusto? Tal vez lo sea, y eso es bueno también, si es lo necesario para ayudar a las personas a entender las terribles consecuencias del juicio de Dios. No solo estamos hablando de asuntos de vida y muerte; estamos hablando de asuntos de vida y muerte *eternas*. Los tiburones podrían estar a centímetros de distancia. Solo tenemos una oportunidad de entenderlo. Si alguien es salvo, es salvo para siempre. Si permanece condenado, no encontrará ningún tribunal de apelación.

Debemos tener cuidado de no mirar al mundo con ojos mundanos, porque entonces podríamos rendirnos a la desesperación. ¡Nuestra playa está abarrotada de siete mil millones de personas! La tarea de hablarles de Jesús y de hacer discípulos de sus naciones es extraordinaria. Algunos podrían insistir en que es imposible.

Sin embargo, Hudson Taylor, extraordinario misionero en el interior de China, dijo lo siguiente: «He descubierto que hay tres etapas en toda gran obra de Dios: primera, es imposible, entonces es difícil, y entonces se hace»[3]. Él tiene razón. Sabemos que no hay palabra *imposible* en el reino de Dios. Sabemos que Dios quiere que hagamos esto en particular, esto de la Gran Comisión. Y sabemos que Él no nos da tareas que no puedan llevarse a cabo.

¿Qué queda, entonces? Solo actuar... y actuar ahora.

El cumplimiento del tiempo

Debido al Dios a quien servimos, podemos hablarles a todos en el mundo de Jesucristo, y podemos hacer discípulos de todas las naciones. Debemos hacerlo. Dios nos ha dado toda seguridad de que recibiremos su autoridad, su poder y su presencia para la tarea. Entonces, debemos actuar ahora.

Hay períodos y momentos límites de oportunidad. Cuando pasa el momento designado, se va la oportunidad. La Biblia está llena de historias de oportunidades perdidas, de ventanas de oportunidades que se cerraron de golpe al final. Los profetas del Antiguo Testamento ofrecían con regularidad un mensaje parecido al siguiente. «Actúen ahora. Es más tarde de lo que piensan. Dios no retendrá su ira para siempre». Es más, Dios es preciso en su calendario. Hay un asunto en el Nuevo Testamento con respecto al «cumplimiento» del tiempo. Nuestro tiempo humano, segundo tras segundo, minuto tras minuto, lo describe el término griego *cronos*. Sin embargo, hay momentos divinamente ordenados, cuando todas sus obras y las nuestras se ponen en consonancia para el momento ahora o nunca. La palabra griega para ello es *kairos*. La Biblia nos dice: «Pero cuando vino el cumplimiento del tiempo, Dios envió a su Hijo» (Gálatas 4:4, RV-60). En otras palabras, Dios tenía las ruedas de la historia girando en una consonancia tal que envió a su Hijo en el momento oportuno.

Si estudias el increíble período en que Él nos envió a Jesús, entiendes la perfección del plan. Los romanos se habían movido como un rayo por el mundo mediterráneo, y habían creado caminos viables por primera vez. Habían establecido una atmósfera de relativa paz y orden conocida como *pax romana*. Los historiadores utilizan este término para referirse a los doscientos años de increíble estabilidad desde el 27 a. C. hasta el 180 d. C., cuando los romanos, después de haberse anexado de forma violenta gran parte de su mundo, lo mantuvieron de manera relativamente pacífica. Este es el período preciso desde justo antes del nacimiento de Cristo hasta el final de la primera generación del cristianismo. Los griegos, mientras tanto, habían proporcionado un idioma que todos podían compartir, y un idioma hermoso y evocador en particular, perfecto para englobar el contenido espiritual. Un hombre como Pablo podía hablarles con claridad y con poder a personas en cada país que le rodeaba y ser entendido. Podía pasar de país a país sin cruzar un campo de batalla, debido al orden romano. Además, podía hacerlo sobre una brillante red de calzadas que hacía posible que tal viaje fuera posible para los ciudadanos por primera vez.

Jesús, como puedes ver, había llegado en el momento *kairos*, en el cumplimiento del tiempo, tal como nos dice Gálatas 4:4. Y entre sus primeras declaraciones públicas estuvo la siguiente: «El tiempo se ha cumplido, y el reino de Dios se ha acercado» (Marcos 1:15, RV-60).

Él entendía el tiempo perfecto de Dios, y sabía que su tarea era actuar ahora. Antes de ascender al cielo, les dijo a los discípulos que esperaran en Jerusalén a que fuera derramado el Espíritu Santo: otro momento *kairos*. Entonces pudieron avanzar para cumplir la Gran Comisión.

En Efesios, Pablo habla que «a su debido tiempo, Dios reunirá todas las cosas y las pondrá bajo la autoridad de Cristo, todas las cosas que están en el cielo y también las que están en la tierra» (1:10, NTV). De modo que la culminación de la historia llegará cuando el momento sea el adecuado. Todas las cosas en los cielos y en la tierra se reunirán en Cristo. Dios no hace nada al azar. Sus planes son perfectos y se extienden hasta cada parte de la creación, a cada detalle de nuestras vidas. El tiempo es una línea de acontecimientos con un comienzo, un fin, e incontables momentos *kairos* entre tanto. Eclesiastés 3 está de acuerdo en que hay un tiempo y un momento para cada propósito bajo el cielo.

Los tiempos se están cumpliendo para que el pueblo de Dios les hable a todos en el mundo acerca de Jesús y haga discípulos de todas las naciones. Por ejemplo, vemos la explosión de poder tecnológico en el siglo XXI, como la construcción de las calzadas romanas en el primer siglo. Vemos al Espíritu Santo en movimiento en muchos países en desarrollo, iglesias que crecen en lugares remotos a pesar de la intensa persecución, una nueva generación de estudiantes que tienen una mentalidad global y están dispuestos a viajar por el mundo para predicar el evangelio. En lugar de la *pax romana*, tenemos la *pax americana*. Mientras tanto, nuestro planeta está en crisis. Los gobiernos tienen problemas, siguen surgiendo guerras, la moralidad y las normas en Estados Unidos están comenzando a parecerse a lo peor de la Roma pagana, y las personas viven con temor a terroristas que buscan armas de destrucción masiva. Sitúa a estos dos grupos de tendencias lado a lado, y es obvio que tiene que dar algo. Las condiciones del mundo están alcanzando una masa crítica a medida que la Iglesia comienza a despertar y el diablo establece una contraofensiva.

Esto, amigos, es el cumplimiento del tiempo. Por tanto, *debemos actuar ahora*. Es nuestra gran esperanza final. Nadamos por tiempos infestados de tiburones. Sin embargo, ¿cómo deberíamos actuar? Todas las pistas pueden encontrarse en Hechos 4.

Estremezcamos al mundo

Los cuatro primeros capítulos de Hechos son un libro de texto acerca de cómo vencer al mundo. En ellos tenemos el nacimiento, la infancia y los primeros pasos de la Iglesia; y todo comienza con personas reuniéndose en oración delante de Dios.

La joven Iglesia se fortalece por las acciones de Pedro y Juan, quienes producen una sanidad milagrosa y después le hacen frente al sistema religioso. Ha parecido como si Jesús se hubiera ido en realidad, a su hogar con el Padre; y los tiempos de milagros y de la verdad se hubieran ido con Él. Sí, Él les dijo que sus seguidores harían milagros aun mayores, ¿pero quién podía creer eso? Y ahora, allí están estos dos valientes discípulos, tomando las cosas justo donde las dejó Jesús, permaneciendo firmes en anunciar el evangelio. Iban de camino a la oración, no te pierdas ese detalle, cuando se encuentran con un hombre que hacía cuarenta años que estaba paralítico y le sanan. Podrás imaginar el disgusto de los líderes religiosos: *¿Esto otra vez? ¿Es que no hemos aplastado ya este movimiento de milagros?* Intentan arrestar, o al menos silenciar, a Pedro y Juan. Aun así, es una batalla perdida porque Pedro y Juan no se quedarán callados. Esos hombres son valientes, transformados por la llegada del Espíritu. No le tienen miedo a nada ni a nadie.

Ahora, miles de personas están entregando sus vidas a Cristo. Es un fenómeno; el sistema religioso reconoce una situación que no puede ganar. Los líderes alzan sus manos al aire en frustración y permiten que los dos discípulos se vayan a casa. La Iglesia ganó su primera batalla en la era cristiana.

Los creyentes se reúnen para celebrarlo, y son muy expresivos; adoran a Dios de modo extravagante, una fiesta de alabanza. Levantan sus voces en oraciones de gratitud a Dios, y la Biblia nos dice: «Después de haber orado, tembló el lugar en que estaban reunidos; todos fueron llenos del Espíritu Santo, y proclamaban la palabra de Dios sin temor alguno» (Hechos 4:31). La habitación se estremeció, literalmente. El grupo salta. El Espíritu de Dios está llenando y capacitando a cada uno, y eso lleva la fiesta a un nuevo nivel.

Qué gran acontecimiento fue en la historia cristiana. Los seguidores de Jesús, que poco tiempo atrás estaban temerosos e impotentes sin su Maestro, se transformaron por el poder de Dios y el acto de su voluntad. En ese solo versículo está la huella del modo en que los cristianos pueden estremecer sus iglesias. Relata lo que sucede cuando el pueblo de Dios ora, cuando se reúne, cuando el Espíritu se muestra y cuando proclaman la Palabra de Dios con valentía. Observa cómo esas acciones y esos acontecimientos avanzan de modo lógico, uno tras otro. Es un plan para tu vida, para nuestra vida como una iglesia y para el gran plan de Dios para este mundo... y todo comienza con la oración.

Cuando oramos

No podemos leer el libro de Hechos sin observar el lugar que ocupa la oración en este libro. Las personas están siempre orando, y Dios está respondiendo siempre. Pedro y Juan van de camino a una reunión de oración cuando se encuentran con un paralítico. Más adelante, cuando cuentan toda la historia en compañerismo, la respuesta del pueblo de Dios es la adecuada: orar. Necesitamos aprender la lección de que no deberíamos orar solo cuando necesitemos algo, sino también cuando necesitemos dar gracias.

¿Has sentido alguna vez que la habitación se estremece cuando el pueblo de Dios ora de verdad? Hay una oración educada y con cortesía impulsada por la retórica, y también está el auténtico encuentro con el Dios todopoderoso. Cualquiera puede notar la diferencia entre ambas. Sabemos cuando las personas cierran sus ojos y les hablan a sus amigos en lugar de hablar con su Dios, ofreciendo sentimientos tibios que rebotan en el techo en lugar de elevarse por el tejado. La oración genuina no está controlada por el volumen, las frases piadosas, ni la longitud, aunque las personas hagan hincapié en esos elementos superficiales. La oración es solo hablarle a Dios con el corazón, con fe en que Él oirá y responderá. Todo gran avivamiento en la historia se ha forjado en la oración de creyentes comprometidos y perseverantes. Será del mismo modo el alcanzar a nuestro mundo para Cristo. La oración es la chispa que enciende el mundo.

Cuando nos reunimos

Los primeros cristianos no hacían pequeños descansos a la hora de asistir a la iglesia. «No dejaban de reunirse» (Hechos 2:46). No tenían edificio, pero «de casa en casa partían el pan» (2:46). Su gozo era contagioso, su enseñanza y su testimonio eran poderosos, y ellos eran la comidilla de la ciudad. Jesús les prometió hacerlos pescadores de hombres, pero los peces estaban saltando a las redes. La gente veía el gozo sobrenatural que tenían los seguidores de

Jesús, y ellos también lo querían. ¿Has pensado alguna vez que solo con reunirse, o estar juntos, lleva aparejado su propio poder? Hay una buena razón para esto. Jesús prometió: «Porque donde dos o tres se reúnen en mi nombre, allí estoy yo en medio de ellos» (Mateo 18:20). Nosotros somos su cuerpo, y un cuerpo debe estar conectado en todas sus partes. Debe estar junto.

El principio de los «dos o tres» funciona del mismo modo con la oración. Deberías y debes tener una vida de oración personal, pero también deberías estar orando junto con otros creyentes; orando como iglesia, orando como grupo de estudio bíblico o grupo de oración, orando como familia, orando como amigos. Cuando estamos de acuerdo en la oración, Jesús dice que responderá (Mateo 18:19). La palabra griega para «acuerdo», *sumfonéo*, significa «sonar juntos de manera armoniosa». Nos da nuestra palabra *sinfonía*. Los creyentes orando juntos hacen música para los oídos de Dios. La reunión de tu iglesia debería ser una fuerza en tu comunidad; si la iglesia cerrara sus puertas y se trasladara, la comunidad lamentaría a lágrima viva su ausencia. La iglesia primitiva tenía esa cualidad, y ni Jerusalén ni el Imperio Romano mismo pudieron soportar su poder.

InterVarsity Christian Fellowship ha patrocinado por muchos años la Conferencia Urbana, una asamblea mundial para estudiantes que desean considerar dedicar sus vidas como adultos a cumplir la Gran Comisión. Tiene lugar en Urbana, Illinois. La conferencia de 2009 tuvo una asistencia de dieciséis mil personas de todo el mundo. Los estudiantes escucharon discursos de apertura, cantaron y adoraron, y se dividieron en pequeños grupos para orar y conversar. En una sala había tres grupos: uno chino, otro taiwanés y otro de Hong Kong. Los separaban unos paneles divisorios, y esos paneles eran ciertamente intencionales. Esos países habían luchado entre ellos mismos durante más tiempo del que ninguna persona viva podía recordar. Por tanto, ellos oraron y adoraron de manera segregada, en sus propios cubículos.

Una noche, mientras oraban los estudiantes chinos, sintieron la carga de invitar a los demás para que se les unieran. Los estudiantes taiwaneses abrieron su panel de separación. Poco después la delegación de Hong Kong estaba también allí. Ochenta estudiantes derribaron muros físicos y muros políticos debido a la unidad en Cristo que debemos tener. Cuando se difundió la noticia, los alumnos coreanos y los japoneses estaban entrando en la sala y experimentaron el gozo de estar reunidos. «En Cristo, todos somos una sola familia», dijo un líder que se hizo eco de las palabras de Pablo[4]. «Porque Cristo es nuestra paz: de los dos pueblos ha hecho uno solo, derribando mediante su sacrificio el muro de enemistad que nos separaba» (Efesios 2:14). Si sucedió en el primer siglo, puede suceder en la actualidad. Cuando nos reunimos y oramos en el nombre de Dios, suceden cosas sorprendentes. He llegado a entender que como siervos estratégicos de la Gran Comisión, establecemos estrategias para alcanzar pueblos; pero solo Dios puede mezclar todos los colores y crear una sinfonía de alabanza.

Alguien dijo que el noventa por ciento de la vida es mostrarse. Tu iglesia necesita mostrarse de gran manera. Cuando lo hace, el Espíritu Santo será el invitado especial.

Cuando llega el Espíritu

Cuando los discípulos tenían la sala estremecida después del gran milagro y el valiente acontecimiento que presentó a Pedro y Juan, se nos dice que los creyentes «todos fueron llenos del Espíritu Santo». Esa sencilla afirmación es toda la explicación. ¿Cómo pudo Pedro estar firme y desafiar a los líderes religiosos ahora, predicando un poderoso sermón, cuando negó a Jesús antes de la crucifixión? ¿Por qué los discípulos eran valientes y optimistas ahora, en lugar de ocultarse y temblar de temor? Todo esto fue posible debido a la llegada del Espíritu, tal como anticipó Jesús.

Jonathan Edwards, que vivió en el siglo XVIII, fue uno de los principales predicadores y teólogos de todos los tiempos. Guío los auténticos movimientos del Espíritu Santo que condujeron al Gran Avivamiento por todo el mundo cristiano. Su sermón más famoso se titulaba «Pecadores en las manos de un Dios enojado». Era brillante por muchas razones, siendo una de ellas que de modo creativo situaba a sus oyentes en el lugar de asesinos convictos, delante de un tribunal y escuchando al juez pronunciar su sentencia. En esa época, el juez se ponía de cara a un delincuente convicto y le daba un breve y severo sermón, diciendo cosas como: «Ahora irás a encontrarte con tu Creador», y «Que Dios tenga misericordia de tu alma». Edwards le daba la vuelta a esa fórmula, hablando como pastor en el asiento del juez. Describía la ira de Dios que afrontaría *cualquier* pecador no perdonado, ¡incluso respetables miembros de la iglesia como los que había en el lugar! Ponía a prueba su congregación.

Edwards era poderoso en su comunicación; pero leía de un manuscrito, palabra por palabra, manteniendo el papel cerca de su cara. Ni gritaba ni golpeaba el púlpito; leía con calma. Daba el sermón más de una vez; con resultados diferentes por completo, a pesar de una comunicación coherente. En una iglesia hubo gritos de agonía por parte de muchos de sus oyentes que sintieron la horrible convicción por sus pecados; las lágrimas de gozo por parte de otros, que entendían que Jesús les perdonaba. Tan grande era la tensión que las personas dejaban marcas de uñas en la madera de los bancos, marcas que aún podían verse años después. Sin embargo, en el condado vecino, «Pecadores en las manos de un Dios enojado» no produjo ninguna respuesta, a excepción de personas que mostraban y miraban sus relojes de bolsillo.

Edwards atribuyó la diferencia a un factor: la presencia del Espíritu Santo en la primera congregación, y su ausencia en la segunda. Decía que la predicación de la Palabra de Dios es la ocasión para que haya un despertar, pero el Espíritu hace la obra y Él «sopla por donde quiere». Los gritos y los llantos eran cosas pasajeras, decía, pero cuando el Espíritu se mostraba, las personas cambiaban... para siempre. Ciudades enteras se transformaron. Los índices de delincuencia descendieron, y las iglesias estaban a rebosar[5]. En otros lugares las personas no oraban, y el Espíritu no se movía.

Puedes predicar con el poder de un ángel, construir edificios que se comparen al Taj Majal, ofrecer programas con la ingenuidad del *Epcot Center* y contratar al «equipo de los sueños». No obstante, si edificas sin una verdadera unción del Espíritu Santo, edificas en vano. Solo estarás reconstruyendo la torre de Babel, intentando llegar al cielo partiendo desde la tierra. Necesitamos al Espíritu Santo porque el templo de Dios debe edificarse desde el cielo hacia abajo. Necesitamos que Él caiga sobre nosotros, nos capacite, nos muestre lo que quiere que hagamos.

Desde luego, sabemos lo que Él quiere que hagamos, en líneas generales. Debemos hablarles de Jesús a todos en el mundo y hacer discípulos de cada nación. El Espíritu vino por primera vez en Pentecostés, según se registra en Hechos 2, y Él no desperdició tiempo alguno para establecer este asunto. Fue lo último que Jesús dijo en la tierra, y lo primero que el Espíritu dijo entre nosotros. Las personas recibieron los idiomas del mundo, símbolo de hablar de Jesús en cada nación.

No podemos tener iglesias vacías del Espíritu Santo. Es como tener falta del suministro eléctrico en nuestra casa: solo hay oscuridad y frialdad. Si queremos conmover nuestras iglesias, y conmover este mundo, el Espíritu debe venir con poder.

Cuando proclamamos la Palabra con valentía

Por último, se nos dice que los primeros cristianos, estando llenos del Espíritu de Dios, proclamaban su Palabra con valentía. Cuando nos mantenemos al ritmo del Espíritu, no tenemos temor; vivimos a la vanguardia de la vida.

Al principio, los líderes religiosos enfrentaron a Pedro y Juan, y la valentía que ahora veían era sorprendente:

> Los gobernantes, al ver la osadía con que hablaban Pedro y Juan, y al darse cuenta de que eran gente sin estudios ni preparación, quedaron asombrados y reconocieron que habían estado con Jesús. Además, como vieron que los acompañaba el hombre que había sido sanado, no tenían nada que alegar. (Hechos 4:13-14)

Es evidente que a Jesús lo educaron en la ley hebrea y podía defenderse con ellos en cualquier debate. Los discípulos, sin embargo, eran una multiforme colectividad de pescadores y campesinos. ¿Cómo podían tales hombres enfrentarse de repente a los hombres más distinguidos y elocuentes de Judea? Los líderes religiosos «reconocieron que habían estado con Jesús». Entonces, al ver a un hombre sano por completo, «no tenían nada que alegar».

¿Te gustaría cerrarles las bocas a los críticos, los dudosos, la multitud contraria al cristianismo? Habla con valentía, capacitado por el Espíritu de Dios. Haz grandes cosas que no puedan explicarse. Las iglesias actuales son fáciles de criticar, fáciles de ridiculizar, porque hay demasiadas de ellas que son infructuosas y temerosas. Tienen reuniones, miembros, programas y bonitas páginas Web. Con todo, si no hay una valentía impulsada por el Espíritu, ningún crecimiento dinámico, ningún patrón semanal de personas que acuden a Cristo, el mundo no tiene respeto alguno por ellas. La gente necesita mirarnos y decir: «Esas personas han estado con Jesús». La impresión debería ser tan poderosa que también ellos quieran estar con Jesús.

¿Has dado un paso atrás en los últimos tiempos, has mirado tu vida y te has preguntado: «Qué hay en cuanto a mí que no pueda explicarse fuera del poder y de la gracia de Dios»? En un reciente libro, Philip Yancey relata una historia verdadera de un viaje misionero a Afganistán a principios de la década de los setenta. Eso fue antes de la ocupación rusa y antes del gobierno de los talibanes. Era la época en la que los coros de jóvenes adolescentes iban a menudo de gira, y esta en concreto tenía permisos limitados para ministrar a internacionales, aunque se suponía que los afganos debían mantenerse a distancia.

El líder aceptó una invitación para actuar en la ciudad de Kabul, pero eso estaba en contra de lo que sentía que era su mejor juicio. Les advirtió a los adolescentes de que si decían ciertas cosas, podrían encontrarse en la cárcel, poniendo en peligro a otros cristianos en Afganistán. Les dio frases redactadas con sumo cuidado para memorizar. «No se aparten del guión», dijo con énfasis.

Mil afganos acudieron para oír la actuación de los estadounidenses. La noche transcurría de manera estupenda... hasta que un adolescente dejó su guitarra y comenzó a hablar con sinceridad.

«Me gustaría hablarles de mi mejor amigo», dijo. «Su nombre es Jesús, y Él ha marcado una increíble diferencia en mi vida».

El líder casi se desmaya. Desde el lado del escenario comenzó a hacer muecas y la señal de cortar el cuello: «¡No! ¡Para! ¡Deja de hablar ya!».

Sin embargo, el adolescente siguió. Parecía que era algo de Dios. Hizo un detallado relato de lo que Jesús realizó en su vida. El líder solo volvió a sentarse con su cabeza entre las manos, preguntándose qué tipo de lío estaría desenredando en los días siguientes. Levantó la vista a tiempo para ver al ministro africano de asuntos culturales de camino hacia el escenario. *Aquí viene*, pensó el líder de jóvenes. El diplomático dijo: «Hemos visto a muchos jóvenes estadounidenses atravesar este país. Por lo general, jóvenes con cabello largo que llegan a buscar todas las drogas que puedan encontrar aquí. No hemos visto a jóvenes como estos. Ustedes hablan del amor de Dios, y mi país necesita ese mensaje. Quiero que nuestros jóvenes aquí en Afganistán experimenten su mensaje. ¿Puede su grupo extender su gira, visitar cada universidad y facultad, y también hablar en Radio Kabul de modo que algunas personas puedan recibir las palabras que ofrecieron ustedes? Yo puedo hacer que esas cosas sucedan».

El líder se quedó conmocionado. Consiguió una extensión de los visados de todos y para la gira misma. Además, les hizo a los muchachos otra advertencia: «¡No cambien ni *una* palabra de lo que Dios les diga que hablen!».

Los adolescentes hicieron muchas más actuaciones; y después de cada una, los jóvenes afganos se reunían a su alrededor y hacían preguntas sobre Jesús, quien parecía muy distinto al Jesús que habían encontrado en el Corán. Nunca habían oído de una relación personal con Dios, de ser perdonados y cambiados por completo en el interior mediante la fe.

Nunca había habido nada parecido en Afganistán, y sucedió porque era un momento de la Gran Comisión, un momento *kairos*, en un lugar donde el Espíritu de Dios estaba decidido a moverse. Si los líderes no estaban preparados para cooperar con los cielos, el Espíritu encontraría a un adolescente que lo hiciera[6].

El acto final

El relato de Yancey no es único en los anales de las misiones mundiales, donde suceden milagros todo el tiempo. Cuando los cristianos son lo bastante valientes y obedientes para pasar a las primeras líneas de batalla por el género humano, cuando oran, cuando se reúnen en nombre de Él, cuando proclaman la Palabra de Dios con valentía en el poder del Espíritu Santo, entonces, amigos, no hay fronteras en absoluto, ningún límite a lo que puede suceder y sucederá. Jesús dijo que las puertas del infierno no prevalecerían contra el resurgente cuerpo de Cristo (Mateo 16:18). ¿Por qué deberíamos tener temor a los oponentes que son simples humanos?

Sucedió un milagro para una pareja de pescadores sin educación formal entre los hombres más sofisticados y hostiles de Jerusalén. Sucedió otro para un guitarrista adolescente en el corazón de la tensión islámica. Sucederá en cualquier lugar, en todo lugar, y para cualquiera que solo esté dispuesto a actuar ahora.

En este capítulo, leímos sobre los Hechos de los apóstoles, los primeros cristianos. Es momento para los hechos de esta generación, nuestra gran esperanza final. Creo que este es el cumplimiento del tiempo, el momento *kairos* en el que Dios encontrará a quienes estén preparados y dispuestos para ser obedientes. Las puertas se les abrirán a esos hombres y esas mujeres, se les presentarán oportunidades y el Espíritu Santo llegará con gran poder.

Esos creyentes estremecerán este mundo. Yo quiero estar entre ellos. ¿Y tú?

La tecnología para la Gran Comisión

Nunca olvidaré dos lecciones de este período de mi vida. Primera lección: Dios quiere a *todas* las personas, sin importar sus nombres o sus números.

Segunda lección: Dios hace cosas increíbles para demostrar ese primer punto.

Te daré un ejemplo.

En otra sección detallé nuestro descubrimiento de un gran grupo de personas de las Islas Marshall que viven, de todos los lugares, en el noroeste de Arkansas. ¿Cómo sucede eso? Nosotros no hemos llegado a descubrirlo, pero establecimos a los locales marshaleses como pueblo al que queríamos alcanzar. La identificación de este pueblo condujo a establecer una relación con ellos, que trajo como resultado que les enseñáramos la Biblia, ganando a varios de ellos para la fe en Jesús, y ahora plantando una iglesia en su compañía. ¡Este es un milagro del tamaño de Dios!

Mientras tanto, en Orlando, Florida, donde la película *JESÚS* se traduce a nuevos idiomas todo el tiempo, la película por fin estuvo disponible en el idioma marshalés... ¡justo a tiempo! Esa película, como puede que sepas, se ha utilizado en todo el mundo para conducir a millones de personas a Cristo.

Puedes ver la hermosa simetría de nuestra iglesia llevando a un grupo de marshaleses de Arkansas a su tierra natal con la película *JESÚS* en su idioma para testificar del evangelio. Esto es Dios permitiéndonos ir con estilo. En el cumplimiento del tiempo, su plan dio sus frutos para esta cultura de personas, al parecer oscura. Creo que es su manera de demostrar lo mucho que Él ama a *todos*. Ante sus ojos, cada una de las naciones cuenta, ya sea grande o pequeña.

Sin embargo, la película *JESÚS* plantea otro factor: el acertado uso de la nueva tecnología para un propósito antiguo.

El Dr. Bill Bright vivió en Hollywood en los años cuarenta. Cuando se convirtió en cristiano, su visión original para el ministerio era una película sobre la vida de Cristo, fiel a las Escrituras y con elevados valores de producción, capaz de traducirse a todos los idiomas. Tal como se desarrollaron las cosas, no era el tiempo de Dios para esa idea. En cambio, el Dr. Bright fundó Cruzada Estudiantil y Profesional para Cristo, que ha seguido el objetivo de predicarle a Jesús a todo el mundo en la tierra, y hacer discípulos de cada nación, de modo creativo y con excelencia durante décadas.

No obstante, la película *JESÚS* se hizo, por fin, en los años setenta, y con el tiempo llegó a ser, según nada menos que el *New York Times*, la película vista por más personas que ninguna otra sobre la faz de la tierra[7]. A medida que Billy Graham aprendía con rapidez a hacer uso de la televisión para el evangelio en los años cincuenta, la radio y el cine se utilizaban de manera estratégica.

Entonces, en los años noventa, entró en escena la *World Wide Web*. En el sótano estaba un experto de Silicon Valley llamado Walt Wilson, que era un ejecutivo de *Apple Computer, Inc.* durante su época pionera. Hace algunos años, él se fue para comenzar un ministerio conocido como *Global Media Outreach*, que crea cientos de variedades de páginas Web para ayudar a las personas a tener un encuentro con Jesús, y después a conectarse con la iglesia local.

¿Cómo funciona eso con exactitud? Wilson entendió que varios millones de veces al día, las personas entraban a la Internet para buscar información sobre quién era Jesús. Por lo tanto, había una clara necesidad de asegurarse de que hubiera buena información sobre Jesús en línea, bien organizada y de fácil acceso. El momento crucial llegó al entender que había incontables millones de veces al día en los que las personas consultaban la Internet acerca de otros problemas, problemas para los cuales Jesús también era la respuesta: soledad, abandono, divorcio, abuso, depresión. La lista podría continuar casi de manera infinita.

El grupo de Wilson comenzó a crear páginas Web adaptadas para ministrar a personas con necesidades de todo tipo, mediante voluntarios y personal que respondían a los «clic» en la página, pidiendo más información. Se hablaba de Cristo en el momento apropiado, se tomaban decisiones y se llevaban a las iglesias al diálogo. Millones de personas se han alcanzado, se les ha dado atención y se les ha discipulado hasta la fecha.

Sin embargo, algunos dirían que las computadoras personales son viejas novedades, ¿verdad? Lo último en tecnología es el teléfono inteligente y su prima, la tableta.

Cuando pienso en el potencial para difundir las buenas nuevas de Jesucristo mediante teléfonos celulares, no puedo evitar sonreír. Recuerdo haber estudiado sobre la época de Martín Lutero, el gran reformador alemán que adoptó una peligrosa postura a favor de la autoridad de la Palabra de Dios. En su época, su mismo pueblo alemán no podía leer la Palabra de Dios en su propio idioma. Él se propuso traducir la Biblia latina, entonces en uso, al alemán: esto cuando Gutenberg introdujo la imprenta. En el cumplimiento del tiempo, el evangelio estaba preparado para volver a viajar.

Mediante las pequeñas «apps» [aplicación informática], o aplicaciones descargables que con frecuencia están disponibles sin cargo alguno, las personas tienen acceso a la Biblia en sus teléfonos en casi todos los idiomas, de manera inmediata. Desde luego, seguimos teniendo el problema de que la mitad de las personas del mundo son analfabetas. Es ahí donde viene un ministerio llamado «La fe viene por el oír» es determinante. Este grupo se está apresurando a hacer grabaciones en audio de pasajes clave de la Escritura disponibles en *apps* para teléfonos celulares, de modo que con un simple clic, alguien puede escuchar el evangelio salvador en su idioma natal.

Por lo tanto, aunque muchos no saben leer, sigue siendo posible llevarles la Palabra de Dios mediante la Internet y las aplicaciones móviles que hablan su idioma. Se ha calculado que hay más teléfonos celulares en Arabia Saudí que personas. No podemos permitirnos perder una sola oportunidad para hacer que el evangelio esté disponible de todas las maneras, en todos los lugares, para todas las naciones.

Mientras tanto, los misioneros pueden viajar con bibliotecas teológicas completas en sus manos mediante computadoras o tabletas portátiles. Los centímetros de almacenaje electrónico puede tener el contenido de lo que antes ocuparon varias habitaciones llenas de estanterías. Los misioneros pueden estudiar la Palabra de Dios a la vez que realizan su trabajo, quizá hablando a un amigo misionero en otro continente o recibiendo aliento de un compañero de oración en su país natal; todo mediante el teléfono o un vídeo en la computadora.

El apóstol Pablo les escribía cartas a las iglesias, confiando en Dios para que las mismas se reciclaran, llevadas a mano literalmente de ciudad en ciudad, de modo que su enseñanza pudiera difundirse. Al volver la vista atrás, su tecnología consistía en los sencillos medios de escritura de la época, y su tecnología de entrega no era mucho mejor. Las limitaciones no fueron determinantes de ninguna manera en la economía celestial. La tecnología atrapa la imaginación humana, pero el poder de Dios hace que cualquier otra forma de ingenuidad parezca débil.

Aun así, tenemos estos recursos. Usémoslos con sabiduría. Pablo sabía cómo utilizar cualquier cosa que Dios pusiera en sus manos para relatar la historia del evangelio. Dijo: «Entre los débiles me hice débil, a fin de ganar a los débiles. Me hice todo para todos, a fin de salvar a algunos por todos los medios posibles» (1 Corintios 9:22).

Con todos los recursos que tenemos a nuestra disposición en la actualidad, ¿cómo las usan tú, tu iglesia, tu red y tu denominación para hacer avanzar el evangelio de Jesús? Tú y yo podemos hablar con personas en tiempo real, separados por medio mundo. Podemos escribir blogs, grabar vídeos y diseñar aplicaciones con forma de odres nuevos para un evangelio que es siempre nuevo, nunca viejo. La predicación del evangelio de maneras creativas, reales y relevantes para la época en la que vivimos es esencial para cumplir la Gran Comisión, la cual es nuestra gran esperanza final.

Nuestro gran canto final

Lo habrás visto en *YouTube* o en la televisión: «multitud instantánea» [*flash mob*], una de esas modas pasajeras de nuestra cultura creativa.

En algún lugar público, un parque o centro comercial, hay personas de un lado a otro, viviendo su día. Se pone música desde el aparato de alguien o desde un altavoz público. Una persona joven comienza, por sí sola, a bailar con la música, y otras dos o tres personas se le unen. Otras se detienen para mirar lo que parece ser un acto espontáneo de diversión. Entonces, un pequeño grupo materializa el baile, de entre la multitud, y sabemos que algo está sucediendo. Al final, aparece un grupo grande desde algún lugar u otro, y tenemos la «multitud instantánea», un baile público y coreografiado por completo que nadie sospechaba que contemplaría.

Sucedió el 30 de octubre de 2010, el día antes de *Halloween*, en una tienda *Macy's* en la ciudad de Filadelfia. Los compradores madrugadores en la mañana de un sábado, que aún apartaban el sueño de sus ojos, recorrían las secciones de ropa, muebles y cosméticos. No tenían ni idea alguna de que en medio de ellos había una compañía de ópera; no había ningún traje de vikingo, ninguna utilería teatral, solo compradores vestidos de forma casual en los pasillos y entre las mesas de ventas.

A mediodía, el mayor órgano de tubos del mundo, el histórico órgano Wannamaker del centro comercial, comenzó a hacer sonar los compases de apertura del «Aleluya» del *Mesías* de Handel. Las personas que estaban repartidas por la tienda de repente dejaron de comprar y comenzaron a cantar: «¡Aleluya! ¡Aleluya!».

Las personas que no cantaban ópera levantaban la vista, asombradas. ¿Qué estaba sucediendo una mañana del sábado en una tienda *Macy's*?

En gloriosa armonía, las personas estaban cantando el texto tomado de Apocalipsis 19:6 (RV-60):

> Y oí como la voz de una gran multitud, como el estruendo de muchas aguas, y como la voz de grandes truenos, que decía: ¡Aleluya, porque el Señor nuestro Dios Todopoderoso reina!

La música de Handel es insistente, irresistible. «Dios el Omnipotente ya reina», cantaba el coro. «¡Aleluya! ¡Aleluya!».

La vez que se estrenó, en 1742, el rey Jorge II sintió emociones tan profundas que se puso de pie mientras cantaba el coro. Cuando se puso de pie, desde luego, los demás hicieron lo mismo. Y hasta el día de hoy, es costumbre ponerse de pie cuando comienza a sonar el conocido órgano. Hay algo en ese coro que nos impulsa a adorar con alegría, algo que abre una breve ventana al éxtasis del cielo mismo. Casi cuatrocientos años después, la pieza toca algo en las almas de las personas que les hace llorar.

Mientras la compañía de ópera cantaba, sucedió algo maravilloso. Los compradores comunes y corrientes comenzaron a cantar también. Completos extraños, con bolsas y cajas en sus manos, estaban cantando juntos. De repente, una tienda minorista se transformó en una catedral. Fue precisamente lo contrario de lo que impulsó a Jesús a airarse en el templo, cuando su templo se había convertido en un mercado. ¡Ahora las mesas estaban volcadas, por así decirlo!

«Y reinará por siempre y siempre», cantaba el pueblo de Filadelfia. «Gran Señor, por siempre y siempre. Y eterno Rey, por siempre y siempre»[1].

Los planificadores de la «multitud instantánea del Mesías» lo denominaron «acto de cultura al azar». Sin embargo, no hubo nada de azar por su parte. Fue necesario la planificación, el ensayo, las fuertes voces, y entonces, lo más importante, salir al mercado para que pudiera captarse. La respuesta de los compradores, al unirse al canto, tampoco fue en verdad al azar... no si lo pensamos. El canto es irresistible; se mete en la piel y lleva cautivo el corazón. Cuando lo oímos cantar, no podemos evitar formar parte del mismo.

Esto, amigos, es un cuadro de la tarea que tenemos delante de nosotros. Si miramos al mundo con ojos cansados y dudosos, vemos un vasto mercado espiritualmente somnoliento en el umbral de *Halloween*. Hay mucha maldad en el ambiente, y las personas están interesadas en poco más que comprar, consumir y entretenerse de maneras que solo causan vacío.

Sin embargo, ahí estamos nosotros entre esta gente, ciudadanos del cielo en medio de todos ellos: compañeros de compras, compañeros de consumo. ¿Por qué no vemos la posibilidad? ¿Por qué no encontramos nuestras voces? ¿Por qué no comenzar a cantar, con todo nuestro ser, de nuestro Rey de reyes, nuestro Señor de señores? ¿No sabemos lo que sucedería si todos cantáramos con alegría al unísono?

Las personas no nos reprenderían. Tampoco se taparían los oídos con sus manos y se alejarían. ¿Has visto eso en una «multitud instantánea»? Si todos cantáramos juntos, si cantáramos en amorosa y alegre armonía sobre la majestad y la gloria de nuestro Rey, las personas detendrían todo lo que estuvieran haciendo, olvidarían todo lo que estuvieran comprando y escucharían con todo su ser. Dios, al fin y al cabo, ha puesto eternidad en sus corazones. Existen vacíos negros y dolorosos en su interior que solo Cristo puede llenar... y algo dentro de cada persona lo sabe; algo en el interior saltaría de alegría al escuchar la música de otro mundo cuando un abismo llamara a otro abismo.

Si lo que enojó de manera más profunda a Jesús fue haber convertido su casa en un mercado, ¿no es razonable entonces que lo que más gozo le cause sea convertir el mercado en su casa? ¿Por qué no realizamos un «acto de Cristo que no sea al azar» en este mundo? Necesitamos reunirnos entre nosotros mismos y aprender a cantar en armonía en lugar de hacerlo de modo discordante. Necesitamos fortalecer nuestras voces para que el evangelio pueda brillar como un tesoro de otro mundo por medio de nosotros. Entonces, necesitamos salir a todo el mundo, tal como Jesús nos ha llamado a hacer, ¡y cantar! ¡Cantar con todo nuestro ser!

Dejemos de encontrar maneras nuevas de simples argumentos a favor del evangelio o de debates con los ateos. Los argumentos atrincheran a las personas; no hacen más que inspirarles a reorganizar sus prejuicios. Los debates son demasiado de nosotros mismos y muy poco de Dios.

No, lo que necesitamos es hermosa y armoniosa música, donde están las personas. El Espíritu de Dios mismo habita en nuestra alabanza. Su glorioso amor por la humanidad abunda en la música de su pueblo. No estoy hablando, desde luego, del canto literal, aunque de seguro que sería un maravilloso recurso en manos del Espíritu Santo. En realidad, hablo del gozo, la emoción y el amor que mostramos entre la gente cuando proclamamos las palabras del evangelio, la verdad sobre Cristo; cuando nos mezclamos y ministramos. Estoy hablando de lo que sucedería si todos trabajáramos juntos, si actuáramos en potente y organizada armonía para testificar del amor de nuestro Señor y el camino de la salvación. (El acontecimiento de *Macy's* lo organizó la *City Opera* de Filadelfia, pero incluía cantantes de otras veintiocho organizaciones musicales. ¿Puede el pueblo de Dios trabajar junto de esa manera?).

Creo que es interesante que el sábado, 30 de octubre, el día de aquel acontecimiento, fuera la víspera del día del diablo, pero también la víspera del domingo, el día de la resurrección. Depende de qué calendario controle nuestra mente y nuestro corazón, ¿no es cierto? Nunca tanta oscuridad se ha cernido sobre nuestro mundo, y nunca ha existido tanto potencial para por fin ir y alcanzar al mundo para Cristo, para hacer discípulos de todas las naciones. ¡Podemos hacer eso! Podemos hacer eso porque somos muchos, con muchos recursos y medios. Podemos hacerlo porque siempre ha sido posible, desde el momento mismo en el que Jesús proclamó por primera vez nuestras órdenes de marcha. Además, sobre todo, podemos tener éxito porque Dios quiere que tengamos éxito, su poder ciñe nuestros esfuerzos, su autoridad está detrás de nuestros movimientos y su presencia acompaña cada uno de nuestros pasos.

Puede que nos estemos preparando para el último coro final. Yo siento el ruido del manto del Rey cuando Él se pone de pie para escuchar lo que saldrá de nuestras bocas. ¿Será la música del cielo, o la murmuración y la charla del mundo?

El despertar de la Gran Comisión es nuestra gran esperanza final. Una respuesta positiva y personal está garantizada de cada tribu, lengua, pueblo y nación. Agarremos este momento especial, afinemos nuestras voces para cantar las alabanzas de Él, avancemos a los campos que están preparados para la siega y extendamos la gloria de Dios en todo el mundo con un canto de victoria en nuestras lenguas.

Notas

Prólogo

1. William Carey al Rvdo. Fawcett, Halifax, 5 de enero de 1974, en *The Church*, Simpkin, Marshall, and Co., Londres, 1844, p. 1:25.

Capítulo 1: Afronta la verdad acerca de ti mismo

1. Jim Collins, *Cómo caen los poderosos: Y por qué algunas compañías nunca se rinden*, Editorial Norma, Buenos Aires, Argentina, 2010, p. 74 (del original en inglés).

Capítulo 2: Despierta a la Iglesia

1. Washington Irving, *La leyenda de Sleepy Hollow. Rip Van Winkle*, Editorial Vicens Vives, Barcelona, España, 2001.
2. «Six Megathemes Emerge From Barna Group Research in 2010», *Barna Group*, 13 de diciembre de 2010, http://www.barna.org/culture-articles/462-six-megathemes-emerge-from-2010.
3. «Now, This Bell Tolling Softly for Another, Says to Me, Thou Must Die», en *The Works of John Donne*, John W. Parker, Londres, 1839, p. 3:575.
4. Ronnie Floyd, *The Power of Prayer and Fasting*, B&H Books, Nashville, 2010.
5. Mickey Noah, «Church Envisions 50 New Church Plants», artículo de *Baptist Press*, 2 de junio de 2011, http://www.bpnews.net/BPnews.asp?ID=35419.

6. Informe de 2011 de la Junta de Misiones Norteamericanas, en http://www.namb.net/annualreport/.

Capítulo 3: Acepta la urgencia

1. Visita http://www.imb.org.
2. Datos de 01/05/2011 tal como están disponibles en www. peoplegroups.org; accedido el 1 de junio de 2011.
3. *Ibíd.*
4. Jim Haney, «Global Lostness», informe mensual de la Junta de Misiones Internacionales, 3/31/11.
5. Ronnie Floyd, «Leading Global Impact», presentación para *New York Metro City Conference*, 2011, basado en cifras proporcionadas por la Junta de Misiones Internacionales.
6. Tom Clegg y Warren Bird, *Lost in America: How You and Your Church Can Impact the World*, Group, Loveland, CO, 2001, p. 25.
7. Sam Roberts, «Listening to (and Saving) the World's Languages», *New York Times*, 29 de abril de 2010, p. A1.
8. Thomas L. Friedman, *The World Is Flat: A Brief History of the Twenty-First Century*, Farrar, Straus and Giroux, Nueva York, 2005.

Capítulo 4: La transformación de nuestras familias

1. Matt Carter, «The Church as the Champion of Social Justice», sesión 6, conferencia Together for Adoption, Austin Texas, 2 de octubre de 2010.
2. «The Richt Family's Life-long Commitment», *GameDay*, ESPN, 25 de octubre de 2008, disponible en http://espn. go.com/video/clip?id=3663225.

Capítulo 5: Conquistemos a nuestras comunidades

1. http://www.corrietenboom.com/history.htm.
2. Ray Bakke, *A Theology as Big as the City*, IVP Academic, Downers Grove, IL, 1997, p. 81.
3. Robert Boyd, «NWQ Marshallese People Translate Popular

Religious Movie», *5News Fort Smith-Fayetteville,* 8 de abril de 2011, disponible en línea en http://www.5newsonline.com/news/kfsm-nwa-marshallese-people-translate-popular-religios-movie-20110408,0,7970978.story.

4. J.P. Eckman, *Exploring Church History,* Crossway, Wheaton, IL, 2002, p. 78.

Capítulo 6: Habla de Jesús cada día

1. Barry M. Horstman, «Billy Graham: A Man with a Mission Impossible», *Cincinnati Post,* 27 de junio de 2002.

2. Robert Lowry, «My Life Flows On (How Can I Keep from Singing)», versos 13-16.

3. Cristiano anónimo, *El cristiano de rodillas,* Editorial Clie, Terrassa, Barcelona, España, 2008, p. 63 (del original en inglés).

4. Roger Steer, «Seeking First the Kingdom: The Secret of George Müller´s Spiritual Peace», *Discipleship Journal* 31, enero/febrero de 1986.

Capítulo 7: Deséalo de manera profunda

1. Greg Garrison, Religion News Service, «Few Churchgoers Tithe, Study Says», *USAToday.com,* 2 de junio de 2008, http://www.usatoday.com/news/religion/2008-05-31-tithing-church_N.htm; accedido el 16 mayo 2011.

2. http://www.emptytomb.org/research.html.

3. Craig L. Blomberg, *Preaching the Parables: From Responsible Interpretation to Powerful Proclaimation,* Baker, Grand Rapids, MI, 2004, p. 51.

4. Kevin Miller, sermón «Secrets of Financial Contentment», transcripción PT296A, http://www.preachingtoday.com.

Capítulo 8: Evalúalo todo de manera económica

1. Max L. Christensen, *Turning Points: Stories of People Who Made a Difference,* Westminster/John Knox Press, Louisville, KY, 1993, pp. 32-33.

2. Dr. Ronnie W. Floyd, Informe del progreso del Grupo de Trabajo del Resurgimiento de la Gran Comisión de la Convención Bautista del Sur, discurso al Comité Ejecutivo, 22 de febrero de 2010, http://www.pray4gcr.com/downloads/GCRTF_Progress_Report.pdf.

3. Richard Wurmbrand, *Torturado por la causa de Cristo*, Editorial CLC, Bogotá, Colombia, 2009, p. 43 (del original en inglés).

4. C.S. Lewis, *Cristianismo... ¡y nada más!*, Editorial Caribe, Miami, FL, 1977, pp. 91-92.

5. John Maxwell, *Liderazgo, principios de oro: Las lecciones que he aprendido de una vida de liderazgo*, Grupo Nelson, Nashville, 2008, p. 247 (del original en inglés).

6. W.A. Criswell Foundation, «Treasures in Heaven», 2010, www.wacriswell.org/PrintOutline.cfm/SID/806.cfm.

7. Maxwell, *Liderazgo, principios de oro*, p. 247 (del original en inglés).

8. «Grading the Moneymen», *Newsweek*, 1 mayo 2011, http://www.newsweek.com/2011/05/01/grading-the-moneymen.html.

9. Alvin Toffler, *Future Shock*, Random House, Nueva York, 1970.

Capítulo 9: Actúa ahora

1. Departamento de Asuntos Económicos y Sociales, División de Población, «Population Size and Composition», cap. 7 en *World Population Prospects, the 2000 Revision*, vol. 3, *Analytical Report*, United Nations Publications, Nueva York, 2001, p. 171.

2. «World Population Projected to Reach 7 Billion in 2011», *CNN Tech*, 12 agosto de 2009; http://articles.cnn.com/2009-08-12/tech/world.population_1_fertility-rates-world-population-data-sheet-population-reference-bureau?_s=PM:TECH.

3. Robert J. Morgan, *On This Day in Christian History: 365 Amazing and Inspiring Stories About Saints, Martyrs and Heroes*, Thomas Nelson, Nashville, 1997, entrada 27 de agosto.

4. Corrie McKee, «Asian Students Tear Down Walls», *Urbana Today*, 31 diciembre 2009, p. 6.
5. Stephen R. Holmes, «A Mind on Fire», *Christian History 77*, 2003, p. 13.
6. Philip Yancey, *What Good Is God? In Search of a Faith That Matters*, FaithWords, Nueva York, 2010, pp. 219-22.
7. «Bible Film Is The Most-Watched Movie of All Time», Giles Wilson, *The New York Times*, 22 de julio de 2003, p. 1AR.

Epílogo: Nuestro gran canto final

1. Peter Mucha, «Macy's "Flash Opera" Has Web Singing "Hallelujah"», *Philadelphia Enquirer*, 19 de noviembre de 2010, http://www.philly.com/philly/news/breaking/20101119_Macys_Flash_Opera_has_Web_singing_Hallelujah_.html.

Acerca del autor

El Dr. Ronnie Floyd, pastor principal de *Cross Church*, en el noroeste de Arkansas, es autor de veinte libros y destacado orador de *Ronnie Floyd*, un programa de televisión disponible en filiales de la Convención Bautista del Sur. En 2001, su iglesia se convirtió en un ministerio de múltiples campus con mensajes transmitidos en directo a todo el mundo vía Internet. Su demostrado liderazgo como pastor y líder evangélico en el despertar mundial y la Gran Comisión sirve como ímpetu para este libro. Floyd y su esposa, Jeana, tienen dos hijos y cinco nietos. Para más recursos del Dr. Floyd, visite www.ronniefloyd.com